TAYLOR SWIFT
POPIKONE

INOFFIZIELLE BIOGRAFIE

ANNIE ZALESKI

AUS DEM ENGLISCHEN
VON MELANIE KÖPP

DELIUS KLASING VERLAG

An alle Swifties auf der ganzen Welt. Eure Leidenschaft, Begeisterung und Freude sind wirklich inspirierend.

Bibliografische Information der Deutschen Nationalbibliothek
Die Deutsche Nationalbibliothek verzeichnet diese Publikation in der Deutschen Nationalbibliografie; detaillierte bibliografische Daten sind im Internet über http://dnb.dnb.de abrufbar.

1. Auflage
ISBN 978-3-667-12972-7
Die Rechte für die deutsche Ausgabe liegen beim Delius Klasing Verlag GmbH

Aus dem Englischen von Melanie Köpp
Lektorat: Michael Kokoscha / Regine Gerst
Coverfoto: ZUMA Press Inc/Alamy
Titelrückseite: ZUMA Press, Inc. /Alamy Stock Photo
Einbandgestaltung: Jörg Weusthoff, Weusthoff & Reiche Design, Hamburg
Satz: Michael Kokoscha, KOKOSCHA data_design, Oberhausen
Printed in Slovenia 2024

Delius Klasing Verlag GmbH, Siekerwall 21, D - 33602 Bielefeld
Tel.: 0521/559-0, Fax: 0521/559-115
E-Mail: info@delius-klasing.de
www.delius-klasing.de

Einleitung

Es gibt einen guten Grund, warum Taylor Swift und ihre Musik Gegenstand zahlreicher College-Kurse sind und bei mehreren Generationen von Swifties Anklang finden. Ihre Meisterwerke des Geschichtenerzählens berichten von den Höhen und Tiefen des Erwachsenwerdens und der Suche nach sich selbst. Die Songs sind reich an ausgefeilten Metaphern, religiösen Anspielungen, historischen und literarischen Bezügen und überraschenden Wendungen. Oft beziehen sich Taylors Songs auf sie selbst, mit Bildern und Wendungen, die die Epochen ihrer Alben miteinander verbinden.

In manchen Kreisen hält sich hartnäckig das Missverständnis, dass jeder einzelne Taylor-Swift-Song eine rachsüchtige Schmähschrift über den jeweiligen Ex-Freund sei. Fairerweise muss man sagen, dass Taylor es hervorragend versteht, schlechte Beziehungen auszuschlachten. Aber ihre Songs schildern auch das Chaos in Beziehungen – die Qualen einer unglücklichen Romanze, den schrecklichen Streit mit dem Partner, die fehlende Verarbeitung nach einer Trennung – und die schmerzhafte Ungewissheit, wenn man sich nicht mehr sicher ist, wo man in einer Beziehung steht.

Mit zunehmender Lebenserfahrung werden Taylors Texte komplexer. Sie fangen die Ekstase einer gesunden Beziehung ein, setzen sich mit den Folgen des Ruhms auseinander, enthüllen ergreifende Details über ihre Familie und erzählen fiktive Geschichten. Und meistens sprühen Taylors Songs nur so vor entschlossenem Optimismus. Selbst in den schwierigsten Momenten glaubt sie daran, dass es bald wieder aufwärts gehen wird.

Diese optimistische Einstellung hat Taylor geholfen, eine schwierige Zeit in ihrem Leben zu überstehen. 2019 kauft eine dem Musikmanager Scooter Braun gehörende Holdinggesellschaft die Big Machine Label Group, bei der Taylor Swift ihre ersten sechs Studioalben veröffentlicht hat. Am Ende kann sie ihre Master-Bänder nicht zurückkaufen, was sehr schmerzlich ist, denn es bedeutet, dass ihre Songs, in die sie ihr Herz und ihre Seele gesteckt hat, nun unter der Kontrolle eines anderen stehen.

Taylor schreibt: »Ich musste qualvollerweise meine Vergangenheit hinter mir lassen. Musik, die ich in meinem Schlafzimmer geschrieben, und Videos, die ich durch Auftritte in Bars, dann Clubs, dann Arenen und dann Stadien finanziert habe.«[1]

Ihre Worte verdeutlichen den quälenden Verlust. Diese Songs bedeuten ihr alles. Taylor Swift hat die letzten Jahre damit verbracht, ihre wertvollen Songs neu aufzunehmen und neue Versionen von ihnen zu kreieren, die oft beliebter als die Originale selbst geworden sind. Dieses Buch hat das Ziel, die Inspiration hinter jedem ihrer Originalstücke aufzuzeigen und zu verdeutlichen. Eine Analyse ihrer Musik, Insider-Informationen über die Fangemeinde und interessante Zitate geben einen umfassenden Einblick in ihr unglaubliches Werk, den Ehrgeiz und die Kreativität, die Taylor Swift zu einer der besten Songwriterinnen aller Zeiten gemacht haben.

Rechts: Taylor Swift beeindruckt während der »Eras-Tour« in São Paulo, Brasilien.

LIVE In

01

DAS DEBÜT

Taylor Swift veröffentlicht das nach ihr benannte Debüt-Album, als sie noch ein Teenager ist. Das Album wird ein überwältigender Erfolg, hält sich 24 Wochen lang auf Platz 1 der *Billboard Country Charts* und bringt ihr eine Grammy-Nominierung als beste Nachwuchskünstlerin ein. (Sie verliert gegen Amy Winehouse.) Sie sagt dazu: »Ich bin sehr glücklich, dass ich diese Platte damals mit 16 gemacht habe. Ich konnte darin diese Wut verewigen, mit der man alles hasst. Als hätte ich über die Jahre ein Tagebuch aufgenommen. Das ist heute ein Geschenk.«

Tim McGraw

{ SINGLE }

Erschienen am: 19. Juni 2006 (Single) / 24. Oktober 2006 (Album)
Songwriter: Liz Rose, Taylor Swift
Produzent: Nathan Chapman
Alternative Versionen: Radio Edit, iTunes Live from SoHo

***Tim McGraw* ist unbestreitbar eine der besten Debüt-Singles aller Zeiten. Als der melancholische Country-Song erscheint, ist Taylor erst 16 Jahre alt. Er kombiniert gefühlvolle Akustikgitarren mit dem schrillen Sound von Geige, Banjo und Dobro. Taylors Gesang ist sowohl unschuldig, selbstbewusst, als auch markant, passend zum nostalgischen Flair.**

Taylor schreibt den Titel im ersten Jahr der High School. Im Jahr 2006 erzählt sie: »Mir kam die Idee im Matheunterricht. Ich saß da und fing an, diese Melodie zu summen.« Anstatt sich mit dem Unterricht zu beschäftigen, konzentriert sich Taylor Swift auf ihren damaligen Freund. Er will aufs College gehen, und sie weiß, dass ihre Beziehung bald enden wird. Taylor fährt fort: »Ich dachte an all die Dinge, die mich an ihn erinnern würden. Dann fiel mir plötzlich ein, dass mein Lieblings-Countrysänger Tim McGraw ist.«[2]

Mit dieser Idee im Hinterkopf benötigen Taylor Swift und die Songwriterin Liz Rose nur 15 Minuten, um einen Song über eine süße Sommerliebe zu schreiben, die unweigerlich endet. Später sagt Taylor Swift: »Das waren wahrscheinlich die besten 15 Minuten, die ich je hatte.«[3]

Trotz der schmerzhaften Trennung hat die Erzählerin nur glückliche Erinnerungen an die gemeinsame Zeit – etwa an ein Kompliment über ihre schönen Augen oder eine durchtanzte Nacht zu ihrem Lieblingssong von Tim McGraw. (Später enthüllt Taylor Swift, dass sie sich auf seinen Song *Can't Tell Me Nothin'* von 2004 bezieht.[4]) Das letzte Detail ist entscheidend: Um einen Schlussstrich zu ziehen, schreibt die Erzählerin ihrem Ex über ihre Hoffnung, dass auch er sich gern an ihre Beziehung erinnert – und dass er sie immer mit *Tim McGraw* in Verbindung bringen wird.

Tim McGraw wird Taylors erster US-Hit. Anfang 2007 erreicht der Song Platz 6 in den *Billboard Hot Country Songs Charts* und Platz 40 in den *Billboard Hot 100*. Der echte Tim McGraw kann diesen Erfolg aus nächster Nähe miterleben: Bei ausgewählten Terminen der »Soul2Soul«-Tour von Tim McGraw und seiner Frau Faith Hill singt Taylor Swift 2007 den Song im Vorprogramm der Auftritte. Schon damals zeigt sich, dass Taylor es weit bringen würde. 2023 sagt McGraw: »Faith und ich wussten, dass sie nicht zu stoppen war. Sie ist sehr talentiert.«[5]

Ihre Dankbarkeit gegenüber McGraw äußert Taylor Swift öffentlich. Bei einem Konzert 2018 im Nissan Stadium in Nashville überrascht sie die Fans, setzt sich ans Klavier und spielt *Tim McGraw* zum ersten Mal seit über fünf Jahren wieder live. Mitten im Auftritt stellt sie zwei besondere Gäste vor: Hill und keinen Geringeren als McGraw selbst.[6] Als Taylor zu der Textstelle kommt, in der McGraws Name erwähnt wird, deutet sie bedeutungsvoll auf ihn, der direkt neben ihr steht – ein wunderbarer Gänsehautmoment.

Oben: 2007 lernt Taylor Swift den Country-Star bei den *Academy of Country Music Awards* kennen, als sie ihm ein Ständchen mit (was sonst?) *Tim McGraw* bringt.

Rechte Seite: Taylor Swift und Tim McGraw singen 2011 in der Bridgestone Arena in Nashville seinen Hit *Just to See You Smile* von 1997.

Picture to Burn

{ SINGLE }

Erschienen am: 4. Februar 2008 (Country-Single) / 24. Oktober 2006 (Album)
Songwriter: Taylor Swift, Liz Rose
Produzent: Nathan Chapman
Alternative Versionen: Radio Edit, Rock Remix, iTunes Live from SoHo

Für Teenager ist die Zurückweisung in der Liebe eine der schmerzhaftesten Erfahrungen. Wenn man diese verletzten Gefühle jedoch herauslässt, ist der Schmerz oft weniger massiv. In *Picture to Burn* nennt die Erzählerin ihren Ex egozentrisch und einen schrecklichen Lügner und ist wütend darüber, dass er ihre Zeit verschwendet hat. Sie schwört Rache – datet seine Freunde – und warnt ihn, sich von ihr und ihrem Vater fernzuhalten. Im Refrain trifft sie ihren Ex genau da, wo es weh tut. Sie lästert über seinen albernen Pickup und kündigt an, dass sie sein Foto verbrennen wird, weil er so bedeutungslos ist.

Taylor erklärt: »Bevor ich diesen Song singe, erkläre ich immer dem Publikum, dass ich wirklich versuche, ein netter Mensch zu sein. Wenn jemand aber mein Herz bricht, meine Gefühle verletzt oder richtig böse zu mir ist, dann schreibe ich einen Song über denjenigen.«[7] Taylor lacht beschwichtigend. Wenn sie den Song live spielt, spürt sie, dass *Picture to Burn* etwas Besonderes ist. Sie sagt: »Ich habe ihn jede Nacht auf all diesen Tourneen gespielt, und auch wenn es noch keine Single war, hat die Menge ihn am meisten gefeiert.«[8]

Es ist klar, warum: nicht nur der Text ist kathartisch, sondern auch die Musik hat eine bissige Schärfe. Mit Taylors durchdringender Stimme setzt *Picture to Burn* auf Banjo, Pedal-Steel-Gitarre, Geige und Mandoline. Kurzum, es ist ein dringlicher Country-Pop-Song, verpackt in ein lautes Rockstück. Taylor sagt: »Mädchen können sich mit dem Song identifizieren, weil es einfach darum geht, wütend zu sein. Und es ist in Ordnung, nach einer Trennung wütend zu sein, oder wenn etwas falsch läuft in der Beziehung. [Der Song] ist einfach absolut brutal ehrlich. Aber er ist auch ein wenig lustig. Es steckt viel Humor drin.«[9]

Glücklicherweise betrachtet auch die Person, von der der Song angeblich handelt – Taylors Freund Jordan, der später eine Mitschülerin namens Chelsea heiratet – die Sache mit Humor. Chelsea sagt Jahre später: »[Jordan] meinte: ›Ich bin doch kein Hinterwäldler! Sie lässt mich ganz schön blöd aussehen!‹ Aber ansonsten dachten wir, dass es irgendwie lustig war.«[10]

Picture to Burn ist ein weiterer Crossover-Hit. Er erreicht Platz 3 in den *Billboard's Hot Country Songs* und Platz 28 in den *Billboard Hot 100*. Aber um die Gemüter zu beruhigen, ändert Taylor Swift später einen Teil des Songs, der missverstanden werden könnte. Sie erklärt: »In [*Picture to Burn*] äußere ich Dinge, wie ›Ich hasse deinen Truck‹ und ›Ich hasse es, dass du mich ignoriert hast‹, ›Ich hasse dich‹. Die Art, wie ich das sage, und die Art, wie ich diese Art von Schmerz empfinde, sind allerdings sehr unterschiedlich.«[11]

Linke Seite: Taylor Swift 2006 bei den *CMT Music Awards* in Nashville.

Unten: Auf dem Erntedankfest im Jahr 2006 singt Taylor Swift die Nationalhymne beim NFL-Footballspiel zwischen den Detroit Lions und den Miami Dolphins.

Teardrops on My Guitar

{ SINGLE }

Erschienen am: 20. Februar 2007 (Country-Single) / 9. November 2007 (Pop-Single) / 24. Oktober 2006 (Album)
Songwriter: Taylor Swift, Liz Rose
Produzent: Nathan Chapman
Alternative Versionen: Akustik-Version, Pop-Version, Joe Bermudez Radio Mix, Cahill Extended, Cahill Radio Mix, internationale Version, Radio-Single-Version, iTunes Live from SoHo

In ihren frühen Songs verschleiert Taylor Swift häufig nicht, über wen sie spricht. Sie benutzt sogar oft die echten Namen. Da wäre zum Beispiel die herzzerreißende Ballade *Teardrops on My Guitar*, in der es um einen Typen namens Drew geht, der sagt, er sei sehr verliebt.

Zum Leidwesen von Taylor ist sie nicht die Person, die Drew liebt – obwohl sie selbst total in ihn verliebt ist. Auch wenn sie eine tapfere Miene aufsetzt, frisst diese unerwiderte Liebe an ihr und verursacht heimliche Tränen. Musikalisch vermittelt *Teardrops on My Guitar* Taylors verzweifelte Traurigkeit mit einer schmerzerfüllten Pedal-Steel-Gitarre, einem dezenten Banjo und schwermütigen Akustik- und E-Gitarren. Taylors Gesang ist zurückhaltend, aber die Emotionen lauern deutlich unter der Oberfläche, als würde sie ständig mit den Tränen kämpfen.

Nachdem Taylor Swift den Song veröffentlicht hat – der ein Riesenhit wird und sogar auf Platz 13 der *Billboard Hot 100* landet –, taucht Drew zufällig (und unerwartet) bei ihr zu Hause auf. Nach zweieinhalb Jahren Funkstille ist sich Taylor nicht ganz sicher, warum er da ist, obwohl sie einen Verdacht hat. Sie sagt: »Vielleicht wollte er den Leuten nur beweisen, dass der Song von ihm handelt. Oder vielleicht wollte er wirklich nur mein Freund sein. Oder vielleicht dachte er, ich würde immer noch auf ihn stehen. Wie auch immer!«[12]

Rechts: New York City begrüßt Taylor Swift 2009 für einen Auftritt in der *NBC Today Show*.

A Place in this World

{ ALBUMTRACK }

Erschienen am: 24. Oktober 2006
Songwriter: Robert Ellis Orrall, Angelo Petraglia, Taylor Swift
Produzent: Nathan Chapman
Alternative Version: iTunes Live From SoHo

Das Teenager-Dasein ist verwirrend und einsam, besonders wenn man versucht, mit einer Musikkarriere durchzustarten. Bei *A Place in this World* kommt das klar zum Ausdruck. Der mit Ängsten beladene Song ist vom Country und Rock der 1990er-Jahre inspiriert. Taylor schreibt den Song im Alter von 13 Jahren, als sie gerade in Nashville angekommen und entschlossen ist, herauszufinden, wo sie hingehört. Später sagt sie: »Es war schwierig, herauszufinden, wie ich mein Ziel erreichen konnte. Ich wusste, wo ich hin wollte, aber ich wusste einfach nicht, wie ich dorthin kommen sollte.«[13] Letztendlich bietet *A Place in this World* keine Antworten. Im Text gibt Taylor zu, dass sie auf ihrem Weg Fehler machen wird. Der Song weist jedoch darauf hin, dass sich der richtige Weg noch zeigen wird. Einige Jahre später bestätigt Taylor glücklich, dass diese Annahme korrekt gewesen sei. Sie sagt: »Ich bin sehr froh, dass [der Song] auf dem Album ist, weil ich [die Antworten] mittlerweile gefunden habe.«[14]

Cold as You

{ ALBUMTRACK }

Erschienen am: 24. Oktober 2006
Songwriter: Liz Rose, Taylor Swift
Produzent: Nathan Chapman

Taylor Swift äußert, dass ihr Lieblingssong auf ihrem Debütalbum – zumindest was den Text betrifft – die melancholische Klavierballade *Cold as You* sei. Sie lobt die pointierte Hookzeile des Songs, die jemanden für seine emotionale Kälte tadelt: »Ich liebe die Zeilen in einem Song, nach denen man einfach nur … brennt.«[15] Der Rest von *Cold as You* ist ebenfalls so direkt. Eine einsame Geige schleicht sich in die Musik, während die Erzählerin beschreibt, wann ihr klar geworden ist, dass ihr Ex sich nicht für sie interessiert. Sie kommt sich dumm vor, weil sie sich so viel Mühe mit ihm gegeben hat. Taylor Swift sagt: »Es geht um den Moment, in dem man merkt, dass jemand gar nicht der ist, für den man ihn gehalten hat, und dass man versucht hat, sich für jemanden zu entschuldigen, der es nicht verdient hat.«[16] Taylor Swift liefert hier eine sehr nach Country klingende Gesangsdarbietung, und ihre traurige Stimme passt hervorragend zu diesem Song.

The Outside

{ ALBUMTRACK }

Erschienen am: 24. Oktober 2006
Songwriter: Taylor Swift
Produzenten: Nathan Chapman, Robert Ellis Orrall

Heute ist Taylor Swift äußerst populär und wird von vielen Menschen sehr geschätzt. Der bittersüße Song *The Outside* schildert jedoch eine schmerzhaftere Zeit in ihrem Leben, als sie »ein absoluter Außenseiter in der Schule« gewesen ist und sich ausgeschlossen gefühlt hat. Taylor hat ganz andere Prioritäten und Ambitionen als ihre Mitschüler, wodurch sie sich von der Masse abhebt. Sie erinnert sich: »Ich war größer und sang am Wochenende Country-Musik in Karaoke-Bars und auf Festivals, andere Mädchen gingen auf Übernachtungspartys.«[17]

Bereits im Alter von zwölf Jahren schreibt sie den Song *The Outside*. Er spiegelt ihre Traurigkeit über die Ausgrenzung wider, die sie erfahren hat. Der Refrain ist voller Trübsal, und die Country-Rock-Riffs unterstreichen den bittersüßen Text des Songs. Sie sagt: »Jeder erlebt das mal in seinem Leben, dass die schlechten Tage einfach nicht abreißen. Man kann sich davon herunterziehen lassen, oder man findet einen Weg, darüber zu stehen. Zwar waren die Menschen nicht immer für mich da, aber die Musik schon.«[18]

Tied Together with a Smile

{ ALBUMTRACK }

Erschienen am: 24. Oktober 2006
Songwriter: Liz Rose, Taylor Swift
Produzent: Nathan Chapman

Einer der traurigsten Songs des Albums, die introspektive Country-Ballade *Tied Together with a Smile*, handelt von einer Freundin von Taylor Swift, die – von außen betrachtet – alles hat. Taylor sagt: »Sie war diese Schönheitskönigin, [...] – ein wunderschönes, beliebtes Mädchen in der High School. Jeder Junge wollte mit ihr gehen, jedes Mädchen wollte ihre Freundin sein.«[19] Insgeheim leidet diese Freundin jedoch an einer Essstörung.

Taylors Text geht zwar nicht explizit darauf ein, aber er behandelt die Probleme der Freundin. Diese sehnt sich verzweifelt nach Liebe (sie wird von potenziellen Verehrern nicht gut behandelt) und sieht nur ihre körperlichen Makel. Sie versucht, diese Enttäuschungen zu verbergen und ein fröhliches Gesicht aufzusetzen. Die Fassade funktioniert eine Zeit lang, aber ihr Lächeln reicht nicht mehr für den Rest ihres Lebens, das aus den Fugen gerät.

Rechte Seite: Taylor Swift reihte sich beim *CMA-Musikfestival 2007* in die Riege der Country-Stars ein.

Stay Beautiful

{ ALBUMTRACK }

Erschienen am: 24. Oktober 2006
Songwriter: Liz Rose, Taylor Swift
Produzent: Nathan Chapman

Die vielen Details in ihren Songs lassen vermuten, dass Taylor Swift über ihre eigenen Erfahrungen spricht. Das gilt aber nicht für alle ihre Hits. Nehmen wir das entspannte Folk-Country-Stück *Stay Beautiful*, das eine Romanze mit einem Jungen namens Cory behandelt. Taylor sagt: »Viele Leute fragen mich, nachdem sie meine Songs gehört haben: ›Wie viele Beziehungen hattest Du?‹ Und ich sage ihnen immer, dass meine Songs hauptsächlich von Beobachtungen inspiriert sind, nicht von Erfahrungen. Mit anderen Worten: Du musst jemanden nicht daten, um einen Song über ihn zu schreiben.«[20]

Stay Beautiful ist zwar nicht aus ihrer eigenen Dating-Erfahrung heraus entstanden, basiert aber auf Taylors eigener Sehnsucht. Sie sagt: »Dieser Song ist über einen Typen, den ich für süß hielt, mit dem ich aber nicht viel geredet habe. Aber irgendetwas an ihm hat mich zu diesem Song inspiriert.«[21] Die Bridge des Titels enthüllt, dass es sich um einen Tagtraum handelt, wodurch ihre im Refrain geäußerten Sehnsüchte umso rührender wirken.

Should’ve Said No

{ SINGLE }

Erschienen am: 24. Oktober 2006 (Album) / 19. Mai 2008 (Single)
Songwriter: Taylor Swift
Produzent: Nathan Chapman
Alternative Versionen: Alternate Mix, International Mix, iTunes Live from SoHo

Should’ve Said No war eine »Last-Minute«-Ergänzung zu ihrem Debütalbum, so äußert es Taylor Swift gegenüber dem *Rolling Stone* – was sie damit begründet, dass der Song »etwas sehr, sehr Dramatisches und Verrücktes, das mir widerfahren ist, und das ich in Form von Musik verarbeiten musste«[22], thematisiert. Taylor findet heraus, dass ihr damaliger Freund sie betrogen hat – und in einem 20-minütigen Wutausbruch legt sie ihr Herz und ihre Seele in diesen Song, und erklärt ihm genau, warum er einen großen Fehler gemacht hat.

Der Text ist eine beeindruckende Zurschaustellung von gerechtem Zorn, der sich gegen den Betrüger richtet. Taylor tadelt sein Verhalten, macht ihm ein schlechtes Gewissen und stellt klar, dass ihre Beziehung beendet ist. Ihr Gesang hat eine ziemlich eindringliche Note, als ob sie sich vorstellt, dass sie ihm den Text entgegenschreien würde, begleitet von einer lebhaften Musik, die von Geige und Banjo geprägt ist. Sie sagt: »Am Ende ist *Should’ve Said No* mehr ein moralisches Statement. [Der Song] meint so etwas wie: ›Ich liebe dich, wir waren fantastisch und großartig zusammen, aber du hast es verbockt, sonst wäre ich noch mit dir zusammen.‹«[23] Ihre Rache ist süß: *Should’ve Said No* erreicht Platz 1 der *Billboard Hot Country Songs Charts* und Platz 33 der *Hot 100.*

Mary’s Song (Oh My My My)

{ ALBUMTRACK }

Erschienen am: 24. Oktober 2006
Songwriter: Brian Maher, Liz Rose, Taylor Swift
Produzent: Nathan Chapman
Alternative Versionen: iTunes Live from SoHo

Sollte Taylor Swift jemals beschließen, den Beruf zu wechseln, wäre sie wohl eine hervorragende Schriftstellerin. Schon als Teenager hat sie die Gabe, komplexe Charaktere mit lebendigen Lebensgeschichten zu schaffen. Zum Beispiel ist *Mary’s Song (Oh My My My)* von einem älteren Ehepaar aus der Nachbarschaft der Familie Swift inspiriert worden. Sie erinnert sich: »Sie waren ewig lang verheiratet und kamen einen Abend zum Essen. Sie waren so süß. Sie sprachen darüber, wie sie sich verliebt und geheiratet hatten und wie sie sich als kleine Kinder getroffen hatten.«[24] Hieraus entwickelt Taylor eine Mandolinen-Melodie, die wie eine Gutenachtgeschichte über das lange, glückliche Leben des Paares berichtet. Taylor Swifts Liebe zum Detail zeigt sich darin, dass sie die beiden zunächst als Kinder beschreibt, die im Hinterhof auf Bäume klettern, dann als Teenager, die zusammen in einem LKW umherfahren, und schließlich als Paar, dessen Hochzeit von einer begeisterten Menge gefeiert wird. *Mary’s Song (Oh My My My)* endet mit dem Paar in der Gegenwart, das zwar schon in den 80-ern ist, aber immer noch ineinander verliebt. Taylor sagt: »Ich fand es so süß, denn man kann in den Supermarkt gehen und die Boulevardzeitungen lesen und sehen, wer sich gerade trennt und fremdgeht. Aber es war wirklich beruhigend zu wissen, dass ich nur nach Hause zu gehen brauchte, um nebenan ein perfektes Beispiel für ewige Liebe zu sehen.«[25]

Rechte Seite: Bei den *CMT Music Awards 2007* gewinnt Taylor Swift mit *Tim McGraw* den Preis für das Durchbruch-Video des Jahres.

CMT
MUSIC
AWARDS

Our Song

{ SINGLE }

Erschienen am: 10. September 2007 (Single) / 24. Oktober 2006 (Album)
Songwriter: Taylor Swift
Produzent: Nathan Chapman
Alternative Versionen: International Version, Pop/Rock Remix, Radio-Single-Version, iTunes Live from SoHo

Our Song **hat Taylor Swift in nur 15 Minuten für ihre Talentshow in der neunten Klasse geschrieben. Der Song ist für einen flotten Rhythmus gedacht, daher hat er ein stürmisches Tempo mit einer lebhaften Geige. Das Stück ist auch ein hervorragendes Beispiel für Taylor Swifts fast übernatürliche Fähigkeit, sich einen fertigen Song so vorzustellen, wie sie ihn gerne hören würde. Sie erklärt: »Wenn ich Songs schreibe, höre ich die gesamte Produktion in meinem Kopf. Ich habe sogar die Rolls auf dem Banjo gehört.«**

Textlich ist *Our Song* ein beschwingtes Stück. Es beschreibt ein Paar, das seinen eigenen »Song« schreibt, der auf den schönsten Momenten der jungen Romanze basiert. Taylor sagt: »Ich schreibe gern darüber, wie die Musik Menschen beeinflusst, und das hat Spaß gemacht, weil es von einem Paar handelt, das keinen eigenen Song hat.«[27] Fun fact: Das Paar sind Taylor und ihr damaliger Freund – und so hat sie *Our Song* eigentlich für sich selbst geschrieben.

Das Stück sorgt bei Taylors Klassenkameraden für Begeisterung. Sie erzählt: »Einen Monat später kamen die Leute zu mir und meinten: ›Ich mag den Song *Our Song*, den du gespielt hast.‹ Dann sangen sie mir ein paar Zeilen vor. Und das, obwohl sie ihn nur einmal gehört hatten, also dachte ich: ›Der hat wohl was!‹«[28] Taylor Swift hat Recht! *Our Song* wird ihr erster Nr.1-Hit in den *Hot Country Songs Charts*, und er bleibt sechs Wochen an der Spitze der Charts.

Beautiful Eyes

{ BEAUTIFUL-EYES-EP }

Erschienen am: 15. Juli 2008
Songwriter: Taylor Swift
Produzent: Robert Ellis Orrall

Beautiful Eyes hat Taylor im Alter von 13 Jahren geschrieben. Der gefühlvolle Midtempo-Country-Song handelt davon, wie man mit liebevollen und atemberaubenden Blicken eine tiefe Verbindung zu jemandem findet. *Beautiful Eyes* wird der Titelsong einer EP, die 2008 erscheint, um den Fans etwas Ablenkung zu bieten, bis Taylor Swift später im selben Jahr »Fearless« veröffentlicht. Damals sagt sie: »Ich lasse meine Plattenfirma nur eine kleine Stückzahl davon machen. Ich will auf gar keinen Fall, dass jemand denkt, dass wir zu viel veröffentlichen. Ich werde keine große Werbung dafür machen, weil ich nicht möchte, dass es eine Verwechslung gibt, und manche denken, dass es das zweite Album ist. Ich bekomme so viele E-Mails von Leuten, die mich nach neuen Songs fragen, und ich dachte, das könnte für sie eine Überbrückung bis zum neuen Album im Herbst sein.«[29]

I Heart?

{ PROMO-SINGLE / BEAUTIFUL-EYES-EP }

Erschienen am: 23. Juni 2008 (Promo-Single) / 15. Juli 2008 (EP)
Songwriter: Taylor Swift
Produzent: Robert Ellis Orrall

Auch diesen optimistischen Song hat Taylor Swift im Alter von 13 Jahren geschrieben. Als Song über ein Beziehungsende ist er eigentlich zu fröhlich. Sie spielt die Unsicherheit über eine kürzlich beendete Beziehung herunter. Sie kritzelt den Titel mit Filzstift auf ihre Hand, als sei es eine Frage an ihren Ex. Sie stellt fest, dass sie von der Liebe verletzt (aber nicht gebrochen) worden ist. Im Song setzt Taylor einige clevere Wortspiele ein. Sie akzeptiert letztendlich das Ende, nachdem sie gemerkt hat, wie schlecht ihr Ex sie behandelt hat. Im gleichen Atemzug verspricht sie ihm, dass er eines Tages verstehen wird, dass es endgültig aus ist. Bevor er auf der EP »Beautiful Eyes« erscheint, ist *I Heart?* auf einem Demo-Album aus dem Jahr 2004 zu hören (mit *Your Face* und *The Outside*). Außerdem ist der Titel als Bonustrack auf der Deluxe-Version von Taylors Debütalbum enthalten.

Linke Seite: Im April 2007 singt Taylor Swift die Nationalhymne vor dem Spiel der Los Angeles Dodgers gegen die Colorado Rockies bei der Eröffnung des Dodger Stadiums.

I'm Only Me When I'm with You

{ *BONUSTRACK* } *TAYLOR SWIFT (DELUXE EDITION)*

Erschienen am: 6. November 2007
Songwriter: Robert Ellis Orrall, Angelo Petraglia, Taylor Swift
Produzenten: Robert Ellis Orrall, Angelo Petraglia

Falls es einen Zweifel daran gegeben haben sollte, dass Taylor Swift vom ersten Tag an ihre Ziele in Bezug auf ihre Musikkarriere verfolgt hat, dann muss man sich nur den Titel *I'm Only Me When I'm with You* anhören, das sie im Alter von 13 Jahren geschrieben hat. Sie hat ihn mit zwei erfahrenen Songwritern, Robert Ellis Orrall und Angelo Petraglia, verfasst, kann sich aber dennoch behaupten.

Jahre später erinnert sich Robert Ellis Orrall: »Sie sagte: ›Ich will so etwas schreiben wie Avril Lavigne, nur als Country-Stück.«[30] Obwohl diese Richtungen widersprüchlich erscheinen, trifft *I'm Only Me When I'm with You* genau diesen Nerv. Orrall hat den Song mit einer Pedal-Steel-Gitarre »sehr leichtfüßig produziert«, weil er »wollte, dass es Country bleibt.«[31]

Taylor Swift behält auch die Kontrolle über den Text. Orrall erinnert sich: »Wir kamen bei irgendeiner Zeile nicht weiter, und Angelo hatte noch keinen Text aufgeschrieben. Er warf diese zwei Zeilen in die Runde … und sie sah ihn an und sagte: ›Ich weiß nicht, das ist irgendwie banal.‹ Und sie fuhr fort: ›Ich bin mir nicht sicher, ob meine Zielgruppe so etwas sagen würde.‹«[32]

Der Song entspricht tatsächlich dem, was Taylor Swift als Songwriterin ausmacht. Sie beschreibt das Glück, mit jemandem zusammen zu sein, der sie versteht – die Art von Person, mit der man die angenehme Stille genießt (und nachts draußen den Grillen zuhört!), und bei der man sich sicher genug fühlt, um Geheimnisse zu teilen. Und auch wenn diese Person sie gelegentlich auf die Palme bringt, ist sie doch gern mit ihr zusammen.

Taylor Swift nimmt *I'm Only Me When I'm with You* etwa einen Monat, nachdem sie 14 Jahre alt geworden ist, auf[33], und zwar während der kurzen Zeit, in der sie bei RCA Records unter Vertrag ist. Dem Label gefällt der Song jedoch nicht. Orrall erinnert sich: »[Als ich ihnen den Song gab,] meinten sie: ›Das klingt zu sehr nach Popmusik, ich glaube nicht, das die Leute darauf abfahren.‹ Und ich meinte: ›Nee – er ist perfekt.‹« Der Verlust von RCA ist jedoch ein Gewinn für alle anderen, denn *I'm Only Me When I'm with You* landet als Bonustrack auf Taylors Debütalbum, und zwar so wie er ist, ohne neu abgemischt zu werden. Orrall sagt: »Er gehörte ihnen nie. Wir haben ihn einfach zurückgenommen, und er landete auf der ersten Platte, und er wurde nicht einmal neu abgemischt. Er war genau so, wie ich ihn den Leuten von RCA über den Tisch zugeschoben hatte.«

Linke Seite: Taylor Swift tritt 2007 bei der *New Artists' Party for a Cause* auf, einer Benefizveranstaltung der *Academy of Country Music*.
Oben: Taylor Swift am 23. Mai 2006 bei der Verleihung der *Academy of Country Music Awards* in Las Vegas.

Invisible

{ **BONUSTRACK** } **TAYLOR SWIFT (DELUXE EDITION)**

Erschienen am: 6. November 2007
Songwriter: Robert Ellis Orrall, Taylor Swift
Produzenten: Robert Ellis Orral

Als Kind verbringt Taylor Swift mit ihrer Familie die Sommer an der Küste von Jersey. Später erinnert sie sich an eine unbeschwerte Zeit voller unschuldiger, müßiger Vergnügungen – sie beobachtet das Vogelschutzgebiet auf der anderen Straßenseite durch ein Fernglas, wirft während einer jährlichen Parade Wasserballons auf Boote und schreibt einen Roman.

Taylor erzählt: »Ich durfte als Kind ein bisschen verrückt, eigenartig und erfinderisch sein, und das war das Schönste am Leben [dort].«[34] Die Küste von Jersey inspiriert sie zu mehreren Songs, darunter ein Demo mit dem Titel *Smokey Black Nights* sowie *Invisible*, dem Bonustrack des Debütalbums. Die berührende, von der Geige dominierte Ballade handelt von dem Sohn der Freunde ihrer Eltern. Sie erinnert sich: »Sie waren immer bei mir zu Hause. Ihr Sohn war in meinem Alter und sprach immer über andere Mädchen, die er mochte. Ich fühlte mich einfach unsichtbar.«[35] Wie in *Teardrops on My Guitar* wünscht sich die Erzählerin, ihr Schwarm würde sie sehen und nicht an ein anderes Mädchen denken. Der Text verwendet eine schonungslose Sprache, um die Sehnsucht und Einsamkeit zu beschreiben. Taylor sagt: »Alles, was wir als Menschen wirklich wollen, ist eine Verbindung zu einem anderen Menschen. Und ich denke, die Musik ist die ultimative Verbindung.«[36]

Oben: 2007 tritt Taylor Swift als Opener auf der *Bonfires & Amplifiers Tour* von Brad Paisley auf, unter anderem am 11. Mai 2007 in Bonner Springs, Kansas.

Linke Seite: Das Singen der Nationalhymne vor einem Spiel der Reading Phillies ist für Taylor ein Heimspiel – sie hat früher in Wyomissing, Pennsylvania, gewohnt.

A Perfectly Good Heart

{ *BONUSTRACK* } *TAYLOR SWIFT (DELUXE EDITION)*

Erschienen am: 6. November 2007
Songwriter: Brett James, Taylor Swift, Troy Verges
Produzenten: Brett James, Troy Verges

A Perfectly Good Heart **ist ein klassischer Trennungssong, den die beiden Hitmacher Brett James und Troy Verges mitgeschrieben (und co-produziert) haben. Gemeinsam haben die beiden Männer Country-Charts-Hits für Martina McBride (*Blessed*) und Jessica Andrews (*Who I Am*) verfasst, aber auch einzeln sind sie sehr erfolgreich.**

James ist Co-Autor von *Cowboy Casanova* und dem Grammy-gekrönten *Jesus, Take the Wheel* – beide bekannt geworden durch Carrie Underwood – sowie eines Hits für Kenny Chesney, während Verges Co-Autor von *Wanted* ist, dem Riesenhit von Hunter Hayes, und eine Oscar-Nominierung für den Titel *Coming Home* erhalten hat, den Gwyneth Paltrow gesungen hat.

Es ist klar, dass *A Perfectly Good Heart* ein perfekter Country-Pop-Song wird, der sich durch ein schnörkelloses Arrangement auszeichnet, das Taylors Stimme in den Mittelpunkt stellt. Ihre Bestürzung über ihr gebrochenes Herz ist sehr nachvollziehbar und erklärt zweifelsohne, warum es das Lied schließlich auf die Deluxe Edition ihres Debütalbums geschafft hat.

Taylor sagt: »Meine Fans sind genau wie ich. Wir sind uns wirklich ähnlich. Ich fühle es, wenn ein Song auf eine Platte gehört, und habe das Gefühl, dass sie mir zustimmen.«[37] Obwohl Taylor zugibt, dass diese Annahme »unfair« sein könnte, fügt sie hinzu: »Ich bin sehr dankbar, Fans zu haben, die meinen Musikgeschmack teilen und verstehen, woher ich komme. Es ist wirklich schön, das Gefühl zu haben, dass es eine große Gruppe von Menschen gibt, die dich verstehen.«[38]

Holiday EP

{ ***SOUNDS OF THE SEASON: THE TAYLOR SWIFT HOLIDAY COLLECTION*** }

(THE TAYLOR SWIFT HOLIDAY COLLECTION)

Erschienen am: 14. Oktober 2007
Songwriter: verschiedene
Produzent: Nathan Chapman

Taylor Swift liebt Weihnachten. Das versteht sich eigentlich von selbst, zumal sie am 13. Dezember Geburtstag hat. Einmal sagt sie: »Ich wünschte, es wäre das ganze Jahr [Weihnachten], schon allein wegen der Gefühle, die die Menschen haben. Jeder kauft Geschenke, und es herrscht so eine Stimmung.«[39] Taylor schätzt es besonders, dass in dieser Zeit Geschenke gemacht werden und gute Laune verbreitet wird. Taylor sagt: »An Weihnachten finde ich am alleraufregendsten, meine Familie beim Öffnen der Geschenke zu beobachten. Ich liebe es, nach dem perfekten Geschenk und dem perfekten Geschenkpapier für jeden Menschen in meinem Leben zu suchen.«[40]

Für ihre Fans findet Taylor im Jahr 2007 das ideale Geschenk: eine Weihnachts-EP mit sechs Songs und dem Titel »Sounds of the Season: The Taylor Swift Holiday Collection«. (Nachfolgende Neuauflagen bieten dieselbe Tracklist, laufen aber nur unter dem Titel »The Taylor Swift Holiday Collection«) Die EP, die ursprünglich veröffentlicht wird, als Taylor noch neu im Geschäft ist, besteht aus Country-Covern von Weihnachtsklassikern – angeführt von ihrer lässigen Version von *Last Christmas* von Wham!, dem nostalgischen *White Christmas*, das von Geige und Mandoline getragen wird, und einer unbeschwerten, fröhlichen Version von *Santa Baby*. Außerdem nimmt Taylor ein anderes Gesangsarrangement von *Stille Nacht* mit einer schönen, wehmütigen Melodie auf.

Taylor Swift möchte jedoch nicht nur einfach Cover-Versionen aufnehmen. Sie sagt: »Als wir entschieden, dass wir ein Weihnachtsalbum machen wollten, dachte ich: ›Okay, das muss aber wirklich originell und anders werden, sonst macht es keinen Sinn, das zu machen.‹«[41] Passenderweise heißt einer ihrer beiden Eigenkompositionen *Christmas Must Be Something More*. Es ist vielleicht das offenkundig religiöseste Lied in ihrem Katalog und betont, dass Jesu' Geburt der Grund für die Weihnachtszeit ist.

Das akustisch angehauchte *Christmases when You were Mine*, das Taylor gemeinsam mit Liz Rose und Nathan Chapman geschrieben hat, ist laut ihrer Aussage eine »andere Art von Weihnachtssong«, in dem Erinnerungen an eine vergangene Beziehung wach werden und man sich sehnsuchtsvoll fragt, was hätte sein können. Sie sagt: »Am liebsten schreibe ich über Herzschmerz oder so etwas in der Art. Und ganz oft denkt man in den Ferien über vergangene Ferien nach, die man vielleicht mit Menschen verbracht hat, die man jetzt nicht mehr sieht.«[42] Nach einer Neuauflage im Jahr 2009 erreicht die »Taylor Swift Holiday Collection« Platz 20 der *Billboard Top 200* und steht Anfang des Jahres 2010 sogar zwei Wochen lang auf Platz 1 der *Top Holiday Albums Charts*.

Rechte Seite: Taylor Swift sorgt bei der 75. Zeremonie zur Beleuchtung des Weihnachtsbaums im Rockefeller Center für eine Menge Weihnachtsstimmung.

NTPF

LOVE STORY

02

DIE FEARLESS-ÄRA

Nach der Veröffentlichung von »Fearless« am 11. November 2008 gibt es für Taylor Swift viele Premieren. Es ist nicht nur das erste Album, das sie mitproduziert hat, sondern sie gewinnt auch ihre ersten *Grammy Awards* – unter anderem für das Album des Jahres und das beste Country-Album. *Love Story* wird außerdem ihr erster Top-5-Pop-Hit in den *Billboard Hot 100* – und ist der erste Country-Song überhaupt, der Platz 1 der *Billboard Mainstream Top 40 Radiocharts* erreicht. Taylor hat dies erreicht, ohne sich neu zu erfinden, einfach, indem sie ihr beeindruckendes Songwriting verfeinert und verbessert hat. »Fearless« kombiniert gekonnt arrangierte Country-Pop-Musik mit scharfsinnigen Texten voller Herz.

Fearless

{ SINGLE }

Erschienen am: 14. Oktober 2008 (Promo-Single) / 4. Januar 2010 (Country-Single) / 11. November 2008 (Album)
Songwriter: Hillary Lindsey, Liz Rose, Taylor Swift
Produzenten: Nathan Chapman, Taylor Swift
Alternative Versionen: Edit, Taylor's Version

Taylor Swift nennt ihr zweites Album »Fearless«, weil der Titel ihrer Meinung nach viele Themen des Albums widerspiegelt. Sie sagt: »Ich habe wirklich darüber nachgedacht, was das Wort für mich bedeutet. Für mich bedeutet ›Fearless‹ nicht, dass man gar keine Angst hat, und es bedeutet nicht, dass man unverwüstlich ist. Es bedeutet, dass man viele Ängste hat, die man aber überwindet.«[1]

In den 13 Tracks des Albums erkundet Taylor die verschiedenen Möglichkeiten, furchtlos zu sein oder ein furchtloses Leben zu führen. Im Titelsong geht es um den Mut in der Liebe, genauer gesagt darum, die Vorsicht in den Wind zu schlagen und sich selbst zu erlauben, furchtlos zu sein, wenn man eine neue Beziehung beginnt. Der Text beschreibt eine romantische Fahrt, die in einem leidenschaftlichen Kuss gipfelt. Er fängt die Aufregung ein bei einer Verabredung, von der man sich wünscht, sie würde ewig dauern. Während des gesamten Songs kreiert Taylor lebendige Szenen, indem sie viele Details einstreut, etwa wie der Bürgersteig nach einem Regenschauer glitzert.

Umso unglaublicher ist es, dass *Fearless* Fiktion ist und nicht auf realen Erfahrungen beruht. Taylor hat den Song während einer Tour geschrieben. Sie ist zu der Zeit Single und hat auch keine Aussichten auf ein Date. (»Ich war noch nicht einmal in der Anfangsphase eines Dates«[2], stellt sie fest.) Daraufhin lässt sie ihrer Fantasie freien Lauf und denkt sich bezaubernde Beispiele für romantischen Wagemut aus – eine spontane Tanzparty auf dem Parkplatz, im Regen umhertollen und dabei ein schönes Kleid tragen, die Nervosität beiseiteschieben und einen perfekten ersten Kuss genießen. Taylor sagt: »Wenn man Liebeslieder schreibt, schreibt man manchmal nicht darüber, was man gerade erlebt, man schreibt darüber, was man gern erleben würde. Dieser Song ist über das beste erste Date, das ich noch nicht hatte.«[3]

Musikalisch gesehen ist *Fearless* ein lässiger Country-Pop-Song, der von entspannten Drum-Grooves und Gitarren angetrieben wird, die an Goldglitter denken lassen. Man darf sich jedoch nicht täuschen lassen: Taylor liefert eine kraftvolle (man könnte auch sagen: furchtlose) Gesangsdarbietung ab, die durch eine Bridge mit einem epischen Tonartwechsel zur Betonung des explosiven Kusses noch verstärkt wird. Die Fans begrüßen Taylors Kühnheit. Bei seiner Veröffentlichung wird der Titel *Fearless* zu einem ihrer bisher größten Pop-Hits und erreicht Platz 9 der *Billboard Hot 100*. Außerdem erreicht der Song Platz 10 der *Hot Country Songs Charts*.

Oben: Auftritt beim 16. jährlichen *Country Thunder* in Twin Lakes, Wisconsin, im Jahr 2008.

Rechte Seite: Glitzernde Minikleider mit Fransen sind ein Markenzeichen von Swifts Bühnenkleidung in der »Fearless«-Ära.

Fifteen

SINGLE

Erschienen am: 31. August 2009 (Single) / 11. November 2008 (Album)
Songwriter: Taylor Swift
Produzenten: Nathan Chapman, Taylor Swift
Alternative Versionen: Pop Mix Edit, Taylor's Version

Fifteen **erinnert eindringlich daran, dass man mit 15 Jahren schwindelerregende Höhen (erfolgreiche erste Dates mit Jungs, die Autos haben, die beste Freundin finden) und quälende Tiefen (Freundschaftscliquen, grausamer Herzschmerz) erlebt. Passenderweise verfügt der Song über ein dynamisches Arrangement. Eine zarte Mandoline und ein klagendes Cello tauchen immer wieder auf, als wollten sie die emotionale Zerbrechlichkeit des Heranwachsens darstellen, während eine satte Mischung aus akustischen und elektrischen Gitarren an Intensität zu- und abnimmt.**

Der Song wechselt zwischen zwei Perspektiven: der des verunsicherten Erst-Semester-Teenagers und der der erwachsenen Version der Erzählerin, die auf diese Zeit zurückblickt. So ist es kein Wunder, dass *Fifteen* viele kluge Weisheiten zu bieten hat. Ein Date mit einem Football-Spieler wird nicht unbedingt der Höhepunkt deines Lebens sein. Du hast das Leben noch nicht ganz begriffen, auch wenn du denkst, du wüsstest alles. Sei vorsichtig, wenn du dein Herz verschenkst. Außerdem macht jeder diese Phase durch. Taylor sagt: »Du denkst, du bist ganz allein, wenn du 15 bist. Du denkst, du bist die einzige Person in der Welt, die so fühlt. Aber das bist du nicht.«[4]

Taylor Swift hat diesen Song tatsächlich über ihr eigenes Leben geschrieben und darüber, was sie in ihrem ersten High-School-Jahr erlebt hat. Im Refrain wird ihre Stimme sanft höher, als sie davon singt, 15 zu sein. Sie hat offensichtlich großes Mitgefühl für ihr jüngeres Ich. Sie sagt: »In meinem ersten Jahr an der High-School bin ich mehr erwachsen geworden als in jedem anderen Jahr meines bisherigen Lebens.«[5]

Die Bridge von *Fifteen* ist besonders eindrucksvoll. Darin berichtet Taylor von einer schmerzhaften Erinnerung, die mit ihrer besten Freundin Abigail zu tun hat. Abigail, ein rothaariges Mädchen, das sie im ersten Englischkurs kennenlernt, lässt sich mit jemandem ein, der sie schließlich betrügt. Taylor gesteht, dass sie wegen dieser Textstelle bei den Aufnahmen zu *Fifteen* geweint habe. »Am meisten weine ich, wenn die Menschen, die ich liebe, Schmerz erfahren haben und ich es miterlebt habe«, sagt sie und verweist dann auf den Herzschmerz ihrer Freundin, »Wenn ich darüber singe, erwischt es mich jedes Mal.«[6]

Jahrzehnte später betrachten Taylor und Abigail die Chronik ihrer Teenagerjahre mit einer Mischung aus Nostalgie und Stolz. Bei einem Konzert in Nashville im Mai 2023 setzt sich Swift ans Klavier und widmet den Song ihrer »schönen, rothaarigen High-school-Freundin«. Die Fans wissen, dass es sich um Abigail handelt, die zufällig im Publikum sitzt. Taylor verleiht dem Auftritt etwas Besonders und fügt dem Text ein paar Worte hinzu. Sie sagt, es sei in Ordnung, dass sie beide über Abigails jugendlichen Liebeskummer geweint haben. Mit dieser Geste würdigt sie auf liebevolle Weise, was sie in jungen Jahren durchgemacht haben.

Linke Seite: Dank des einfühlsamen Songwritings, das die Höhen und Tiefen des Erwachsenwerdens einfängt, katapultiert *Fearless* Taylor Swift zum Popstar.

Links: Miley Cyrus und Taylor Swift proben ihr *Fifteen*-Duett für die *Grammy Awards* am 7. Februar 2009.

Love Story

{ SINGLE }

Erschienen am: 15. September 2008 (Country-Single) / 14. Oktober 2008 (Pop-Single) / 11. November 2008 (Album)
Songwriter: Taylor Swift
Produzenten: Nathan Chapman, Taylor Swift
Alternative Versionen: International Mix, Digital Dog Remix, Pop Mix, Taylor's Version, Taylor's Version (Elvira Remix)

Taylor ist eine selbsternannte hoffnungslose Romantikerin, die die Liebe – oder die Chance auf Liebe – niemals aufgibt. Einmal sagt sie: »Egal, welche Hindernisse dir die Liebe in den Weg legt, du musst an sie glauben. Man muss an Liebesgeschichten, Märchenprinzen und ein Happy End glauben. Deshalb schreibe ich diese Songs. Weil ich denke, dass die Liebe ›fearless‹ [furchtlos] ist.«[7]

Der Titel *Love Story* ist eine Liebesgeschichte für die Ewigkeit – schließlich basiert der Song auf dem unglücklichen Paar aus William Shakespeares *Romeo und Julia.* Anstatt ein tragisches Ende für die beiden zu schreiben, schlägt Taylor Swift eine andere Sichtweise vor: Was würde passieren, wenn Romeo und Julia ihre Beziehung in den Griff bekämen? Sie betont, dass das Paar nicht unbedingt einen königlichen Stammbaum haben muss, um glücklich zu werden: »Für mich geht es in dem Song nicht wirklich darum, in einem Schloss zu leben und seine wahre Liebe auf einem königlichen Ball zu treffen. Es ist einfacher als das. Es geht darum, dass die Liebe sich lohnt.«[8] Dass jeder sein passendes Gegenstück finden kann, ist eine mächtige Idee. Es kommt sogar häufig vor, dass sich Paare auf Taylors Konzerten zum Klang von *Love Story* verloben. Das liegt vor allem an der Schluss-Sequenz des Songs, die einen majestätischen Tonartwechsel und eine große Geste beinhaltet: Romeo bittet Julia, ihn zu heiraten. Taylor sagt: »Als ich das Ende des Songs schrieb, dachte ich, dass dies ein Ende ist, was sich jedes Mädchen für seine Liebesgeschichte wünscht. Es ist das Ende, das ich will. Du willst einen Typen, dem es egal ist, was andere denken oder sagen.«[9]

Dieses alternative Ende ist paradoxerweise aus der Unzufriedenheit Taylors entstanden, als sie »mit einem Typen zusammen war, der nicht gerade die beste Wahl war«, wie sie es ausdrückt. »Seine Situation war ein wenig kompliziert, was mir egal war.«[10] (Später stellt sie klar, dass ihre Eltern und ihre Freunde diese Person nicht gemocht haben.) Andere Elemente basieren jedoch auf Fiktion. Sie erklärt: »Vieles davon habe ich in Filmen wie *Shakespeare [in Love]* gesehen. Bei manchem vermischt sich, was ich gelesen habe mit Dingen, die ich erlebt habe.«[11]

Wie bei vielen frühen Singles von Taylor gibt es auch bei *Love Story* verschiedene Versionen: eine Country-Version mit Steel-Gitarre, Banjo und Geige sowie eine Pop-Version mit E-Gitarren. Sowohl die Originalversion von *Love Story* als auch die 2021 neu aufgenommene Version *Love Story (Taylor's Version)* erreichen Platz 1 der *Billboard Hot Country Songs Charts.* Die einzige andere Künstlerin, der es gelungen ist, ein Original und ein Remake an die Spitze der Charts zu bringen, ist Dolly Parton.

Links & rechte Seite: Swift spielt bei den 42. jährlichen *Country Music Association Awards* am 12. November 2008 eine epische Version von *Love Story* mit einer wunderschönen Choreografie und einem märchenhaft romantischen Ende.

Hey Stephen

{ ALBUMTRACK }

Erschienen am: 11. November 2008
Songwriter: Taylor Swift
Produzenten: Nathan Chapman, Taylor Swift
Alternative Versionen: Taylor's Version

Taylor Swift hat das schwungvolle Folk-Pop-Stück *Hey Stephen* über einen Schwarm geschrieben, den sie über ihre Musikkarriere kennengelernt hat. Sie sagt: »Da gab es diesen Typen, der hat bei einigen meiner Konzerte als Vorgruppe gespielt, und ich habe ein paar Mal mit ihm gesprochen. Aber er wusste nicht, dass ich ihn mag.«[12]

Dank einer quirligen Orgel und Taylors konspirativem Gesang ist *Hey Stephen* eher heiter als traurig, was die romantische Sehnsucht angeht. Im Text zählt Taylor einige Gründe auf, warum Stephen und sie zusammen sein sollten – unter anderem sagt sie kokett, dass sie einen Song für ihn schreiben würde, und dass sie ihn küssen möchte, weil er so engelsgleich aussieht.

Da Taylor angibt, dass ihr Schwarm Stephen heißt, hat man schnell herausgefunden, dass es in dem Song um ihren einstigen Tourkollegen Stephen Barker Liles von der Band Love and Theft geht. Zu diesem Zeitpunkt weiß er nichts von der Schwärmerei. Taylor gibt ihm später einen Tipp: »Als mein Album herauskam, schickte ich ihm eine Textnachricht: ›Hey, Track 5‹«[13] Der echte Stephen fühlt sich von dem Song geschmeichelt und veröffentlicht im Jahr 2011 mit *Try to Make It Anyway* sogar eine Hommage an Taylor.

White Horse

{ *SINGLE* }

Erschienen am: 8. Dezember 2008 (Country-Single) / 11. November 2008 (Album)
Songwriter: Liz Rose, Taylor Swift
Produzenten: Nathan Chapman, Taylor Swift
Alternative Versionen: Radio Edit, Taylor's Version

Wenn ein Regentag einen Soundtrack hätte, wäre *White Horse* das erste Stück. Die langsam vor sich hin schwelende Ballade mit dem trostlosen Cello und dem Klavier im Vordergrund handelt von einer Protagonistin, die herausfindet, dass ihre Happy-End-Geschichte nur ein Schwindel ist.

Taylor sagt: »*White Horse* handelt von dem herzzerreißendsten Teil einer Trennung: der Moment, in dem man erkennt, dass sich all die Träume, die man hatte, all die Visionen, die man von der Beziehung mit dieser Person hatte, in Luft auflösen. Nach diesem Moment geht es nur noch ums Wiederaufstehen.«[14]

Erstaunlicherweise hätte Taylor *White Horse* beinahe nicht auf »Fearless« aufgenommen. Zunächst ist sie der Meinung, dass das Album schon genug traurige Songs enthält. Doch es gibt einen schicksalhaften Wink: *White Horse* wird für eine Folge von *Grey's Anatomy* vorgeschlagen. Ein wahrgewordener Traum für Taylor, die ein Mega-Fan der Serie ist. (Nicht umsonst hat sie eine ihrer Katzen nach der Figur der Ellen Pompeo in der Serie Meredith Grey genannt.) »Wenn [der Song] nicht in die Serie aufgenommen worden wäre, hätten wir ihn auch nicht auf das Album gepackt«[15], sagt sie. Zu ihrer großen Freude schafft es *White Horse* jedoch tatsächlich in die Auswahl, wird in der fünften Staffel von *Grey's Anatomy* ausgestrahlt und avanciert zu einem Pop-Hit, der auf Platz 13 der *Billboard Hot 100* landet und zwei Grammys gewinnt.

Linke Seite: Swift hat einen Riesenspaß auf ihrer ersten Headliner-Tour nach der Veröffentlichung von »Fearless«.

Rechts: Bei den *American Music Awards 2008* singt Taylor Swift *White Horse* – und nimmt den Preis für die beliebteste weibliche Country-Künstlerin entgegen.

You Belong with Me

{ **SINGLE** }

Erschienen am: 4. November 2008 (Promo-Single) / 20. April 2009 (Radio-Single) / 11. November 2008 (Album)
Songwriter: Liz Rose, Taylor Swift
Produzenten: Nathan Chapman, Taylor Swift
Alternative Versionen: Pop Remix, Radio Mix, Taylor's Version

***You Belong with Me*, einer der besten modernen Songs über die Liebe zu einem unerreichbaren Menschen, verbindet ein nüchternes Banjo mit einem federleichten Refrain und einem gefühlvollen, wehmütigen Gesang. Das Stück wirkt wie aus einem Teenie-Film entsprungen.**

Die Protagonistin des Songs ist eine uncoole Außenseiterin, die sich heimlich nach einem ihrer Freunde sehnt. Die beiden haben den gleichen Sinn für Humor und ein gutes Verhältnis. Allerdings trifft er sich mit jemand anderem, und zwar der perfekten Cheerleaderin, die wohl cool wirkt, ihn aber leider wie Dreck behandelt. Unsere Außenseiterin kann nicht verstehen, warum die beiden zusammen sind. Sie sehnt sich danach, dass ihr Freund aufwacht und sie ihre Liebe erwidert.

Swift hat *You Belong with Me* über »einen Typen geschrieben, der mit einem anderen Mädchen zusammen war, und ich schaute von außen zu und war wirklich eifersüchtig und … wollte mit diesem Typen zusammen sein«, sagt sie und fährt fort: »Man fragt sich: ›Warum bist du mit ihr zusammen? Sie ist gemein zu dir.‹«[16] Swift fügt sympathisch hinzu, dass diese Art von Situation »etwas ist, das mich schon früher frustriert hat, weil ich unter der Mädchen-von-nebenan-itis leide, bei der der Typ mit dir befreundet ist und das wars.«[17]

An anderer Stelle erläutert sie ihre Inspiration. *You Belong with Me* sei ihr eingefallen, nachdem sie einem Freund bei einem Streitgespräch mit seiner Freundin zugehört habe, die ihn gerade angeschrien habe. Taylor hat Mitleid mit dem Freund und sagt: »Mir ist da die Geschichte eingefallen, dass ich in ihn verliebt bin und er mit mir zusammen sein sollte, anstatt mit ihr.«[18] Sie denkt sich einen Text aus, der die Unterschiede zwischen der Hauptfigur des Songs und der Freundin verdeutlicht. Es geht um Miniröcke gegen T-Shirts und um High Heels gegen Turnschuhe.

Taylor Swift stellt den Song zusammen mit Liz Rose fertig. »Sie rief mich an einem Freitag an und sagte: ›Hey, ich mache gerade die Platte fertig und brauche noch einen Song. Kannst du sonntags schreiben?‹«[19], erinnert sich Rose und betont, dass sie natürlich bereit sei. Taylor kommt gut vorbereitet zu der Session, da sie bereits Teile des Songs geschrieben hat, darunter auch die Zeile über die unterschiedliche Kleiderwahl. Dieses Bild inspiriert Rose zu dem Vorschlag, die Zuschauertribüne zu erwähnen – und die beiden machen sich an die Arbeit.[20] »Mit Taylor war das Co-Writing, aber es wurde auch viel überarbeitet«, so Rose und fährt fort: »Es ging viel darum, alles aufzuschreiben und zu versuchen, die Brillanz, die aus ihr herauskam, einzufangen. Weil ihr Songwriter-Gehirn permanent produziert.«[21]

Taylor nennt *You Belong With Me* einen Song, der das Leben verändert. Das ist keine Übertreibung: Der Titel steht zwei Wochen lang auf Platz 1 der *Billboard Hot Country Songs Charts* und erreicht fast Platz 1 der *Billboard Hot 100.* Davor ist nur *I Gotta Feeling* von den Black Eyed Peas. Der Song wird für drei Grammys nominiert, darunter Song des Jahres und Album des Jahres.

Unten: Anfang 2010 gewinnen Swift und ihre Co-Songwriterin Liz Rose (im Bild) für *White Horse* einen Grammy Award für den besten Country-Song.

Rechte Seite: Taylor Swift singt *Teardrops on My Guitar* in der MTV-Sendung *TRL* am 27. Februar 2008.

Breathe (mit Colbie Caillat)

PROMO-SINGLE

Erschienen am: 21. Oktober 2008 (Promo-Single) / 11. November 2008 (Album)
Songwriter: Colbie Caillat, Taylor Swift
Produzenten: Nathan Chapman, Taylor Swift
Alternative Versionen: Taylor's Version

Breathe, eine wunderschöne Meditation mit wehmütigem Banjo und Streichern, handelt davon, »jemanden loslassen zu müssen, der dir wichtig ist und den du nicht verletzen willst, aber du bist aus dieser Freundschaft oder Beziehung herausgewachsen«[22], so Taylor. Sie verrät nicht, über wen sie spricht.

Die Singer-Songwriterin Colbie Caillat, die den Song mitgeschrieben hat und vor allem im mitreißenden Refrain kunstvolle Vocals und Harmonien beisteuert, sagt in einem späteren Interview: »Taylor hat über etwas geschrieben, das sie zu der Zeit mit einem Bandmitglied durchmachte, und sie hat ihr Herz darüber ausgeschüttet.«[23] Das ist eine Untertreibung! Der Song schlägt einen zutiefst entschuldigenden Ton an, während er sich damit auseinandersetzt, wie komplex und erschütternd diese Trennungen sind, und dass es schwierig ist, darüber hinwegzukommen, auch wenn das oft ein unvermeidlicher Teil des Erwachsenwerdens ist. Die emotionale Verletzlichkeit von *Breathe* wird mit einer Grammy-Nominierung für die beste Pop-Zusammenarbeit gewürdigt.

Tell Me Why

ALBUMTRACK

Erschienen am: 11. November 2008
Songwriter: Liz Rose, Taylor Swift
Produzenten: Nathan Chapman, Taylor Swift
Alternative Versionen: Taylor's Version

Wenn man an der Nase herumgeführt wird, ist das eine quälende und ärgerliche emotionale Erfahrung – etwas, das Taylor selbst erlebt hat, als sie in einen Mann verliebt ist, der große Töne spuckt, aber seinen Worten keine Taten folgen lässt. Sie sagt: »Weil er nicht wusste, was er wollte, spielte er all diese Psychospielchen.«[24]

Frustriert und ziemlich verärgert über die Situation – und die schäbige Art und Weise, wie sie behandelt worden ist –, findet Taylor Swift in ihrer lieben Songwriter-Kollegin Liz Rose ein offenes Ohr für ihre Probleme. Sie erinnert sich: »Ich schimpfte darüber, dass dieser Typ manchmal so ein Spinner und Idiot ist und manchmal so cool. Ich sagte zu ihr: ›Liz, ich weiß nicht, was mit dem Kerl los ist!‹«[25] Gemeinsam fangen sie Taylors Wut und Verwirrung in *Tell Me Why* ein, einem irisch angehauchten Folk-Song, in dem sie Klarheit über das wechselhafte Verhalten fordert. Eine schwungvolle Geige, ein federndes Banjo und eine vom Rock der 1990er-Jahre inspirierte E-Gitarre verstärken ihre berechtigte Empörung.

You're Not Sorry

PROMO-SINGLE

Erschienen am: 28. Oktober 2008 (Download) / 11. Novmber 2008 (Album)
Songwriter: Taylor Swift
Produzenten: Nathan Chapman, Taylor Swift
Alternative Versionen: CSI Remix, Speak Now (World Tour Live), Taylor's Version

Die donnernde Ballade *You're Not Sorry* kombiniert melodramatisches Klavier, schwermütige Geige und mächtige E-Gitarre, die allesamt zum stürmischen Text passen. Taylor hat sich mit einem Mann eingelassen, der nicht ehrlich zu ihr ist – und beschließt, dass sie seine Spielchen nicht mehr ertragen will. Sie sagt: »Er wirkte wie ein Märchenprinz. Aber es stellte sich heraus, dass dieser Märchenprinz eine Menge Geheimnisse vor mir verbarg. Und eins nach dem anderen fand ich sie heraus.«[26]

Diese Detektivmentalität hat auch mit einem weniger bekannten Schritt in Taylors Karriere zu tun. Sie gibt 2009 in der erfolgreichen Krimiserie *CSI* ihr Schauspieldebüt. Scherzend erzählt sie: »Alle meine Freunde wissen, dass es mein absoluter Traum ist, einmal die Leiche bei *CSI* zu spielen.«[27] Mission erfüllt: Bei ihrem Gastauftritt in der Episode *Motel zum Mord* liefert Taylor eine großartige Leistung in der Darstellung eines komplizierten Teenagers namens Haley, der auf grausame (und unglückliche) Weise ums Leben kommt. In Verbindung mit dem Auftritt veröffentlicht sie auch einen düsteren, statisch gefärbten elektronischen Remix von *You're Not Sorry*, der eine andere musikalische Seite zeigt.

The Way I Loved You

ALBUMTRACK

Erschienen am: 11. November 2008
Songwriter: John Rich, Taylor Swift
Produzenten: Nathan Chapman, Taylor Swift
Alternative Versionen: Taylor's Version

The Way I Loved You vermittelt etwas sehr Simples in Sachen Romantik: Du kannst nicht kontrollieren, was dein Herz will. Mit anderen Worten: Auch wenn eine stabile Beziehung mit einem netten Kerl die erstrebenswerte Liebesgeschichte ist, macht sie nicht immer glücklich. Stattdessen merkt Taylor an: »Während du bei ihm bist, denkst du die ganze Zeit an diesen Typen, der kompliziert, chaotisch und frustrierend war.«[28] Im Text heißt es, dass er die Art von Person ist, mit der man sich spätabends im Regen leidenschaftliche Streitgespräche liefert. In John Rich vom Country-Duo Big & Rich findet Taylor Swift den perfekten Partner für das Songwriting. Sie sagt: »Er konnte sich damit identifizieren, weil er in seinen Beziehungen dieser komplizierte, frustrierende, chaotische Typ ist. Wir haben den Song aus verschiedenen Blickwinkeln betrachtet.«[29] Um den Kampf dieser konkurrierenden Sehnsüchte zu verdeutlichen, kombiniert *The Way I Loved You* pirouettierende Streicher mit stampfenden E-Gitarren und einem schwungvollen Hook im Refrain voller schuldbewusster Sehnsucht.

Forever and Always

{ ALBUMTRACK }

Erschienen am: 11. November 2008
Songwriter: Taylor Swift
Produzenten: Nathan Chapman, Taylor Swift
Alternative Versionen: Piano Version, Taylor's Version

Es gibt respektvolle Methoden, eine Beziehung zu beenden – aber dann ist da auch der Musiker Joe Jonas, der Taylor Swift offensichtlich mit einem kurzen Telefonat mitteilt, dass es vorbei ist.

Selbstverständlich ist Taylor stinksauer über die ganze Situation und nutzt jede Gelegenheit, um zu erzählen, was Joe Jonas ihr angetan hat. Während eines Auftritts in der Talkshow von Ellen DeGeneres im November 2008 sagt sie: »Der Junge hat innerhalb von 25 Sekunden am Telefon mit mir Schluss gemacht, als ich 18 war.«[30] (Autsch!) Bald darauf schreibt sie den Emo-Country-Trennungssong *Forever and Always*, den sie noch am Tag vor dem geplanten Abschluss der Aufnahmen zu »Fearless« hinzufügt.[31] Wie nicht anders zu erwarten, schwankt der Song zwischen Wut, Traurigkeit und Verrat – und obwohl Taylor Regen oft als romantisches lyrisches Motiv verwendet, ist er in *Forever and Always* ein Vorzeichen dafür, dass alles, was so richtig erschien, nun ein durchnässtes Chaos ist. Die Zeit hat glücklicherweise die meisten Wunden geheilt. Während eines Auftritts bei Ellen im Jahr 2019 liefert sie sogar eine Art Entschuldigung dafür ab, dass sie Joe Jonas bloßgestellt hat. Sie räumt ein: »Wir lachen jetzt darüber, aber das war ein bisschen vorlaut – ja, ein bisschen Teenagerkram eben.«

Unten: Taylor Swift und ihr Ex-Freund Joe Jonas, hier zusammen bei den *MTV Video Music Awards* von 2008.

The Best Day

{ ALBUMTRACK }

Erschienen am: 11. November 2008
Songwriter: Taylor Swift
Produzenten: Nathan Chapman, Taylor Swift
Alternative Version: Taylor's Version

Neben Taylor ist wohl Taylors Mutter Andrea das beliebteste Mitglied der Swift-Familie. Bei den Konzerten ist sie einfach als Mama Swift bekannt und strahlt vor Stolz über die Leistungen ihrer Tochter – wenn sie nicht gerade Fans umarmt, Freundschaftsarmbänder austauscht oder sich die glücklichen Swifties für ein Meet-and-Greet mit Taylor aussucht.

Natürlich stehen sich Taylor und ihre Mutter sehr nah. Während der Aufnahmen zum Album »Fearless« denkt Taylor oft an die »vielen schönen Momente«, die sie miteinander erlebt haben. Schließlich hat ihre Mutter ihre Karriere auf Schritt und Tritt unterstützt. Auf Tour mit Taylor auf dem Rücksitz eines Mietwagens motiviert sie ihre Tochter dazu, die Schularbeiten zu machen, damit sie gleichzeitig ihren Abschluss machen kann. Taylor erzählt: »Es war ein unglaublicher Weg, den wir zurückgelegt haben, und ich habe oft daran gedacht.«[32]

Taylor taucht in diese Erinnerungen ein und schreibt *The Best Day*, einen zu Tränen rührenden Folk-Rock-Song voller Dankbarkeit für ihre Familie und das Leben, das diese ihr ermöglicht hat. Sie schätzt ihre Mama Andrea Swift sehr, weil sie ihr jahrzehntelang eine Stütze gewesen ist (und ihr unvergessliche Momente beschert hat).

Tatsächlich erweitert Taylor ihren Horizont als Songwriterin und überlegt, wie sie die verschiedenen Phasen ihres Lebens in Songs verarbeiten könnte – wie sie mit fünf Jahren durch ein Kürbisfeld rennt und dann liebevoll die Beine ihrer Mutter umarmt, oder als sie mit 13 Jahren wegen eines Freundschaftsdramas verzweifelt ist und ihre Mutter sie aufmuntert.

Taylor sagt: »Meine Mutter war in vielerlei Hinsicht meine Zuflucht. Sie nahm mich immer mit auf diese Abenteuer, und wir fuhren in und durch Städte, die wir noch nie gesehen hatten.« Als Taylor als Teenager Probleme mit Freunden hatte, war diese Unterstützung unermesslich wichtig. Sie fährt fort: »Diese Abenteuer gehören zu den Tagen, an denen ich einfach vor meinen Problemen weggelaufen bin. Man soll nicht weglaufen, aber wenn man 13 ist und deine Freunde nicht mit dir reden und sich am Mittagstisch wegsetzen, dann ist es eine gute Sache, wenn deine Mutter dich davor weglaufen lässt.«[33]

Taylor schreibt und nimmt *The Best Day* ohne das Wissen ihrer Mutter auf und schenkt es ihr zu Weihnachten, wobei sie den Song mit alten Heimvideos unterlegt. Taylor sagt: »Die erste Hälfte des Songs hat sie gar nicht gemerkt, dass ich das war, die da sang. Als ihr dann klar wurde, dass ich das Ganze gemacht hatte, um sie zu überraschen, ist sie weinend zusammengebrochen.«[34] Die Musikerin sorgt während der »Eras-Tour« erneut für Tränen, als sie den Song am Muttertag 2023 für ihre Mutter spielt, die natürlich beim Konzert dabei ist und es genießt, ihre Tochter singen zu sehen.

Oben: Taylor Swift und ihre geliebte Mutter Andrea im Jahr 2010 gemeinsam bei den *American Music Awards*.

I ♥ TS
Taylor

Change

PROMO-SINGLE

Erschienen am: 8. August 2008 (AT&T TEAM USA Soundtrack) / 11. November 228
Songwriter: Taylor Swift
Produzenten: Nathan Chapman, Taylor Swift
Alternative Version: Taylor's Version

Im November 2007 gewinnt Taylor ihren ersten *CMA Award*, den renommierten *Horizon Award*, mit dem vielversprechende junge Musiker ausgezeichnet werden. Die damals 17-Jährige witzelt in ihrer Dankesrede: »Das ist definitiv der Höhepunkt meines Abschlussjahres.«

Am Tag, nachdem sie den *Horizon Award* gewonnen hat, schreibt Taylor Berichten zufolge *Change*. Darin denkt sie über die Musikindustrie und ihren Platz darin nach, zumal ihr damaliges Label, Big Machine Records, noch relativ klein ist. Sie erklärt: »Mir wurde klar, dass man für mich keinen Gefallen einfordern würde, denn das Label hatte keine anderen Künstler, von denen man Gefallen einfordern konnte. Es würde ein steiler Weg für mich werden, und das Einzige, was mich ermutigte, war die Hoffnung, dass sich die Dinge eines Tages ändern würden.«[35]

Mit Bildern, die an einen Außenseiter in einem harten Kampf erinnern, schwört *Change*, dass Swift eine musikalische Revolution anführt. Ihre Vision für den Sound des Songs war ebenso gewaltig: triumphale E-Gitarren-Riffs, aufsteigende Dynamik und entschlossener Gesang voller Biss und Selbstvertrauen. *Change* kann sicherlich als Prequel des Abschlusstracks *Long Live* von »Speak Now« gelten – aber es ist auch ein passender Abschluss der Originalversion von »Fearless«. Das Stück verkörpert Taylors hartnäckigen musikalischen Ehrgeiz und ist ein Vorgeschmack auf Größeres.

Linke Seite & rechts: Taylor Swift hat eine lange Vorgeschichte mit den *Country Music Association Awards*. Sie hat den prestigeträchtigen *Horizon Award* gewonnen, mit dem vielversprechende junge Musiker ausgezeichnet werden (rechts), und sie hat in der Show Songs wie *Fifteen* gespielt (links).

Jump Then Fall

{ ALBUMTRACK } FEARLESS – PLATINUM EDITION

Erschienen am: 26. Oktober 2009
Songwriter: Taylor Swift
Produzenten: Nathan Chapman, Taylor Swift
Alternative Version: Taylor's Version

Auch die selbstsichersten Menschen brauchen hin und wieder eine Erinnerung daran, dass sie sich darauf verlassen können, dass ihr Partner für sie da ist. Das ist die schöne Botschaft des Country-Songs *Jump Then Fall*, von dem Taylor sagt, er sei »wirklich beschwingt und fröhlich und voller Liebe«[36]. Musikalisch gesehen, ist Taylor ebenfalls begeistert von dem »wirklich coolen Banjo-Teil, der so federnd ist.« Sie fährt fort: »Ich weiß nicht, es hat für mich einfach einen wirklich guten Vibe.«

Untouchable

{ ALBUMTRACK } FEARLESS – PLATINUM EDITION

Erschienen am: 26. Oktober 2009
Songwriter: Cary Barlowe, Nathan Barlowe, Tommy Lee James, Taylor Swift
Produzenten: Nathan Chapman, Taylor Swift
Alternative Version: Taylor's Version

Für einen Auftritt in der TV-Show *Stripped* wird Taylor gebeten, einen Coversong zu singen. Sie entscheidet sich für eine abgewandelte Version von *Untouchable*, einem Grunge-Song, der ursprünglich von der Rockband Luna Halo veröffentlicht worden ist. Nathan Barlowe, der Leadsänger der Band, merkt zu dieser Version an: »Sie hätte jedes Cover der Welt wählen können, aber sie hat sich für dieses entschieden. […] Ursprünglich habe ich nicht mal die Melodie der Strophe und einen Teil des Arrangements erkannt, aber der Refrain kommt dem Original schon sehr nahe.« [37]

Come in with the Rain

{ ALBUMTRACK } FEARLESS – PLATINUM EDITION

Erschienen am: 26. Oktober 2009
Songwriter: Liz Rose, Taylor Swift
Produzenten: Nathan Chapman, Taylor Swift
Alternative Version: Taylor's Version

Taylor sagt: »Einige der zusätzlichen Songs auf ›Fearless (Platinum Edition)‹ habe ich geschrieben, als ich 14 oder 15 war, und dann habe ich sie kürzlich neu aufgenommen. Es ist eine gute Mischung von Songs aus den unterschiedlichen Phasen meines Lebens.«[38] Die Ballade *Come in with the Rain* passt perfekt zu dieser Beschreibung. 2006 hat Taylor schon einmal ein Demo des Songs auf ihrer MySpace-Seite gepostet. Die wunderschöne neu aufgenommene Version wartet mit wogenden Geigen, Banjo und Pedal Steel Guitar auf, die wie ein kaum wahrnehmbarer Sommerwind wirken.

SuperStar

{ ALBUMTRACK } FEARLESS – PLATINUM EDITION

Erschienen am: 26. Oktober 2009
Songwriter: Liz Rose, Taylor Swift
Produzenten: Nathan Chapman, Taylor Swift
Alternative Version: Taylor's Version

Jeder von uns sehnt sich danach, dass uns jemand bemerkt und uns für etwas Besonderes hält – insbesondere, wenn wir uns ausgesprochen unscheinbar fühlen. Das ist die Fantasie, die in dem Emo-Rock-Song *SuperStar* zum Ausdruck kommt, in dem ein Mädchen träumt, dass aus ihrer Schwärmerei für einen Rockstar eine echte Romanze wird. Natürlich handelt es sich dabei nur um Tagträume – im Text heißt es, sie höre ihn im Radio, um einzuschlafen –, aber diese romantischen Gedanken geben ihr Halt.

The Other Side of the Door

{ ALBUMTRACK } FEARLESS – PLATINUM EDITION

Erschienen am: 26. Oktober 2009
Songwriter: Taylor Swift
Produzenten: Nathan Chapman, Taylor Swift
Alternative Version: Taylor's Version

Ein dynamischer Country-Pop-Song, der sich wie ein warmer Sommertag anfühlt. *The Other Side of the Door* ist einer von Taylor Swifts besten Bonustracks. Textlich geht es in dem Song »um die Dramatik von Beziehungen, in denen man sagt: ›Ich hasse dich so sehr, ich will nie wieder mit dir reden!‹ Wenn man [eigentlich] das Gegenteil meint«[39], sagt sie. Mit anderen Worten: Man ist auf den anderen wütend, aber alles, was man hören will, ist, dass er um Vergebung bittet und seine Liebe zu einem erklärt.

Today Was a Fairytale

{ SINGLE }

Erschienen am: 19. Januar 2010 (Single) / 9. Februar 2010 (Soundtrack Album)
Songwriter: Taylor Swift
Produzenten: Nathan Chapman, Taylor Swift
Alternative Version: Taylor's Version

Der Song *Today Was a Fairytale*, der während der Sessions zu »Speak Now« entsteht, schlummert lange ungehört in Taylor Swifts Archiven, bis sie 2010 für eine Rolle in der Ensemble-Romantikkomödie *Valentine's Day* angefragt wird. Sie sagt: »Ich holte ihn aus meiner Tasche und dachte: ›Das ist perfekt für den Soundtrack. Ich hoffe, es ist perfekt für den Soundtrack.‹«[40] Ihr Instinkt hatte Recht: Der lässige, von Streichern getragene Country-Pop-Song vergleicht einen perfekten Tag, den man zusammen mit einem Schwarm verbringt, mit einem magischen Erlebnis.

You All Over Me (featuring Maren Morris)

{ **FROM THE VAULT** } **FEARLESS (TAYLOR'S VERSION)**

Erschienen am: 26. März 2021 (Download) / 9. April 2021 (Album)
Songwriter: Scooter Carusoe, Taylor Swift
Produzenten: Aaron Dessner, Taylor Swift

Der Geist des Ex spukt noch lange nach einer Trennung herum. Das ist eine der Erkenntnisse aus der Americana-Ballade *You All Over Me*. Der Song weist darauf hin, dass unerwartete Dinge – wie Autoreifen, die Schlammspuren auf einer Schotterstraße hinterlassen – Erinnerungen wachrufen können, selbst wenn man denkt, dass man schon darüber hinweg ist. Taylor hat den Song zusammen mit Scooter Carusoe geschrieben, einem Country-Songwriter, der für Hits von Darius Rucker, Brett Eldredge und Kenny Chesney verantwortlich ist. Sie erinnert sich: »Wir gingen den Text akribisch durch und versuchten, all diese verschiedenen symbolischen Bilder zu finden, die darauf hinweisen, wie es sich anfühlen könnte, wenn einem das Herz gebrochen wird, wenn man das Gefühl hat, die ganze Sache habe einen ruiniert. Eines der schwierigsten Dinge bei Liebeskummer ist das Gefühl, dass es dich kaputt gemacht hat und du diesen Schaden nun mit dir herumträgst.«[41] Taylors Freundin Maren Morris steuert den Backgroundgesang bei. Ihre dunkle Altstimme unterstützt die Wehmut des Songs.

Mr. Perfectly Fine

{ **FROM THE VAULT** } **FEARLESS (TAYLOR'S VERSION)**

Erschienen am: 7. April 2021 (Download) / 9. April 2021 (Album)
Songwriter: Taylor Swift
Produzenten: Jack Antonoff, Taylor Swift

Mr. Perfectly Fine, ein Highlight unter den »Fearless«-Vault-Tracks, wirkt wie ein Vorbote von Taylors zukünftiger musikalischer Richtung. Fans wird sofort auffallen, dass der Text eine Formulierung enthält, die später auch in *All too Well* auftaucht. Aber auch musikalisch lehnt sich der mitreißende Americana-Song eher an die Pop-Seite an, vor allem mit seinen Synthie-Akzenten und seinem explosiven Refrain. »*Mr.* war definitiv ein früher Indikator dafür, dass ich mich schleichend in Richtung Pop-Ästhetik bewegte«, stimmt Taylor zu, bevor sie anmerkt: »Obwohl ›Fearless‹ ein Country-Album ist, haben sich immer wieder diese Pop-Melodien eingeschlichen.« Der bitterböse Trennungssong ist voller Herzschmerz. Die Erzählerin schimpft fachkundig über einen kaltherzigen Kerl, der keine Reue zeigt, nachdem er sie gefühllos behandelt und sie wie ein gebrauchtes Taschentuch weggeworfen hat. Taylor sagt: »Der Text ist einfach wunderbar bissig und voller Teenager-Ängste, wie man sie sich von einem Album erhofft, das ich mit 17 oder 18 Jahren oder kurz davor geschrieben habe.«[42]

We Were Happy

{ FROM THE VAULT } FEARLESS (TAYLOR'S VERSION)

Erschienen am: 9. April 2021
Songwriter: Liz Rose, Taylor Swift
Produzenten: Aaron Dessner, Taylor Swift

Taylor Swift wählt die Gäste, die sie einlädt, um auf ihren Taylor's Version Vault Tracks zu spielen, immer sehr bewusst aus.

Ein Beispiel: Sie bittet den Country-Star Keith Urban, bei »Fearless (Taylor's Version)« mitzuwirken, weil sie während der »Fearless«-Album-Ära seine Vorgruppe gewesen ist und seine Musik sie unendlich inspiriert hat.[43] Zufälligerweise erhält Urban Taylors Anfrage per SMS, als er gerade in einem Einkaufszentrum Weihnachtseinkäufe erledigt. Urban erzählt: »[Sie sagte]: ›Ich habe diese paar Songs, und ich möchte, dass du dazu singst. Willst du sie hören?‹ [Also] sitze ich in der Gastronomie im Einkaufszentrum und höre mir diese beiden unveröffentlichten Taylor-Swift-Songs an.«[44] Bei *That's When* fungiert er als Taylors Duettpartner, nimmt aber bei *We Were Happy* eine viel subtilere Rolle ein, indem er sein Markenzeichen, die prägnante E-Gitarre, und den Backgroundgesang beisteuert, der Taylors Hauptmelodie mit respektvoller Ehrfurcht begleitet. Diese Färbung ist passend, denn *We Were Happy* trauert um das, was nach einer Trennung verloren gegangen ist – gemeinsame Sonnenuntergänge, Tagträume vom Kauf einer Familienfarm, Heirat – inmitten eines reichen Klangteppichs, der auch Lap Steel Guitar und Cello enthält. Was am meisten erschüttert, ist das Wissen, dass das Paar sich trennt, obwohl die Beziehung glücklich ist. Eine der beiden Personen spürt keine Liebe mehr, woraufhin sie erkennt, dass es das Beste ist, sich zu trennen.

Linke Seite: Swift beim *ACM All-Star Jam* am 17. Mai 2008 im MGM Grand Las Vegas.

Unten: Fans machen ein Selfie mit Taylor, als sie 2009 in der *Today Show* von NBC auftritt.

That’s When (featuring Keith Urban)

{ **FROM THE VAULT** } **FEARLESS (TAYLOR’S VERSION)**

Erschienen am: 9. April 2021
Songwriter: Taylor Swift, Brad Warren, Brett Warren
Produzenten: Jack Antonoff, Taylor Swift

Das rauchige Indie-Folk-Duett mit Keith Urban schreibt Taylor Swift, als sie 14 Jahre alt ist, während einer, wie sie es nennt, »klassischen Nashville-Songwriting-Session«, bei der mehrere Leute mit Gitarren in einem Raum sitzen und gemeinsam einen Song ausarbeiten.[45] Sie erzählt, dass ihre Co-Autoren, die Warren Brothers, überrascht sind, als sie 17 Jahre später endlich den Song aufnimmt: »Ich werde nie vergessen, was sie als erstes sagten: ›Nun, ich glaube, das ist die längste Wartezeit, die wir je hatten.‹«[46] Thematisch geht es um ein Paar, dessen Bindung stark ist, die aber eine kleine Auffrischung braucht. Deshalb nimmt es sich eine Auszeit von seiner Beziehung, um die Fehler der Vergangenheit wiedergutzumachen und eine bessere Zukunft zu haben. Die Musik ist ein kluger Hinweis auf die Stärke dieser Partnerschaft. Taylor und Urban wechseln sich zwischen Solo-Gesang und gemeinsamen Harmonien ab. Dies soll andeuten, dass jeder der beiden für sich allein stehen, sich aber auch mit dem anderen zusammenschließen kann.

Don’t You

{ **FROM THE VAULT** } **FEARLESS (TAYLOR’S VERSION)**

Erschienen am: 9. April 2021
Songwriter: Tommy Lee James, Taylor Swift
Produzenten: Jack Antonoff, Taylor Swift

Es ist ein verwirrendes Gefühl, wenn man unerwartet einem Ex begegnet – vor allem, wenn man noch nicht ganz über die Beziehung hinweg ist und die Begegnung unangenehme Erinnerungen wachruft. Das ist die unglückliche Situation, in der sich der gepeinigte Protagonist des Vault-Tracks *Don’t You* befindet. Mit gebrochenem Herzen, aber voller Stolz, sehnt man sich zwar nach dem einstigen Partner, aber gleichzeitig ist es auch unangenehm, zu hören, wenn er etwas Nettes sagt. Diese Nettigkeiten wirken nicht nur ein wenig unaufrichtig, sondern sie schaffen auch die trügerische Illusion, dass eine Versöhnung möglich ist. Musikalisch verströmt *Don’t You* klanglichen Trost, der diesen emotionalen Schmerz lindert. Der Song lehnt sich mit durchdringenden elektronischen Beats, Flötenakzenten und schillerndem Rhodes-Piano an minimalistischen Pop an.

Bye Bye Baby

{ FROM THE VAULT } FEARLESS (TAYLOR'S VERSION)

Erschienen am: 9. April 2021
Songwriter: Liz Rose, Taylor Swift
Produzenten: Jack Antonoff, Taylor Swift

Taylor Swift erklärt, dass der Vault-Track *Bye Bye Baby* ein Ohrwurm für sie geworden ist.

Taylor sagt: »[Es ist] einfach die Vorstellung, dass man von jemandem, der einem wirklich wichtig war, enttäuscht wird. Es ist diese große Enttäuschung, die einem widerfährt, wenn man aufwächst und lernt Menschen zu vertrauen, und versucht, etwas über die Liebe und all das zu lernen. Bis man irgendwie erkennt, dass man loslassen muss.«[47]

Tatsächlich enthält die erste Strophe des Songs eine große Enttäuschung. Das echte Leben ist nicht wie eine Szene im Film, in der jemand in einem Unwetter während einer romantischen Tändelei freiwillig bis auf die Knochen nass wird. Stattdessen fährt die Hauptfigur weg – scheinbar kalt, nass und allein – und stellt fest, dass ihre einst so stabile Beziehung vorbei ist. Der restliche Song dreht sich um die Aufarbeitung dieser Enttäuschung und die Vergänglichkeit. *Bye Bye Baby* ähnelt der Musik, die Tori Amos in den frühen 2000er-Jahren gemacht hat. Dröhnende Beats rattern wie emsige Uhrwerke, während Geige, Wurlitzer-Orgel und Flöte in einem melancholischen Dunst umherschwirren.

Linke Seite: Der Country-Star Keith Urban – hier auf der Bühne mit Taylor Swift – wirkt bei zwei Vault-Tracks von »Fearless (Taylor's Version)« mit.

Unten: Selbst wenn sie über Herzschmerz singt, sorgt Taylor Swift immer für viel Energie bei ihren Live-Auftritten.

You'll Always Find Your Way Back Home

{ **SOUNDTRACK** }

Erschienen am: 24. März 2009 (Soundtrack Album)
Songwriter: Martin Johnson, Taylor Swift
Produzent: Matthew Gerrard

You'll Always Find Your Way Back Home ist ein weiterer Song, den Taylor gemeinsam mit Martin Johnson von Boys Like Girls geschrieben hat. Der Pop-Rock-Song versichert Träumern, Reisenden und Rebellen, dass sie immer wieder nach Hause zurückkehren können. Hannah Montana (alias Miley Cyrus) singt sich mit diesem Song in der Schlussszene in *Hannah Montana: Der Film* die Seele aus dem Leib, während eine aufgewühlte Menschenmenge versucht, den geliebten örtlichen Park zu schützen.

Crazier

{ **SOUNDTRACK** }

Erschienen am: 24. März 2009 (Soundtrack Album)
Songwriter: Robert Ellis Orrall, Taylor Swift
Produzenten: Nathan Chapman, Taylor Swift

Taylors »Vault« [Tresor] ist voller Schätze. Als die Filmemacher von *Hannah Montana: Der Film* sich per E-Mail an sie wenden und um einen Song bitten, »zu dem man sich perfekt verlieben kann und der eine Art Country-Walzer ist«, hat Taylor genau den richtigen Song im Kopf: das gefühlvolle Stück *Crazier*. Außerdem singt Taylor den Song auch im Film im Hintergrund einer romantischen Schlüsselszene zwischen den beiden Protagonisten.

Two Is Better than One
(Boys Like Girls featuring Taylor Swift)

{ **SINGLE** }

Erschienen am: 19. Oktober 2009 (Single) / 8. September 2009 (Album)
Songwriter: Martin Johnson, Taylor Swift
Produzent: Brian Howes

Two Is Better than One von Boys Like Girls, ein Top-20-Pop-Hit in den USA und Kanada, beschreibt den magischen Moment, in dem man erkennt, dass man die Person gefunden hat, mit der man den Rest seines Lebens verbringen möchte. Taylor und Johnson tauschen bei diesem Song ihre Gesangslinien und singen gemeinsam, um die Idee zu unterstreichen, dass die ewige Zuneigung auf Gegenseitigkeit beruht. Martin Johnson sagt: »Taylor war natürlich die erste Wahl wegen ihrer natürlichen, schönen Stimme, und wir wollten sie unbedingt auf [dem Song] haben.«[48]

Monologue Song (La La La)

{ *SATURDAY NIGHT LIVE* }

Erschienen am: 7. November 2009
Songwriter: Taylor Swift

Als Taylor Swift bei *Saturday Night Live* zu Gast ist, singt sie im Eröffnungsmonolog einen Song, in dem sie sich über das Interesse der Presse an ihrem Privatleben lustig macht. Sie erwähnt die plumpe Art, wie Joe Jonas mit ihr Schluss gemacht hat, spricht Gerüchte an, dass sie mit Taylor Lautner zusammen ist, und erwähnt, dass Kanye West ihre Dankesrede bei den *MTV Video Music Awards* unterbrochen hat – und sagt, dass sie darüber nicht sprechen wird. Seth Meyers nennt diesen Einstieg sogar einen »perfekten *SNL*-Monolog [Saturday Night Live]«[49].

Unten: Taylor Swift – hier mit Miley Cyrus und dem Schauspieler Lucas Till – tritt 2009 in dem Film *Hannah Montana: Der Film* auf.

American Girl

{ *SINGLE* }

Erschienen am: 30. Juni 2009
Songwriter: Tom Petty

Es kommt selten vor, dass Taylor Swift einen Song aufnimmt, der von jemand anderem geschrieben worden ist. Kaum ein Stück passt thematisch besser zu ihr als *American Girl* von Tom Petty and the Heartbreakers, ein schriller Song aus dem Jahr 1976 über eine junge Frau mit großen Träumen, die sich nach ihrem Ex sehnt. Taylor erzählt die Geschichte der hoffnungsvollen Protagonistin mit viel Mitgefühl und bietet eine schwungvolle Gesangsdarbietung vor einem lässigen Roots-Rock-Hintergrund.

03

DIE SPEAK-NOW-ÄRA

Taylor Swift ist sehr stolz darauf, dass sie jeden einzelnen Song auf »Speak Now« selbst geschrieben hat, obwohl sie das nicht unbedingt vorhatte. Sie sagt: »Mir sind die besten Ideen um 3:00 Uhr morgens in Arkansas gekommen, und ich hatte keinen Co-Autor dabei, also habe ich [den Titel] einfach fertig geschrieben. Das sollte sich in New York wiederholen, dann in Boston und schließlich in Nashville.«[1] Die harte Arbeit zahlt sich aus. Es ist ihr zweites Album in Folge, das die *Billboard* Pop- und Country-Charts anführt.

Mine

{ SINGLE }

Erschienen am: 4. August 2010 (Country-Single) / 24. August 2010 (Pop-Single) / 25. Oktober 2010 (Album)
Songwriter: Taylor Swift
Produzenten: Nathan Chapman, Taylor Swift
Alternative Versionen: Pop Mix, Speak Now (World Tour Live), Taylor's Version

Bei *Speak Now* betrachtet Swift ihre Beziehungsbilanz mit einem tiefen Seufzer und bemerkt: »Jedes echte, direkte Beispiel von Liebe, das ich vor mir gehabt habe, endete mit einem Abschied und einer Trennung.«[2]

Doch mit dem fulminanten Eröffnungsstück *Mine*, einem Song voller Country-Gitarrenriffs, charismatischem Gesang und einem explosiven Refrain, keimt die Hoffnung wieder auf. Der Text basiert auf einem vielversprechenden Moment, den sie mit einem »Kerl, den sie kaum kannte«, erlebt hat. »[Er] legte am Wasser seinen Arm um mich, und ich sah die ganze Beziehung vor meinen Augen aufblitzen, fast wie in einem seltsamen Science-Fiction-Film.«[3] Aus der Beziehung wird nichts Ernstes, aber Swift nutzt diese Begegnung, um einen Song zu schreiben, der sich wie eine Kurzgeschichte liest, mit ausgearbeiteten Charakteren und einer detaillierten Handlung. Die Protagonistin ist anfangs zurückhaltend und skeptisch, was darauf zurückzuführen ist, dass sie bei Eltern aufgewachsen ist, die keine großen Vorbilder gewesen sind. Im Verlauf des Songs findet sie heraus, dass ihr aktueller Freund ein treuer Partner ist, der sie nicht mal nach einem Streit verlassen würde. Der Song wird ein Riesenhit in den *Billboard-Charts* und erreicht Platz 2 bei den *Hot Country Songs* und Platz 3 bei den *Hot 100.*

Sparks Fly

{ SINGLE }

Erschienen am: 18. Juli 2011 (Country-Single) / 25. Oktober 2010 (Album)
Songwriter: Taylor Swift
Produzenten: Nathan Chapman, Taylor Swift
Alternative Versionen: Speak Now (World Tour Live), Taylor's Version

In jedem romantischen Film gibt es einen besonderen Moment, in dem sich die Spannung zwischen zwei Personen in einem wissenden Blick und einem leidenschaftlichen Kuss entlädt. Diese Knutscherei wirft unweigerlich noch mehr Fragen auf. War es wirklich eine gute Idee, diese Grenze zu überschreiten? Das ist die Stimmung des beschwingten Pop-Rock-Songs *Sparks Fly*, in dem es laut Swift darum geht, »sich in die falsche Person zu verlieben, bei der man sich aber nicht dagegen wehren kann, weil die Verbindung so stark ist und die Chemie stimmt«[4]. Die Protagonistin des Songs ist bereit, unvorsichtig mit ihrem Herzen umzugehen, weil sie sich zu einem verwegenen (aber möglicherweise emotional gefährlichen) Kerl mit grünen Augen hingezogen fühlt. Swift schreibt *Sparks Fly*, als sie 16 Jahre alt ist, und spielt ihn live, als sie noch »vor 40 oder 50 Leuten auftritt und aufgeregt ist, dass so viele Leute kommen«[5]. Diese frühe Version sickert im Internet durch. Die Fans lieben den Song so sehr, dass sie Swift auffordern, ihn für »Speak Now« aufzunehmen. Nachdem sie den Text hier und da angepasst hat, arrangiert Taylor *Sparks Fly* gebührend, indem sie ihren Gesang mit scharfkantigen Gitarren und wummernden Drums untermalt. Der Song wird in den USA zu einem Top-20-Pop-Hit und erreicht Platz 1 der *Billboard Hot Country Songs Charts.*

Rechte Seite: Während des »Speak Now«-Segments der »Eras-Tour« singt Taylor Swift *Enchanted* und *Long Live*.

Back to December

{ SINGLE }

Erschienen am: 15. November 2010 (Country-Single) / 30. November 2010 (Pop-Single) / 25. Oktober 2010 (Album)
Songwriter: Taylor Swift
Produzenten: Nathan Chapman, Taylor Swift
Alternative Versionen: akustische Version, International Version, Speak Now (World Tour Live), Taylor's Version

Es ist wohl ein Zeichen der Reife, wenn man in der Lage ist, zuzugeben, dass man selbst schuld am Scheitern einer Beziehung ist und dass die eigenen Worte oder Taten jemanden tief verletzt haben. Taylor Swift hat bei *Back to December* diesen Punkt erreicht. Es ist ihr erster Song, in dem sie sich bei einem Freund entschuldigt, den sie schlecht behandelt hat.

Taylor sagt: »Die Person, für die ich den Song geschrieben habe, hat das verdient. Es geht um jemanden, der unglaublich gut zu mir war, einfach perfekt für eine Beziehung, und ich war wirklich unaufmerksam, also sind das die Worte, die ich zu ihm sagen würde – die er verdient zu hören.«[6] Sie hält sich über ihre Song-Inspiration bedeckt, jedoch handelt *Back to December* ganz sicher von dem Schauspieler Taylor Lautner, mit dem sie 2009 liiert ist. (Versteckt im Text finden sich die Buchstaben »TAY«, und Lautner selbst bestätigte 2016, dass der Song von ihm handelt.[7]) Zum Glück verstehen sich Taylor Swift und Taylor Lautner inzwischen sehr gut. Der Schauspieler spielt in Taylors Musikvideo zu *I Can See You* mit und ist bei der Premiere des Videos bei einer Unterbrechung der »Eras-Tour« in Kansas City im Sommer 2023 anwesend. Nachdem er die Menge mit einigen beeindruckenden akrobatischen Sprüngen begeistert hat, hält Taylor Lautner eine improvisierte Rede, in der er ausschließlich herzliche Dinge über Swift sagt.[8]

Rechts: Zwei Taylors sind noch besser als einer! Der Schauspieler Taylor Lautner und Taylor Swift bei den *MTV Video Music Awards 2012*. Die beiden sind einmal ein Paar gewesen, jetzt sind sie gute Freunde.

Rechte Seite: Taylor Swift tritt 2010 bei der NFL- Auftaktveranstaltung in New Orleans auf.

Speak Now

PROMO-SINGLE

Erschienen am: 5. Oktober 2010 (Promo-Single) / 25. Oktober 2010 (Album)
Songwriter: Taylor Swift
Produzenten: Nathan Chapman, Taylor Swift
Alternative Versionen: Speak Now (World Tour Live), Taylor's Version

In *Speak Now* gibt sich Swift ihrer frechen, hintergründigen Seite als Songwriterin hin. Die Protagonistin des Songs ist entsetzt, weil ihr Ex eine schreckliche Frau heiratet, und beschließt, die Hochzeit zu sabotieren, um ihn zurückzugewinnen. Der Text wirkt bissig – die zukünftige Braut wird wegen ihres hässlichen Kleids, ihrer schrecklichen Familie und ihres unhöflichen Benehmens verunglimpft –, aber auch humorvoll. Die Erzählerin versteckt sich hinter Vorhängen und verrät, dass sie nicht eingeladen ist. Am Ende trifft der Bräutigam die richtige Entscheidung und lässt seine Braut zugunsten der (viel netteren) Ex vor dem Altar stehen.

Swift berichtet: »Ursprünglich hat mich die Geschichte einer Freundin inspiriert. Der Typ, in den sie seit der Kindheit verliebt ist, wollte dieses andere Mädchen heiraten. Und erst wollte ich auf die Aufforderung: ›Derjenige stehe auf und spreche jetzt!‹ antworten.«[9] (Die stets hilfsbereite Taylor war bereit, mit ihrer Gitarre in die Kirche zu gehen, um ihre Freundin moralisch zu unterstützen, falls sie ihre Liebe öffentlich gestehen möchte.) Dann träumt Taylor, dass einer ihrer Ex-Freunde heiratet, und dies ist die Inspiration für einen Song darüber, wie man eine Hochzeit sabotiert.[10] Musikalisch gesehen wechselt *Speak Now* zwischen akustischen Passagen und einem Refrain, der an die Emo-Pop-Gruppe Eisley aus den 2000er-Jahren erinnert.

Dear John

{ ALBUMTRACK }

Erschienen am: 25. Oktober 2010
Songwriter: Taylor Swift
Produzenten: Nathan Chapman, Taylor Swift
Alternative Versionen: Live from Minneapolis, Speak Now (World Tour Live), Taylor's Version

Wir alle träumen nach einer bösen Trennung von der süßen Rache am Ex. In erster Linie wollen wir ihm sagen, warum und wie er uns verletzt hat. Mit *Dear John* macht Taylor Swift genau das. Sie schreibt einen Song, der ihren Ex-Freund mit präziser, vernichtender Sprache niedermacht.

Er ist »wie die letzte E-Mail, die man jemandem schickt, mit dem man mal eine Beziehung hatte«, sagt sie über den Song, der träge, bluesige Gitarren mit einem schleppenden Groove kombiniert. Sie fährt fort: »Normalerweise schreibt man diese letzte E-Mail, in der man alles sagt, was man der Person sagen will, und schickt sie dann nicht ab.« Das ist aber nicht Taylors Stil. Sie fügt hinzu: »Ich schätze, als ich diesen Song auf das Album aufgenommen habe, habe ich auf ›Senden‹ gedrückt.«[11]

Dear John ist ein wirklich brutales Stück. Nachdem sie zugibt, dass sie auf die Leute hätte hören sollen, die ihr geraten haben, sich von ihm fernzuhalten, schildert sie die Schwächen ihres Ex. Er spielt Psychospielchen, hat eine launische Persönlichkeit, bringt sie zum Weinen und nutzt ihr junges Alter aus. Am Ende schwört sie, dass er ihren Zauber nicht brechen wird – denn er ist armselig. Passend dazu ist ihre Stimme bedächtig und strahlt eiserne Entschlossenheit aus, bis sie die letzte Passage erreicht. An diesem Punkt wird sie emotional, und der Schmerz, den sie in sich trägt, kommt mit schrillen E-Gitarren zum Vorschein.

Taylor sagt: »Ich denke, der Song hat bei vielen Mädchen, die eine toxische Beziehung erleben und überwinden mussten, den Nagel auf den Kopf getroffen. Ich habe noch nie so viele Mädchen weinen sehen wie bei diesem Song.«[12]

Swift schweigt darüber, über wen sie den Song geschrieben hat, aber viele nehmen an, dass es sich um John Mayer handelt – einschließlich Mayer selbst, der sich durch den Song »wirklich gedemütigt« und »schrecklich« gefühlt hat. Er sagt: »Ich bin jetzt ziemlich gut darin, Verantwortung zu übernehmen, und ich habe nichts getan, womit ich das verdient hätte«. Er äußert weiterhin, der Song sei »billiges Songwriting«.[13]

Als man ihr berichtet, Mayer habe erklärt, dass der Song von ihm handele, antwortet Swift: »Wie anmaßend! Ich verrate nie, von wem meine Songs handeln.«[14] Bis heute ruft *Dear John* jedoch starke Reaktionen bei den Fans hervor, und zwar so sehr, dass Taylor, als sie den Song im Juni 2023 anlässlich der Veröffentlichung von »Speak Now (Taylor's Version)« zum ersten Mal seit elf Jahren live spielt, ihn mit den Worten einleitet: »Mir ist egal, was mir mit 19 Jahren passiert ist, nur die Songs, die ich geschrieben habe, die sind mir nicht egal. […] Ich bringe dieses Album nicht heraus, damit ihr mich im Internet gegen jemanden verteidigt, von dem ihr glaubt, dass ich vor 14 Milliarden Jahren einen Song über ihn geschrieben haben könnte.«[1]

Linke Seite: Gut gekleidet zu sein ist die beste Rache, wie Taylor Swift mit den prächtigen, glitzernden Ballkleidern beweist, die sie während des »Speak Now«-Segments der »Eras-Tour« trägt.

Unten: John Mayer und Taylor Swift singen 2009 *Half of My Heart* während des *Z100's Jingle Ball* im Madison Square Garden.

Mean

{ *SINGLE* }

Erschienen am: 13. März 2011 (Country-Single) / 25. Oktober 2010 (Album)
Songwriter: Taylor Swift
Produzenten: Nathan Chapman, Taylor Swift
Alternative Versionen: Speak Now (World Tour Live), Taylor's Version

Wer sich mit einem Songwriter anlegt, tut dies auf eigene Gefahr. Fragen Sie einfach den Protagonisten von Carly Simons *You're So Vain*, vielleicht eine der eloquentesten Abrechnungen mit einer egozentrischen Person, oder diejenigen, die bei Taylor Swift im Fadenkreuz stehen.

Taylor ist der Meinung, dass die Zielperson von *Mean* ihren ganzen Zorn verdient hat. Sie sagt: »[Es geht] um jemanden, der so oft Dinge geschrieben hat, die so gemein waren, dass sie meinen Tag ruiniert haben. Und sie haben auch den nächsten Tag noch ruiniert. Ich hatte das Gefühl, jedes Mal ins Gesicht geschlagen zu werden, wenn diese Person an ihren Computer gegangen ist.«[16] Swift teilt dieser Person jedoch nicht mit, dass sie wütend ist. Stattdessen nimmt sie die Person mit ihrem allzu zuckersüßen Gesang auseinander und ummantelt ihre vernichtende Kritik mit täuschend euphorischer Bluegrass-Country-Musik, die von Geige und Banjo getragen wird.

Taylor sagt: »Es gibt konstruktive Kritik. Es gibt professionelle Kritik. Und dann sind da die Leute, die einfach nur böse sind.

Man überquert eine rote Linie, wenn man auf alles schießt, was von einer Person kommt.«[17]

Es wurde allgemein angenommen, dass *Mean* sich auf Bob Lefsetz bezieht, der Taylor Swifts Talent in seinem Newsletter kritisiert hat. Lefsetz schreibt über ihren Auftritt 2010 bei den Grammys, bei dem Taylor Swift *Today Was a Fairytale* solo singt und dann mit Stevie Nicks zusammen *You Belong with Me* und *Rhiannon* von Fleetwood Mac vorträgt: »Wie schrecklich war sie? Furchtbar. Jetzt weiß absolut jeder, dass Taylor Swift nicht singen kann.«[18]

Wieder einmal schweigt Taylor über die Inspiration zu *Mean*. Allerdings behauptet Lefsetz selbst, dass der Song von ihm handelt. Er widmet einen Post der Analyse des Songs, nachdem ein Journalist ihn gefragt hat, ob *Mean* von ihm handeln würde. Er fügt sogar hinzu: »Aber sie kann immer noch nicht singen, und ist es nicht an der Zeit, sich wie eine Erwachsene zu verhalten? Sollte man nicht aufhören, sich wie ein kleines Highschool-Mädchen aufzuführen und sich stattdessen wie eine Frau verhalten?«[19] Im Rahmen seines Newsletters behauptet er 2023 sogar erneut, Taylor Swift habe *Mean* über ihn geschrieben.[20]

Am Ende hat Taylor im Kampf gegen den Tyrannen das letzte Wort: *Mean* gewinnt zwei Grammys (für die beste Country-Solo-Performance und den besten Country-Song) und erreicht Platz 2 der *Billboard Hot Country Songs Charts*.

Links: Im Januar 2010 singt Taylor Swift bei der Grammy-Verleihung zusammen mit Stevie Nicks *You Belong with Me* und *Rhiannon* von Fleetwood Mac.

Rechte Seite: Bei den *Academy of Country Music Awards* im April 2011 präsentiert Taylor Swift *Mean* – und lacht ihre Kritiker aus, als sie als Entertainerin des Jahres ausgezeichnet wird.

The Story of Us

{ SINGLE }

Erschienen am: 19. April 2011 (Single) / 25. Oktober 2010 (Album)
Songwriter: Taylor Swift
Produzenten: Nathan Chapman, Taylor Swift
Alternative Versionen: International Version, Speak Now (World Tour Live), Taylor's Version

Im Nachhinein darf es niemanden überraschen, dass Taylor Swift sich von der Country-Musik ab- und anderen Genres zuwendet. Schließlich ist sie schon immer ein Fan aller Arten von Musik gewesen – und selbst auf ihren früheren Alben experimentiert sie mit verschiedenen Klängen. So verbindet *The Story of Us* stampfende Beats mit zackigen E-Gitarren-Riffs und einer wendigen Mandoline. Der Song ist viel näher an einem Arena-Rock-Kracher oder einer Hymne der »Vans Warped Tour« als alles andere.

Erstaunlicherweise hat *The Story of Us* in den *US Adult Contemporary Charts* nur einen bescheidenen Erfolg. Der Song erreicht nicht einmal die Top 40 der *US Billboard Hot 100 Pop Charts*, sondern nur Platz 41. Das sagt aber nichts über seine Qualität aus. *The Story of Us* basiert auf einer Begegnung mit einem Ex bei einer nicht genannten Preisverleihung. (Im Textheft von »Speak Now« ist die geheime Botschaft versteckt, dass es sich um die *CMT Music Awards* handelt, und Taylor sagt, dass es in dem Song um denselben Ex wie in *Dear John*[21] ginge. Man kann also selbst herausfinden, über wen sie spricht).

Sie erinnert sich: »Es gab einen Streit zwischen mir und diesem Typen, und wir hatten uns beide so vieles zu sagen, aber wir saßen sechs Sitze voneinander entfernt und kämpften stumm gegeneinander weiter. [Unsere Gesichter sagten beide:] ›Es ist mir egal, dass du hier bist.‹ Das war so furchtbar, so herzzerreißend unangenehm.«[22]

Mit einem schlechten Gefühl geht sie nach Hause, wo sie in der Küche mit ihrer Mutter darüber spricht. Während des Gesprächs fällt ihr die erste Zeile des Refrains ein. Sie besagt, dass sie sich auch mitten in der Menschenmenge allein gefühlt hat. Sie erzählt: »[Ich] rannte in mein Zimmer, wie sie es schon oft bei mir gesehen hat. Und wahrscheinlich nahm sie an, mir wäre eine Textzeile eingefallen. Und das war auch so.« Das ist der letzte Song, den sie für »Speak Now« geschrieben hat, und sie fügt hinzu: »Danach wusste ich, dass ich fertig war.«[23]

Der Grund ist leicht herauszuhören. *The Story of Us* vergleicht eine Beziehung mit einem Buch und beschreibt eine Trennung, die sich am entscheidenden Wendepunkt eines Kapitels ankündigt. Erschütternd detailliert schildert die Erzählerin, wie unangenehm es ist, mit dem Mann, mit dem sie nicht mehr zusammen ist, in einem Raum zu sein. Obwohl die Erzählerin sagt, dass sie bereit sei, Frieden zu schließen und wieder zusammenzufinden, erscheint die Trennung unvermeidlich. In einer Zeile heißt es sogar, dass die Sturheit des Manns einer Versöhnung im Wege steht. Leider scheint die physische und emotionale Distanz zwischen dem baldigen Ex-Paar ein unüberwindbares Hindernis zu sein.

Linke Seite & unten: Taylor Swifts Erfolgsstory geht auf der »Speak Now World Tour« weiter. Im Juli 2011 spielt sie vor über 52.000 Fans bei vier ausverkauften Konzerten in der Prudential Center Arena in Newark, New Jersey, und begeistert die Menge mit einer Coverversion von *Dancing in the Dark* vom Lokalmatador Bruce Springsteen.

Never Grow Up

{ ALBUMTRACK }

Erschienen am: 25. Oktober 2010
Songwriter: Taylor Swift
Produzenten: Nathan Chapman, Taylor Swift
Alternative Version: Taylor's Version

Wie der Titel schon andeutet, zeigt der wehmütige Akustiksong *Never Grow Up* Taylor Swifts Ambivalenz gegenüber dem Älterwerden. Sie sagt: »Das Erwachsenwerden geschieht, ohne dass man es merkt. Erwachsenwerden ist so ein verrücktes Konzept, weil man sich als junger Mensch oft wünscht, älter zu sein.«[24]

Aus der Sicht eines Elternteils geschrieben, das zusieht, wie sein Kind einschläft, bringt die erste Strophe den Wunsch zum Ausdruck, das Kind möge für immer unschuldig bleiben. Es folgen die Erfahrungen des Kinds in verschiedenen Altersstufen: Mit 14 Jahren sehnt es sich nach mehr Unabhängigkeit, später zieht es in seine erste Wohnung. Taylor ermahnt den Teenager, seine Unschuld und Lebensfreude nicht zu verlieren, und nicht zu vergessen, dass auch seine Eltern Gefühle haben, denn es ist nicht immer einfach, auf sich allein gestellt zu sein.

Taylor ermahnt die Menschen, den Moment zu genießen und ihre Erinnerungen zu bewahren. Sie sagt: »Ich schaue jeden Abend ins Publikum und sehe viele Mädchen in meinem Alter, die genau dasselbe gerade durchmachen. Ab und zu sehe ich hinunter und sehe ein kleines Mädchen von sieben oder acht Jahren. Und ich wünsche mir, ich könnte ihm das alles erzählen. Es wird sich zu der Person entwickeln, die sie später ist und ihre Gedanken, Träume und Meinungen werden sich ändern. Ich habe diesen Song für diese kleinen Mädchen geschrieben.«[25]

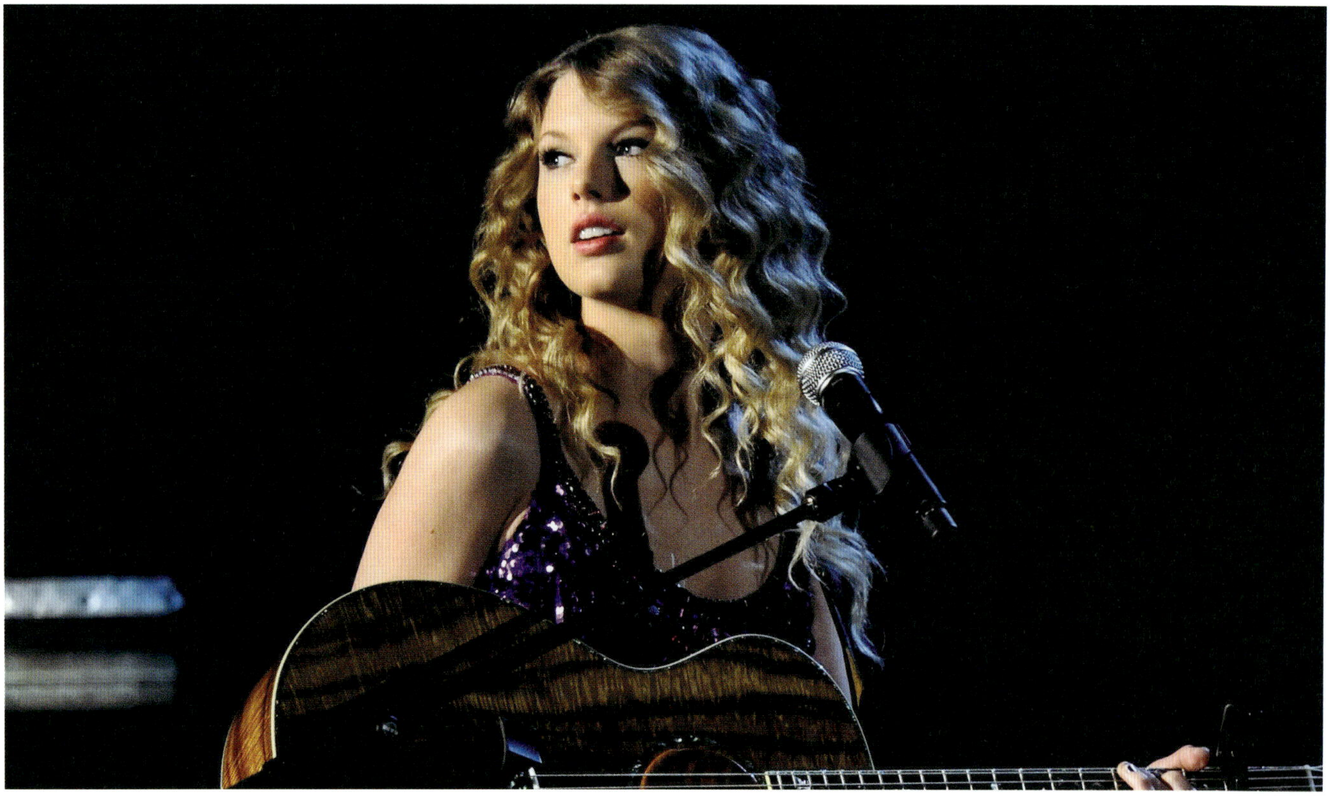

Enchanted

{ *ALBUMTRACK* }

Erschienen am: 25. Oktober 2010
Songwriter: Taylor Swift
Produzenten: Nathan Chapman, Taylor Swift
Alternative Versionen: Speak Now (World Tour Live), Taylor's Version

In den späten 2000er- und frühen 2010er-Jahren verzaubern Owl City mit ehrlichen Elektro-Pop-Songs wie dem weltweiten Nr.-1-Hit *Fireflies*. In dieser Zeit hat das einzige aus Minnesota stammende Mitglied der Band, Adam Young, Kontakt mit Taylor, und die beiden schreiben sich E-Mails. Nach mehreren Monaten treffen sie sich schließlich nach einem Owl-City-Konzert in New York.

Adam Young gesteht: »Das waren die nervenaufreibendsten Minuten meines Lebens, als ich darauf wartete, Taylor Swift endlich kennenzulernen. Als ich sie traf, strahlte sie, und ich auch.«[26] Auch Taylor ist von dem Treffen begeistert. Sie berichtet: »Ich erinnere mich, wie ich den ganzen Heimweg über dachte: ›Hoffentlich ist er nicht gerade in jemanden verliebt.‹ Das Gefühl war einfach wunderbar. Ich dachte: ›Oh mein Gott. Mit wem ist er zusammen? Mag er mich? Mag er jemanden anderen? Was hat das zu bedeuten?‹«[27]

Taylor ist von diesem Treffen so inspiriert, dass sie gleich nach ihrer Rückkehr ins Hotel beginnt, *Enchanted* zu schreiben. Sie packt all diese Hoffnungen in einen Song, der von zwei Menschen handelt, die sich in einem überfüllten Raum sehen und direkt eine Verbindung spüren. Der Rest der Welt verblasst, während sie miteinander flirten. Später, nachdem sich ihre Wege getrennt haben, fragt sie sich, ob diese zufällige Begegnung zu einer Beziehung führen wird. Passend dazu klingt die Musik von *Enchanted*, als wäre sie in einem verträumten, pastellfarbenen Fantasieland angesiedelt. Ein minimalistisches Arrangement, das von akustischen Gitarren und Taylors Gesang dominiert wird, entwickelt sich schließlich zu einer Klanglandschaft mit üppigen orchestralen Verzierungen und schwindelerregenden Gitarren.

Für Swifts Verhältnisse hat sie ziemlich deutlich gemacht, um wen es in *Enchanted* geht. Young kauft sich die Platte und bemerkt, dass der Text des Songs eine geheime Botschaft enthält, die »ADAM« lautet. Er bemerkt auch, dass sie den Ausdruck »wonderstruck« [wie von einem Zauber erschlagen] in den Song eingebaut hat, den er in einer E-Mail an sie verwendet hat. Er erzählt: »Sie sagte, dass sie dieses Wort noch nie zuvor gehört hatte. Als ich es also in dem Song hörte, dachte ich: ›Der Song muss von mir handeln.‹«[28] Als Antwort auf Taylors Song veröffentlicht der Sänger sein eigenes Cover von *Enchanted* mit einem geänderten Text, in dem er Taylor erwähnt und anmerkt, dass er sich ebenfalls gefreut hat, sie zu treffen.

Enchanted ist der einzige Song auf »Speak Now«, der auf der »Eras-Tour« jeden Abend gespielt wird. Passend dazu trägt Swift eine Vielzahl von königlichen Kleidern – einige mit Reihen von funkelnden Edelsteinen, andere mit wallendem Rock –, als ob sie das märchenhafte Ende des Songs herbeizaubern will.

Linke Seite: Taylor Swift singt *Ain't Nothing 'Bout You* von Brooks & Dunn während des Konzerts »Brooks & Dunn – The Last Rodeo« am 19. April 2010 in Las Vegas.

Oben: Taylor Swift nimmt bei den *American Music Awards 2010* die Auszeichnung als beliebteste Country-Künstlerin entgegen.

Better than Revenge

ALBUMTRACK

Erschienen am: 25. Oktober 2010
Songwriter: Taylor Swift
Produzenten: Nathan Chapman, Taylor Swift
Alternative Versionen: Speak Now (World Tour Live), Taylor's Version

Der röhrende Rocksong *Better than Revenge* mit flirrenden E-Gitarren und verzerrtem Gesang ist ein untypisch bösartiger Song, der sich gegen ein Mädchen richtet, das Taylor den Mann ausgespannt hat. Der Text strotzt nur so vor glühender Wut und vagen Rachedrohungen sowie einigen sehr unfreundlichen Rufmordversuchen. Im Refrain wird zum Beispiel eine Matratze erwähnt und damit angedeutet, dass das Mädchen herumhurt.

Erstaunlicherweise entgeht der Mann, der sich entschlossen hat, Taylor zu verlassen, ihrem Zorn. Jahre später erklärt Taylor die unangebrachte Wut damit, dass sie den Song mit 18 Jahren geschrieben habe. Sie sagt: »In diesem Alter glaubt man, dass jemand einem den Freund wegnehmen kann. Dann wird man erwachsen und erkennt, dass einem niemand etwas wegnehmen kann, wenn derjenige nicht gehen will.«[29]

Als Zeichen ihrer nun aufgeklärten Einstellung entfernt Taylor die Zeile über das Verhalten im Schlafzimmer aus der *Taylor's Version* und erklärt stattdessen beide Parteien für schuldig an der Trennung.

Innocent

ALBUMTRACK

Erschienen am: 25. Oktober 2010
Songwriter: Taylor Swift
Produzenten: Nathan Chapman, Taylor Swift
Alternative Version: Taylor's Version

Es ist kein Zufall, dass Swift die dezente Pop-Ballade *Innocent* bei den *MTV Video Music Awards 2010* vorstellt. Im Jahr zuvor, als sie bei der gleichen Veranstaltung ihren Preis für das beste weibliche Video für *You Belong with Me* entgegennimmt, springt Kanye West bekanntlich auf die Bühne und sabotiert ihre Rede. Als Reaktion auf diesen Vorfall schreibt Taylor den Song *Innocent*, in dem sie West sein Verhalten verzeiht und ihm versichert, dass seine Taten seinen Wert als Mensch nicht definieren. Taylor sagt: »Ich denke, viele haben von mir erwartet, dass ich einen Song über ihn schreibe. Aber für mich war es wichtig, einen Song an ihn zu schreiben.«[30] Es kommt immer wieder zu Turbulenzen zwischen Taylor Swift und Kanye West. Ihr großzügiger, einfühlsamer Text des Songs *Innocent* spiegelt jedoch eine reife (und ehrliche) Sichtweise wider, die sie auch auf zukünftigen Alben beibehält. Sie sagt: »Wenn es darum geht, ein Album zu machen, nützt es niemandem, wenn man alles verallgemeinert und die eigenen unverarbeiteten Gefühle beschönigt.«

Linke Seite: Der Rapper Kanye West unterbricht Taylor Swift, als sie 2009 bei den *MTV Video Music Awards* ihren Preis für das beste weibliche Video entgegennimmt.

Haunted

{ **ALBUMTRACK** }

Erschienen am: 25. Oktober 2010
Songwriter: Taylor Swift
Produzenten: Nathan Chapman, Taylor Swift
Alternative Versionen: Acoustic Mix, Speak Now (World Tour Live), Taylor's Version

Der Song *Haunted*, der an die Titel von Evanescence erinnert, wird von feurigen Streichern dominiert, die in einen Gothic-Nebel gehüllt sind. Er klingt unheilvoll und dramatisch. Er spiegelt Taylors erschütternde Inspiration wider und den Zeitpunkt der Komposition – sie ist plötzlich mitten in der Nacht aufgewacht und hat angefangen zu schreiben. *Haunted* handelt »von dem Moment, in dem du merkst, dass die Person, in die du verliebt bist, abdriftet und schnell verblasst ... Alles hängt davon ab, was in der letzten Textnachricht stand, und du merkst, dass sie irgendwie nicht mehr verliebt ist. Das ist wirklich herzzerreißend und tragisch, weil man die ganze Zeit versucht, sich einzureden, dass es nicht passiert.«[31] Für die Aufnahme der Streicher wendet sich Taylor an den legendären Komponisten und Arrangeur Paul Buckmaster, der bereits mit Elton John, David Bowie und den Rolling Stones zusammengearbeitet hat. Taylor sagt: »Ich wollte, dass die Musik und die Orchestrierung die Intensität der Emotionen dieses Songs widerspiegeln. Es war eine großartige Erfahrung, diesen ganzen großen Live-Streichersatz aufzunehmen, der meiner Meinung nach genau das intensive, chaotische Gefühl der Verwirrung einfing, nach dem ich gesucht hatte.«[32]

Last Kiss

{ **ALBUMTRACK** }

Erschienen am: 25. Oktober 2010
Songwriter: Taylor Swift
Produzenten: Nathan Chapman, Taylor Swift
Alternative Versionen: Live from Kansas City, Speak Now (World Tour Live), Taylor's Version

Das Ende einer Beziehung bringt eine Achterbahn der Gefühle mit sich – darunter Wut, Ärger und Verzweiflung. Doch eine der schmerzhaftesten Emotionen ist die »tiefe Traurigkeit«, gibt Taylor zu und fährt fort: »[Es ist] die Traurigkeit über den Verlust dieser Person, aller Erinnerungen und der Hoffnungen, die man für die Zukunft hatte. Es gibt Zeiten, in denen man die Wahrheit erkennt und sich eingesteht, dass man all diese Dinge vermisst.«[33] Taylor erklärt, dass sie sich in dieser Phase der Trauer befunden hat, als sie die sanfte Country-Ballade *Last Kiss* schreibt, einen Song, den sie »wie einen Brief an jemanden« aufgebaut hat, in dem sie sich an die guten Zeiten erinnert. Der Text ist herzzerreißend konkret. Die Erzählerin erinnert sich an die kleinen Dinge, die sie an ihrem Ex geliebt hat – einschließlich des Händedrucks und des Treffens mit dem Vater – und wünscht ihm für die Zukunft alles Gute. *Last Kiss* unterstreicht jedoch, dass es oft schwierig ist, sich mit dem Verlust einer großen Liebe abzufinden. Die Erzählerin gibt sogar zu, die Kleidung des Ex zu tragen, um ihm nahe zu sein.

Rechte Seite: Am 6. August 2011 tritt Taylor Swift im Lincoln Financial Field in Philadelphia vor ausverkauftem Haus auf. Dies ist eins von acht Stadionkonzerten in den USA im Rahmen ihrer »Speak Now World Tour«.

Long Live

{ ALBUMTRACK }

Erschienen am: 25. Oktober 2010
Songwriter: Taylor Swift
Produzenten: Nathan Chapman, Taylor Swift
Alternative Versionen: Speak Now (World Tour Live), Featuring Paula Fernandes, Taylor's Version

Taylor Swift ruht sich nicht auf ihren Lorbeeren aus. Sie nimmt sich die Zeit, ihre Dankbarkeit auszudrücken und besondere Erfolge zu würdigen. Auf der »Speak Now World Tour« spielt sie zum Beispiel die gewaltige Pop-Rock-Hymne *Long Live*, und der Auftritt endet damit, dass sie und ihre Bandmitglieder in einer Reihe auf der Bühne stehen und den Song gemeinsam lauthals schmettern. Passenderweise ist der Song »so etwas wie das erste Liebeslied, das ich für mein Team geschrieben habe«[34], sagt Taylor. Sie würdigt so die Erfolge, die das Team gemeinsam in den zwei Jahren vor »Speak Now« erreicht hat. Sie erklärt: »[Es] geht um meine Band, meinen Produzenten und alle Leute, die uns geholfen haben, das Ganze aufzubauen. Die Fans und die Menschen, die mit mir zusammen in dieser Sache stecken.«[35] Der Text von *Long Live* rahmt diesen gemeinsamen Erfolg wie den Beginn einer neuen Ära ein. Er spricht über Außenseiter, die sich durchsetzen, und edle Drachentöter, während die Musik im Lauf des Songs immer intensiver und lauter wird. Der Kreis schließt sich, als Taylor die ehemalige »Speak Now Tour«-Performance wieder aufgreift und *Long Live* in die Setlist der »Eras-Tour« aufnimmt. Obwohl die Bühnen und Veranstaltungsorte dieses Mal deutlich größer sind, verursacht es Gänsehaut zu sehen, wie Taylor Swift und ihre Band gemeinsam den Song spielen – und damit ihre gemeinsame Geschichte und die musikalischen Meilensteine feiern.

Ours

{ **SINGLE** } **(SPEAK NOW – DELUXE EDITION)**

Erschienen am: 5. Dezember 2011 (Single) / 25. Oktober 2010 (Album)
Songwriter: Taylor Swift
Produzenten: Nathan Chapman, Taylor Swift
Alternative Versionen: Speak Now (World Tour Live), Taylor's Version

Taylor Swift schreibt den brillanten Country-Pop-Song *Ours* im Alter von 20 Jahren. Sie berichtet: »Ich war in einer Beziehung und ich wusste, dass die Leute diese nicht gutheißen würden. Es war nur eine Frage der Zeit, bis alle dahinterkommen würden. Wenn man jemanden kennenlernt, ist das eine zerbrechliche Zeit, und wenn man dann noch auf den Coverseiten von Zeitungen und Magazinen landet, kann es ganz schön hart werden.«[36] Deshalb wollte Swift etwas Privates – einen Song, den beide Partner in stressigen Zeiten gemeinsam singen konnten. Daher plant Taylor einen persönlichen Song, der sie in schwierigen Zeiten verbindet. Sie nennt keine Namen, macht deutlich, dass der Song allgemeingültig ist, und dennoch sagt sie: »[Den Song] für ihn zu singen, war einer der süßesten Momente, an den ich mich erinnern kann. Für mich bedeutet der Song etwas Größeres. Er besagt: ›Ich liebe dich und mir ist egal, was die anderen denken.‹«[37] Die tröstliche Stimmung von *Ours* findet beim Publikum großen Anklang und verhilft dem Song zu Platz 1 der *Billboard Hot Country Songs Charts.*

Superman

{ **PROMO-SINGLE** } **(SPEAK NOW – DELUXE EDITION)**

Erschienen am: 25. Oktober 2010 (Album) / 8. November 2011 (Promo-Single)
Songwriter: Taylor Swift
Produzenten: Nathan Chapman, Taylor Swift
Alternative Version: Taylor's Version

Die 1938 von dem Autor Jerry Siegel und dem Künstler Joe Shuster erfundene Comicfigur Superman ist der klassische Superheld – er ist gutaussehend, erfolgreich, stark und freundlich – und ein ideales Objekt der Begierde. Wenig überraschend sagt Taylor, dass sie *Superman* über »einen Typen, in den sie irgendwie verliebt war« geschrieben habe. Der Song habe seinen Namen von einer beiläufigen Bemerkung von ihr: »Als er aus dem Raum ging, drehte ich mich zu einem meiner Freunde um und sagte: ›Es ist, als würde man Superman davonfliegen sehen.‹«[38] Geschickt baut Taylor den Rest des Songs um die Idee auf, dass die Protagonistin Superman verehrt, aber nicht mit ihm zusammen ist. Stattdessen wünscht sie sich sehnlichst, dass unser Held eines Tages auf die Erde zurückkehrt und sie entführt. Aus musikalischer Sicht ist *Superman* entsprechend heroisch, mit klirrenden Gitarren und einem unaufhaltsamen Refrain, bei dem Taylor sich die Seele aus dem Leib brüllt.

If This Was a Movie

{ ***PROMO-SINGLE*** } ***(SPEAK NOW – DELUXE EDITION)***

Erschienen am: 25. Oktober 2010 (Album) / 8. November 2011 (Promo-Single)
Songwriter: Martin Johnson, Taylor Swift
Produzenten: Nathan Chapman, Taylor Swift
Alternative Versionen: Taylor's Version (The More Fearless [Taylor's Version] Chapter)

Die Band Boys Like Girls aus Massachusetts macht während des Emo- und Pop-Punk-Booms der 2000er-Jahre mit Songs mit sehr persönlichen Texten von sich reden. Es ist also nur logisch, dass Taylor mit dem Leadsänger der Band, Martin Johnson, zusammenarbeiten will. In Interviews lobt er ihr Talent in den höchsten Tönen, nennt Taylor »fantastisch« und beschreibt das gemeinsame Songwriting als »sehr unterhaltsam«, da sie »eine der talentiertesten Songwriterinnen ist, mit denen man zusammenarbeiten kann, wenn nicht sogar die beste«.[39]

Letztendlich schreiben Taylor Swift und Martin Johnson mehrere Songs gemeinsam, darunter *If This Was a Movie*, einen spritzigen Pop-Rock-Song mit schwungvollen Gitarrenriffs und Streichern, die an eine romantische Komödie erinnern. Die Protagonistin des Songs leidet unter einer Trennung und fleht ihren Ex an, zu ihr zurückzukommen, weil das in Filmen ja normalerweise so ist. In einer weiteren Anspielung auf Filme blendet der Erzähler zu entscheidenden Momenten in der Beziehung zurück. Am Ende ist sie jedoch überrascht, dass ihr ersehntes Hollywood-Ende nicht eingetreten ist. Martin Johnson sagt über Taylor: »Dafür, dass sie ein so junges Mädchen ist, ist sie sehr kreativ und so auf den Punkt. Sie kennt das Publikum, sie versteht wirklich was von Popmusik, die vom Herzen kommt und geschmackvoll gemacht ist. Sie weiß, wie man Themen in Musik verwandelt – und lässt dich die Dinge gleichzeitig auch fühlen.«[40]

Rechts: Taylor Swift beeindruckt am 31. Januar 2010 auf dem roten Teppich der Grammys im Staples Center und gewinnt vier Preise, darunter für »Fearless« den Preis für das Album des Jahres.

Electric Touch (featuring Fall Out Boy)

{ **FROM THE VAULT** } **(SPEAK NOW – TAYLOR'S VERSION)**

Erschienen am: 7. Juli 2023
Songwriter: Taylor Swift
Produzenten: Aaron Dessner, Taylor Swift

Wie viele Teenager der 2000er-Jahre ist Taylor ein Fan der Emo-Rock-Bands dieser Zeit, wie The Academy Is …, Boys Like Girls und Dashboard Confessional. Es überrascht nicht, dass diese Bands auch auf ihr Songwriting bei »Speak Now« Einfluss genommen haben. Ein Höhepunkt ist der »Vault-Track« *Electric Touch*. Mit erhabenen E-Gitarren und einem treibenden Tempo, das vor Optimismus strotzt, schildert das Stück die herzzerreißenden Momente, die zur ersten romantischen Begegnung eines Paares führen, das sich wie magnetisch anzieht. Jeder Mensch wird schon einmal eine Verletzung erlitten haben, hat aber gleichzeitig die Hoffnung, dass es dieses Mal anders sein wird. Als kleines Extra ist in *Electric Touch* die Chicagoer Punk-Pop-Band Fall Out Boy zu hören. Taylor hat bereits früher mit Patrick Stump, dem Sänger der Band, zusammengearbeitet. Er hat sie während der »Red Tour« auf der Bühne begleitet und mit ihr *My Songs Know What You Did in the Dark (Light Em Up)* von den Fall Out Boys gesungen. Daher weiß sie, dass ihre Stimmen perfekt zusammenpassen und dass sie gemeinsam die Vorfreude des Paares im Song perfekt einfangen können.

Oben: Die Band Fall Out Boy – angeführt vom Sänger Patrick Stump, der hier zu sehen ist – tritt 2013 gemeinsam mit Taylor Swift bei der *Victoria's Secret Fashion Show* auf. Sie spielen den Hit der Band *My Songs Know What You Did in the Dark (Light Em Up)*.

When Emma Falls in Love

{ ***FROM THE VAULT*** } ***(SPEAK NOW – TAYLOR'S VERSION)***

Erschienen am: 7. Juli 2023
Songwriter: Taylor Swift
Produzenten: Aaron Dessner, Taylor Swift

Die herzergreifende, von Klavierklängen dominierte Indie-Pop-Ballade *When Emma Falls in Love*, die von einer der besten Freundinnen Taylors handelt, ist einer ihrer besten »Vault-Tracks«. Fans vermuten aufgrund des Titels, diese Freundin sei die Schauspielerin Emma Stone, allerdings gibt Taylor die genaue Inspiration nicht preis. Der Song ist ein Liebesbrief an Emma, ihre unbändige Persönlichkeit und ihre romantische Seite. Er beschreibt sie als lebhaft, pragmatisch, treu und sensibel. Am Ende des Songs sagt die Erzählerin, dass sie Emma bewundert – nicht aus Neid, sondern weil Emma einfach so cool ist. *When Emma Falls in Love* ist ein ausgezeichnetes Beispiel dafür, wie Taylor einen älteren Song neu erfindet und modern umsetzt. Aaron Dessner von The National hat den Song mitproduziert, und es sind musikalische Beiträge einer Reihe von Indie-Rockern zu hören – Synthesizer von Benjamin Lanz von Beirut, Schlagzeug und Percussion von James Krivchenia von Big Thief. Auch Josh Kaufman von der Band Bonny Light Horseman ist vertreten. Sie alle haben dem Song eine reiche Klangtextur verliehen.

I Can See You

{ ***FROM THE VAULT*** } ***(SPEAK NOW – TAYLOR'S VERSION)***

Erschienen am: 7. Juli 2023
Songwriter: Taylor Swift
Produzenten: Jack Antonoff, Taylor Swift

Eine rege Fantasie kann selbst die banalsten Tage wie im Flug vergehen lassen. *I Can See You* ist funky, kokett und handelt von einem Tagtraum, und zwar einer heißen Affäre mit jemandem, der tabu ist, zum Beispiel ein Kollege. Die andere Person scheint nicht zu bemerken, dass sie wahrgenommen wird, geschweige denn begehrt. Doch der Erzähler hat jede Menge romantische Ideen im Kopf, von denen eine heißer ist als die andere. *I Can See You* ist ein zentrales Element der Präsentation von »Speak Now (Taylor's Version)«. Taylor präsentiert 2023 bei einer Unterbrechnung der »Eras-Tour« in Kansas City das Musikvideo zum Song – einen Mini-Thriller, in dem es um Taylor und die Rettung von Wertsachen aus einem verschlossenen Tresor geht. »Ich habe dieses Video vor über einem Jahr geschrieben und wollte symbolisch darstellen, wie es sich für mich anfühlt, wenn mir die Fans dabei helfen, meine Musik zurückzugewinnen«[41], erklärt sie. Mit dem Video holt sie sich auch ihre visuellen Musen zurück. Taylor verpflichtet mehrere Personen aus der Zeit von »Speak Now« (darunter Joey King und Presley Cash, die im Clip zu *Mean* zu sehen sind) als Darsteller. Als Überraschung ist auch Taylor Lautner, ihr Ex-Freund, über den sie den Song *Back to December* aus dem Album »Speak Now« geschrieben hat, im Video zu sehen. *I Can See You* erreicht Platz 5 in den *Billboard Hot 100.*

Castles Crumbling

{ **FROM THE VAULT** } **(SPEAK NOW – TAYLOR'S VERSION)**

Erschienen am: 7. Juli 2023
Songwriter: Taylor Swift
Produzenten: Jack Antonoff, Taylor Swift

Castles Crumbling **ist ein weiteres Highlight auf »Speak Now (Taylor's Version)«, nicht zuletzt, weil Hayley Williams von Paramore mitwirkt. Taylor Swift sagt: »Da es bei ›Speak Now‹ hauptsächlich um meine Songtexte ging, habe ich die Künstler, die mich als Songtexterin damals am meisten beeinflusst haben, gefragt, ob sie auf dem Album singen würden.«[42]**

Wie es der Zufall will, sind Hayley und Taylor langjährige Freundinnen. Beide Frauen sind etwa im gleichen Alter und zusammen in der Musikbranche aufgewachsen. Sie fühlen sich auf einer fast intuitiven Ebene miteinander verbunden. Hayley berichtet: »Im Lauf der Jahre, ob wir nun ständig in Kontakt standen oder nicht, war ich einfach immer sehr dankbar, zu wissen, dass ich nicht allein bin.«[43] Klanglich erinnert *Castles Crumbling* an Tori Amos und könnte aus der Perspektive der vom Ruhm geschädigten Protagonistin von *The Lucky One* auf »Red« stammen. Mit einer Metapher über ein Mitglied einer königlichen Familie, das in Ungnade gefallen ist, befasst sich der Song damit, dass Fans sich von einem Künstler wegen kreativer Entscheidungen abwenden – und der Angst, dass dies zum Abbruch der Beziehungen und zum Zusammenbruch des Imperiums führen wird. Williams liebt die Geschichte in *Castles Crumbling* und fügt hinzu: »Es geht um eine Erfahrung, die wir teilen, da wir beide in der Öffentlichkeit aufgewachsen sind, und ich fühlte mich sehr geehrt, über dieses Gefühl singen zu dürfen.«[44]

Foolish One

FROM THE VAULT (*SPEAK NOW – TAYLOR'S VERSION*)

Erschienen am: 7. Juli 2023
Songwriter: Taylor Swift
Produzenten: Aaron Dessner, Taylor Swift

Wenn man Hals über Kopf in jemanden verliebt ist, hat man nicht immer den richtigen Blickwinkel auf die Beziehung. Wenn alles gut läuft, ist das kein Problem. Aber wenn man nicht genau weiß, wo man in einer Beziehung steht, kann dieser Mangel an Klarheit verheerende Folgen haben. In dieser Situation befindet sich die Hauptfigur aus *Foolish One*. Sie ignoriert die nagenden Gedanken, dass etwas mit ihrem Schwarm nicht stimmt, und ihre schlimmsten Befürchtungen werden wahr. Sie muss sich damit abfinden, dass er sich nie binden wird. Die »Närrin« ist wütend auf sich selbst, weil sie aus vergangenen Beziehungen nicht gelernt hat und die Zeichen des Scheiterns früher hätte erkennen müssen. Die schlichte poppige Musik von *Foolish One* steht im Kontrast zum aufwühlenden Text. Tatsächlich wirkt der Song mit seinen wogenden akustischen Riffs, den hüpfenden Beats und dem emotionsgeladenen Gesang wie ein milder Vorläufer von *August*, dem Highlight des Albums »Folklore«.

Linke Seite: Taylor Swift lässt ihrer Vorliebe für Emo-Punk freien Lauf, als sie 2011 mit der Sängerin von Paramore, Hayley Williams, live auftritt. Die beiden singen *That's What You Get* von Paramore.

Timeless

FROM THE VAULT (*SPEAK NOW – TAYLOR'S VERSION*)

Erschienen am: 7. Juli 2023
Songwriter: Taylor Swift
Produzenten: Jack Antonoff, Taylor Swift

Der minimalistische Song *Timeless* strahlt romantische Sentimentalität aus, verstärkt durch die sanfte Akustikgitarre und den Text, in dem es darum geht, dass Taylor in einem Antiquitätengeschäft allerlei Schätze findet. Zunächst entdeckt sie eine Schachtel mit Schwarz-Weiß-Fotografien, die verschiedene Szenen zeigen: eine Braut aus den 1930er-Jahren, einen Soldaten, der in den Zweiten Weltkrieg zieht, ein Paar, das sich über den Kauf seines ersten Hauses freut, und Teenager, die 1958 auf dem Weg zu einem Tanz sind. Sie gräbt weiter und findet staubige Bücher, die noch älter sind und weniger erfreuliche Szenen beschreiben, wie eine unglückliche Romanze oder eine erzwungene Heirat. Doch obwohl diese wertvollen Erinnerungsstücke mehrere Jahrzehnte und Jahrhunderte umfassen, erinnern sie Taylor an ihre aktuelle Beziehung. Sie ist zuversichtlich, dass das Paar auch in einer anderen Ära, wie etwa 1944, die schwierigen Zeiten überstanden hätte (zum Beispiel hätte sie die arrangierte Ehe platzen lassen und wäre zu ihrer wahren Liebe geflohen) und sich gefunden hätte. *Timeless* endet mit dem bewegenden Gedanken, dass Taylor und ihr Partner gemeinsam alt werden und ihre eigene Fotosammlung anlegen werden.

04

DIE RED-ÄRA

Die Country-Musik ist immer Taylor Swifts erste Liebe gewesen. Aber »Red«, das sie als ihr »einziges wahres Trennungsalbum« bezeichnet, ist der Punkt in ihrer Karriere, an dem sie sich entscheidet, ihre Inspirationen auf Rock, Folk und sogar Dubstep auszuweiten. Sie sagt: »Ich liebe Jackson Pollock und ich sehe dieses Album als mein Splatter-Paint-Album, bei dem ich alle Farben verwende und sie an die Wand werfe, um zu sehen, was hängen bleibt.«[1] Die klanglichen Abenteuer führen dazu, dass »Red« für zwei Grammys nominiert wird: Album des Jahres und Bestes Country-Album.

State of Grace

{ **PROMO-SINGLE** }

Erschienen am: 16. Oktober 2012 (Promo-Single) / 22. Oktober 2012 (Album)
Songwriter: Taylor Swift
Produzenten: Nathan Chapman, Taylor Swift
Alternative Versionen: Acoustic Version, Acoustic Version (Taylor's Version), Taylor's Version

State of Grace entsteht in der frühen Phase von »Red«. Der Song signalisiert eine kühne Richtungsänderung für Taylor Swift – hin zu einer rockigen Musik, die von treibenden Drums, E-Gitarren und verträumtem Gesang angetrieben wird. Taylor sagt: »Das ist wirklich ein großartiger Sound für mich. Er klingt wie das Gefühl, sich auf epische Weise zu verlieben.«[2]

Entsprechend fühlt sich *State of Grace* wie die Hymne der mutigen Protagonistin einer romantischen Komödie an, die sich über eine unerwartet aufkeimende Beziehung freut. Tatsächlich ist die Erzählerin des Songs sehr optimistisch, was die neue Romanze angeht, und hofft, dass es dieses Mal endlich funktionieren wird. Sie trägt allerdings keine rosarote Brille. Der Text von *State of Grace* räumt ein, dass die Liebe häufig nicht gut endet, wodurch wir jede Menge schmerzhaften Ballast mit uns herumtragen. Allerdings ist es immer das Risiko wert, sein Herz zu öffnen.

Taylor sagt auch, dass der Song »fast als perfektes Warnschild für den Rest von [Red]« dient, da die realistische Darstellung der Romantik im Song eins der Themen des Albums vorwegnimmt. Sie sagt: »Sobald man [*State of Grace*] hört, weiß man, dass es zwei Möglichkeiten gibt, wie die Sache endet. Entweder man ist ein guter Mensch oder es wird nicht fair gespielt. Und beide Möglichkeiten, wie die Geschichte ausgehen kann, sind auf der Platte beschrieben.«[3]

Red

{ SINGLE }

Erschienen am: 2. Oktober 2012 (Promo-Single) / 24. Juni 2013 (Country-Radio-Single) / 22. Oktober 2012 (Album)
Songwriter: Taylor Swift
Produzenten: Nathan Chapman, Dann Huff, Taylor Swift
Alternative Versionen: Original-Demoaufnahme, Auftritt bei den *2013 CMA Awards* (featuring Alison Krauss und Vince Gill), Taylor's Version

Am 7. September 2011 spielt Taylor Swift ein Konzert im Tacoma Dome in der Stadt Tacoma (Washington). Nach der Show trifft sie eine Entscheidung und ändert ihre Pläne. Aus Heimweh und Sehnsucht nach ihrer Mutter fliegt sie für ein paar Tage nach Hause nach Nashville, statt in den Flieger nach Los Angeles zu steigen.

Dieser Umweg ist eine gute Entscheidung, denn während des Flugs schreibt Taylor den Song *Red*. Er handelt von ihrer Beziehung, »die das Schlimmste und gleichzeitig das Beste war.«[4] In ihrem Text erkundet sie diesen Gegensatz auf packende Weise. Taylor vergleicht die Verbindung zu einer besonderen Person mit dem mühelosen Auswendiglernen eines Lieblingssongs. Aber die Liebe kann auch außer Kontrolle geraten – sie vergleicht es mit dem Gefühl, in einem glänzenden neuen Auto in eine Sackgasse zu rasen: der Unfall ist vorprogrammiert. Oder die Liebe ist genauso vergänglich, wie die kurze Zeitspanne, bevor die leuchtenden Herbstfarben verschwinden.

Der Refrain vergleicht ihre Gefühle mit verschiedenen Farben. Die Trennung ist ein besonderer Blauton, die Sehnsucht nach ihrem Ex ist ein trostloses Dunkelgrau und die turbulente Liebe selbst ist Rot. Taylor sagt: »Es gibt den großartigen roten Teil, die mutigen und kühnen roten Emotionen, wie die Leidenschaft, die Liebe und Zuneigung. Und dann gibt es die andere Seite des Spektrums mit Eifersucht, Wut und Frust, wenn es heißt: ›Du hast nicht zurückgerufen‹ und ›Ich brauche meinen Freiraum.‹«[5] Taylor beschließt, ihre kreative Energie zu nutzen und *Red* sofort aufzunehmen, während sie zu Hause in Nashville ist. Sie ist überglücklich, dass der Co-Produzent Nathan Chapman ihren Ansatz des Songs liebt. Sie berichtet: »Als ich ihm *Red* vorspielte, verlor er komplett die Fassung. Wegen des Textes ist er total ausgeflippt. Ich war so glücklich.«[6] Als das Duo mit den Aufnahmen für *Red* beginnt, schwärmt Taylor: »Es wurde immer besser, mit Banjo und diesem gefühlvollen Gesangspart, der unter dem Refrain liegt und in dem ›R-e-e-e-e-e-d‹ gesungen wird.«[7]

Red bietet eine perfekte Balance zwischen Taylors Country- und ihrer Pop-Seite. Es fusionieren ein Banjo und eine lebhafte Geige mit treibenden Rockgitarren, überschwänglichen Streichern und wirbelnden, karussellartigen Grooves. Es überrascht nicht, dass der Song in beiden Genres ein Hit wird. Er erreicht Platz 6 der *Billboard Hot 100* und Platz 2 der *Hot Country Songs*. Obendrein schafft es *Red* 2013 in die Top 10 der *Country Airplay Charts*, und Taylor singt den Song zusammen mit Alison Krauss und Vince Gill bei den *CMA Awards 2013* in einer wunderschönen Akustikversion.

Linke Seite: Beim *iHeartRadio Music Festival 2012* in Las Vegas liefert Taylor Swift ein Set, das ihre gesamte Karriere umfasst und mit *We Are Never Ever Getting Back Together* endet.

Oben: Taylor Swift hat zu Beginn ihrer Karriere häufig mit dem Produzenten, Songwriter und Musiker Nathan Chapman zusammengearbeitet, was für »Fearless« zu einer Auszeichnung als Album des Jahres bei den *Country Music Association Awards* führt.

Treacherous

{ *SINGLE* }

Erschienen am: 22. Oktober 2012 (Single) / 22. Oktober 2012 (Album)
Songwriter: Taylor Swift, Dan Wilson
Produzent: Dan Wilson
Alternative Versionen: Original-Demoaufnahme, Taylor's Version

Die Midtempo-Ballade *Treacherous* zeichnet sich durch eine charakteristische Akustikgitarre und fließende Vokalharmonien aus. Der Song ist eine Co-Produktion mit Dan Wilson, einem Mitglied der Rockband Semisonic. Er hat bereits mit Adele und The Chicks zusammengearbeitet.

Laut Wilson kommen Taylor Swift »die ersten drei oder vier Zeilen« und der Titel des Songs auf der Fahrt zum Aufnahmestudio in den Sinn: »Wir haben den Song innerhalb von zehn Minuten geschrieben, und sie war so voller Begeisterung.«[8] Taylor bestätigt, dass sie »wirklich stolz« auf den Song sei, insbesondere wegen des Arrangements und der Dynamik, einschließlich einer Bridge, die wie Ozeanwellen anschwillt und wie ein zusätzlicher Refrain wirkt. Sie meint: »Er hat all diese großen Gesangsparts und die Intensität des Moments, in dem man sich entscheidet, sich in jemanden zu verlieben.«[9] *Treacherous* befasst sich jedoch mit der dunkleren Seite der Liebe, die Taylor Swift in *State of Grace* angesprochen hat, und mit der Idee, dass wir nicht immer kluge romantische Entscheidungen treffen. Manchmal entscheiden wir uns sogar bewusst für jemanden, von dem wir wissen, dass er nicht gut zu uns passt. Taylor sagt: »Wir haben uns überlegt, wie wir sagen können: ›Das ist gefährlich, und ich weiß, dass ich mich verletzen könnte, wenn ich das durchziehe, wenn ich den nächsten Schritt mit dir gehe. Aber … Ich will es tun.‹ Es ist wie dieses ungute Gefühl, dass einen vor dem Risiko warnt und einen jedes Mal beschleicht, wenn man sich verliebt – besonders bei bestimmten Typen.«[10]

Linke Seite: 2013 tritt Taylor Swift bei den *CMT Music Awards* mit einer stadionreifen Version von *Red* auf.

Rechts: Taylor Swift schreibt *Treacherous* zusammen mit Dan Wilson, dem Sänger, Gitarristen und Songwriter der Rockband Semisonic.

I Knew You Were Trouble

{ SINGLE }

Erschienen am: 27. November 2012 (Single) / 22. Oktober 2012 (Album)
Songwriter: Max Martin, Shellback, Taylor Swift
Produzenten: Max Martin, Shellback
Alternative Version: Taylor's Version

Taylor Swift geht aufs Ganze und auf »Red« fordert sie sich selbst musikalisch heraus. Sie sagt: »Ich weiß immer, was meine Gegner sagen, weil ich es als Ansporn für das nehme, was ich als Nächstes tun werde. Bei ›Red‹ wollte ich etwas anderes beweisen: dass ich begierig bin zu lernen.«[11]

Taylor sucht sich bewusst verschiedene Kooperationspartner aus, angefangen bei den schwedischen Pop-Hitmachern Max Martin und Shellback, dem Team hinter den Hits von Britney Spears, P!nk, Kesha und anderen. Taylor sagt: »Ich war schon immer davon fasziniert, wie Max Martin einen Refrain zusammenbaut. Er kommt, trifft bei dir ins Schwarze und es ist ein Refrain – alles in Großbuchstaben, mit Ausrufezeichen.«[12]

Auf *I Knew You Were Trouble* trifft das auf jeden Fall zu. Taylor schreibt die Hauptmelodie des Songs auf dem Klavier und beschreibt Martin und Shellback, wie die fertige Musik klingen soll: »So chaotisch, wie sich diese Emotion anfühlt.«[13] Schließlich geht es in *I Knew You Were Trouble* darum, sich mit jemandem einzulassen, der zwar unwiderstehlich, aber auch unvollkommen ist: emotional distanziert, unverbindlich und gleichgültig gegenüber Zuneigung. Du weißt, dass diese Person dir wahrscheinlich früher oder später das Herz brechen wird, aber du lässt dich trotzdem darauf ein.

Martin und Shellback beschließen, Elemente des damals populären Genres Dubstep in den Refrain zu integrieren und Taylors Gesang mit lässigen Dance-Beats zu unterlegen. Taylor kennt Dubstep dank ihres guten Freunds Ed Sheeran (»Er hat mir immer Sachen vorgespielt, die er gehört hat und die in den Clubs in Großbritannien gespielt werden.«[14]), aber sie verfolgt nicht unbedingt einen bestimmten Trend. Die daraus resultierende Musik ist unerwartet und dynamisch. Sie fängt das Hin und Her einer chaotischen Beziehung ein. Die Dubstep-Beats erzeugen einen knackigen, Pogo-artigen Hook, der an einen Gummiball erinnert, der auf Beton springt – ein scharfer Kontrast zu den swingenden Pop-Grooves im Rest des Songs.

Am Ende wird *I Knew You Were Trouble* ein riesiger Pop-Hit und erreicht Platz 2 der *Billboard Hot 100* – eine eindrucksvolle Bestätigung für Swifts Experimentierfreude. Später erinnert sich Taylor: »Als wir den Song gemacht haben, haben wir uns die ganze Zeit gefragt: ›Können wir das so machen? Können wir das wirklich so machen? Geht das überhaupt?‹ Und ich liebe das, wenn man sich bei einer kreativen Idee fragen muss, ob das geht, weil das bedeutet, dass man Grenzen überschreitet.«[15]

Links: Taylor Swift singt 2012 bei den *ARIA Awards* in Australien eine temperamentvolle Version von *I Knew You Were Trouble*.

All Too Well

{ *SINGLE* }

Erschienen am: 22. Oktober 2012 (Album) / 11. November 2021 (Taylor's Version Single)
Songwriter: Liz Rose, Taylor Swift
Produzenten: Nathan Chapman, Taylor Swift
Alternative Versionen: Taylor's Version, Zehn-Minuten-Version

Nur wenige Songs erfassen die Komplexität eines gebrochenen Herzens besser als die elegante, langsame Powerballade *All Too Well*. Der Titel kommt Taylor Swift in den Sinn, als sie sich auf die Promo-Tour für ihr Album »Speak Now« aus dem Jahr 2010 vorbereitet. Sie erinnert sich: »Ich kam zu den Proben und ich war echt sauer und traurig, das konnte jeder sehen. Das war kein Spaß für die anderen an dem Tag.«[16]

Als Reaktion auf ihre schlechte Stimmung greift Taylor wieder zu einem bewährten Mittel: Sie macht Musik. Sie spielt immer wieder vier Akkorde auf der Gitarre, und ihre Band stimmt ein, während sie etwa zehn bis 15 Minuten lang »frei improvisiert, was sie durchmacht und was sie fühlt«.[17] Glücklicherweise hat jemand diesen spontanen Jam für die Nachwelt festgehalten. Taylor berichtet: »Schließlich ging meine Mutter zu meinem Sound-Typen und fragte ihn: ›Haben wir Glück und du hast das aufgenommen?‹ Und er meinte: ›Jep‹ – und gab ihr eine CD.«[18]

Um die Länge des Songs zu bearbeiten, ruft sie ihre Partnerin Liz Rose an. Die Songwriterin putzt gerade ihr Haus, weil sie umzieht (und sie hat auch noch eine Nebenhöhlen-Entzündung). Sie lässt aber alles stehen und liegen, um Taylor zu helfen, *All Too Well* fertigzustellen.[19] Es gelingt dem Duo, unzählige Emotionen – Bedauern, Sehnsucht, Traurigkeit und ein Hauch von Wut – in eine fünfeinhalbminütige Version des Songs zu packen.

Oben: Taylor Swift spielt am 26. Januar 2014 bei den *Grammys* die kürzere Version von *All Too Well* auf dem Klavier.

22

Erschienen am: 22. März 2013 (Single) / 22. Oktober 2012 (Album)
Songwriter: Max Martin, Shellback, Taylor Swift
Produzenten: Christopher Rowe, Shellback, Taylor Swift
Alternative Version: Taylor's Version

22 Jahre alt zu sein hat seine Vor- und Nachteile. Einerseits ist man – technisch gesehen – erwachsen und kann sogar einen Job, Familie oder andere Verantwortungen haben. Andererseits ist man sich vielleicht noch nicht im Klaren darüber, was Erwachsensein bedeutet oder was man werden will.

Taylor versteht das Dilemma des Erwachsenwerdens sehr gut. Sie erklärt: »Man ist alt genug, um sein Leben zu planen, aber man ist auch noch jung genug, um zu wissen, dass es noch so viele unbeantwortete Fragen gibt.«[20] Anstatt sich darüber Sorgen zu machen, schreibt sie jedoch den Song *22*. Er versichert, dass es völlig in Ordnung ist, wenn man sein Leben noch nicht durchgeplant hat.

Wie bei *Red* schreibt Taylor den Song während eines Flugs und erzählt dann begeistert ihren Kollegen Max Martin und Shellback von ihrer Idee. Taylor berichtet: »Ich wollte einen Song darüber schreiben, wie mein Sommer mit meinen Freunden war. Wir hatten die Einstellung: ›Wir sind in unseren 20-ern und wissen nichts – und das ist großartig!‹ Es macht irgendwie Spaß, das mitzuerleben.«[21] Dominiert von einem Sound, der an einen federnden Linedance erinnert, sowie einem rauschenden Refrain mit abgehackten Pop-Beats und mehrstimmigem Gesang, strotzt *22* nur so vor Lebensfreude.

Der Text beschreibt ekstatische Höhen und niederschmetternde Tiefen und erkennt an, dass man diese Dinge wahrscheinlich alle gleichzeitig empfindet. Die Lösung ist ein unbeschwerter Abend mit guten Freunden, an dem man tanzen geht, sich über Leute lustig macht, über das Leben nachdenkt und vielleicht sogar jemand Besonderen trifft. Morgen kannst du dir Gedanken über die Zukunft machen – heute geht es nur darum, lange aufzubleiben und das Jungsein zu genießen.

Obwohl *22* in den *Billboard Hot 100* nur auf Platz 20 landet, kündigt der Sound einen aufkommenden Trend zum Country-Pop-Crossover an, wie man ihn in Hits wie *Timber* von Pitbull und Kesha aus dem Jahr 2013 hören kann. Er wird zum Favoriten der Fans. Als Eröffnungsstück des »Red«-Abschnitts der »Eras-Tour« ist *22* auch einer der Höhepunkte des Konzerts. Taylor Swift trägt dabei ein T-Shirt auf dem der Slogan »A Lot Going On at the Moment« (viel los im Moment) steht – eine abgewandelte Version davon trägt sie auch im Video zu *22* – und einen schwarzen Filzhut der bekannten Designerin Gladys Tamez aus Los Angeles. Taylor wirbelt während des Songs mit ihren Tänzern durch die Gegend. Und jeden Abend, wenn der Song zu Ende geht, springt sie zum Rand der Bühne und überreicht einem glücklichen Fan ihren Hut (den sie vorher noch signiert hat!).

Linke Seite: Der »Red«-Abschnitt der »Eras-Tour« beginnt mit dem Song *22*. Der Song endet damit, dass sie einem glücklichen Fan einen von ihr signierten Hut schenkt.
Unten: Taylor Swift spielt den »Red«-Abschnitt der »Eras-Tour«.

OING ON
AT THE
MOMENT

Gibson

I Almost Do

{ *ALBUMTRACK* }

Erschienen am: 22. Oktober 2012
Songwriter: Taylor Swift
Produzenten: Nathan Chapman, Taylor Swift
Alternative Version: Taylor's Version

Mit seinen satten Akustikgitarren, der turbulenten Melodie und der zurückhaltenden gesanglichen Darbietung könnte *I Almost Do* ohne Weiteres auf eins der früheren, eher countrylastigen Alben von Taylor Swift passen.

Der entschlackte Song spiegelt auch Taylors Vorliebe für die Emo-Legende Dashboard Confessional wider – eine Band, die für ihre unverblümten Songs über Liebeskummer und emotionalen Schmerz bekannt ist. Der gefühlvolle Text von Taylor ist ähnlich verletzlich, und sie sagt: »[Der Text] konzentriert sich auf den Konflikt, den man spürt, wenn man jemanden zurückhaben möchte und es noch einmal versuchen will, aber weiß, dass das nicht geht. Und es geht deshalb nicht, weil man so sehr verletzt wurde, dass man das nicht noch einmal ertragen könnte.«[22]

I Almost Do ist aus einem sehr persönlichen Grund entstanden, wie Swift erklärt: »Ich glaube, ich musste den Song schreiben, damit ich diese Person nicht anrufe. Statt zum Telefon zu greifen habe ich den Song geschrieben.«[23] Folglich erzählt die Protagonistin, wie schmerzhaft es gewesen sei, die Kommunikation abzubrechen – schließlich habe sie alles getan, um nicht den Kontakt zu suchen –, und sie gibt zu, dass sie immer noch von einem zweiten Versuch träumt. Am Ende stellt sie sich jedoch wehmütig vor, was ihr Ex wohl gerade macht, und hofft nur, dass er manchmal an sie denkt.

Linke Seite: Taylor Swift spielt die zehnminütige Version von *All Too Well* auf der »Eras-Tour«. Jeden Abend wird der Song zu einem kathartischen Mitsing-Erlebnis für das Publikum.

Unten: Taylor Swift (hier im Interview) arbeitet mit der Pizzakette Papa John's zusammen, um »Red« zu promoten. Sie ist in den USA auf Pizza-Kartons zu sehen.

We Are Never Ever Getting Back Together

{ SINGLE }

Erschienen am: 13. August 2012 (Single) / 22. Oktober 2012 (Album)
Songwriter: Max Martin, Shellback, Taylor Swift
Produzenten: Max Martin, Shellback, Taylor Swift
Alternative Versionen: Country Mix, Taylor's Version

On-/Off-Beziehungen sind ermüdend und doch meist nicht einfach aufzugeben. Manchmal liegt das daran, dass die Menschen süchtig nach dem Drama sind. Manchmal hoffen sie, dass der Partner eines Tages aufhört, Spielchen zu spielen und sich festlegt. Die meisten Menschen erreichen jedoch irgendwann einen Punkt, an dem sie beschließen, sich von ihrem toxischen Partner zu trennen.

Für diejenigen, die sich in dieser Situation befinden, ist *We Are Never Ever Getting Back Together* der richtige Song. Klanglich gesehen ist er mit anderen gemeinsamen Projekten von Taylor Swift, Max Martin und Shellback vergleichbar, da er von einem Gitarrenriff mit einem Hauch von Country-Sound und einem schwungvollen Refrain mit Chorgesang angetrieben wird. In dem Song beschreibt Taylor Demütigungen, die sie durch einen wankelmütigen Partner erfahren hat, und schwört, dass ihre Beziehung vorbei ist. Über den ultimativen Rache-Song sagt Taylor: »[Der Song] zeigt definitiv, wie ich mich gefühlt habe, als ich endlich aufgehört hatte, mich darum zu kümmern, was mein Ex von mir hielt.« Sie fügt hinzu: »[Dieser Ex-Freund] gab mir das Gefühl, nicht so gut oder so wichtig zu sein wie diese Hipster-Bands, die er hörte.«[24]

Eine herrlich spöttische Textpassage in *We Are Never Ever Getting Back Together* berichtet davon, wie dieser Partner nach einem Streit versucht, sich mit Indie-Musik zu beruhigen. Taylor meint sarkastisch, dass diese Musik viel cooler sei als ihre eigene. Ein Großteil des Songs ist in diesem angriffslustigen Ton geschrieben. Die Strophen liefert Taylor im Sprechgesang, wobei sie die Unverschämtheiten ihres Ex-Freunds besonders hervorhebt. Die Bridge ist ein umgangssprachlich gesprochener Abschnitt, in dem eine verzweifelt klingende Taylor ihren Ex-Freund abblitzen lässt, der angerufen hat, um ihr zu sagen, dass er sie immer noch liebt. Sie sagt unmissverständlich, dass sie die Beziehung nie wieder aufleben lassen wird – und sie ist sehr verärgert, dass er überhaupt fragt. (Seltsamerweise fühlt sich dieser Abschnitt wie eine aktuelle Version von *Valley Girl*, dem Slang-Hit von Moon Unit Zappa und Frank Zappa aus dem Jahr 1982 an.)

We Are Never Ever Getting Back Together wird Taylors erste Nummer-1-Single in den *Billboard Hot 100* und hält sich drei Wochen lang an der Spitze. Der Song wird für einen *Grammy Award* als Platte des Jahres nominiert. Eine Version mit einem höheren Tempo und mehr im Vordergrund stehendem Gesang ist neun Wochen lang auf Platz 1 der *Billboard Hot Country Songs*. Taylor sagt: »Irgendwann verliert man das Interesse an der Flamme, die einen immer wieder aufs Neue verbrennt. Zum Glück hatte ich diese Lektion noch nicht gelernt, als ich diesen Song schrieb.«[25]

Links: Für »Red« hat Taylor mit den schwedischen Autoren und Produzenten Shellback (links) und Max Martin (rechts) zusammengearbeitet, die hier 2017 mit Justin Timberlake beim Mittagessen der Nominierten für die 89. Oscar-Verleihung zu sehen sind.

Rechte Seite: Bei den *MTV Europe Music Awards* von 2012 gewinnt Taylor Swift drei Preise (darunter den für die beste weibliche Künstlerin) und singt eine legendäre Version von *We Are Never Ever Getting Back Together.*

Stay Stay Stay

{ ALBUMTRACK }

Erschienen am: 22. Oktober 2012
Songwriter: Taylor Swift
Produzenten: Nathan Chapman, Taylor Swift
Alternative Version: Taylor's Version

Stay Stay Stay ist ein eigenwilliger Indie-Folk-Song mit fröhlicher Mandoline und Handclaps. Er ist der verspielteste Song auf »Red«. Diesmal hat die Handlung ein Happy End: Ein Paar bleibt zusammen, weil das besser ist als getrennt zu sein. Taylor schreibt den Song »basierend auf dem, was ich an echten Beziehungen gesehen habe, die nicht perfekt sind«, erklärt sie und fährt fort: »Es gibt Momente, in denen man diese Person einfach so satt hat und in einen dummen Streit gerät. Und trotzdem lohnt es sich, dabei zu bleiben, weil es etwas gibt, ohne das man nicht leben kann.«[26] *Stay Stay Stay* hat eine Protagonistin, die überrascht (und erfreut) ist, mit jemandem zusammen zu sein, der aufmerksam, hilfsbereit und witzig ist. Sie ist erleichtert, dass ihr Partner ihre Eigenheiten toleriert. Zum Beispiel wirft sie eines Abends ein Telefon nach ihrem Partner. Obwohl sie befürchtet, dass es zu einer Trennung kommen wird, schlägt sie vor, dass man über die Differenzen spricht. Der Freund ist einverstanden und erscheint spaßeshalber mit einem Footballhelm zu dem klärenden Gespräch.

The Last Time (featuring Gary Lightbody)

{ SINGLE }

Erschienen am: 22. Oktober 2012 (Album) / 4. November 2013 (GB-Single)
Songwriter: Jacknife Lee, Gary Lightbody, Taylor Swift
Produzent: Jacknife Lee
Alternative Version: Taylor's Version

Taylor wünscht sich lange Zeit, mit einer ihrer Lieblingsbands, der britischen Pop-Rock-Band Snow Patrol, zusammenzuarbeiten, und bekommt schließlich bei *The Last Time* die Gelegenheit dazu. Das Duett mit Gary Lightbody, dem Sänger der Band, zeigt zwei verschiedene Perspektiven auf, wie man eine Beziehung wieder aufleben lassen kann. Mit ernster, flehender Stimme stellt Gary Lightbody einen Mann dar, der bei seiner Ex-Freundin auftaucht und hofft, dass sie sich freut, ihn wiederzusehen, und die Beziehung wieder aufnehmen möchte. Taylor Swift übernimmt die Rolle einer zögerlichen Erzählerin, die nicht begeistert ist. Sie denkt an die (vielen) Male, die er aufgetaucht ist, sich entschuldigt hat und sie dann prompt verlassen hat. Während die Musik vom düsteren Klavier zu einem donnernden Sturm aus Streichern und E-Gitarre anschwillt, vereinen sich ihre Stimmen zu einem letzten Versuch der Versöhnung. Taylor sagt: »Beide schwören, dass dies das letzte Mal sei. Sie schwört, dass dies das letzte Mal sei, dass sie ihn zurücknimmt. Er schwört, dass dies das letzte Mal war, dass er gegangen ist und sie verletzt hat.«[27]

Holy Ground

{ ALBUMTRACK }

Erschienen am: 22. Oktober 2012
Songwriter: Taylor Swift
Produzent: Jeff Bhasker
Alternative Version: Taylor's Version

Die Erzählerin von *Holy Ground* ist für eine gescheiterte Beziehung zutiefst dankbar und verdrängt jegliche Bitterkeit, um sich stattdessen an glückliche Momente zu erinnern. Taylor schreibt den Song, nachdem sie einen Ex-Freund getroffen hat und feststellt, dass sie endlich positiv an ihre längst vergangene Beziehung zurückdenken kann. Sie sagt: »Ich habe über das Gefühl geschrieben, das ich nach Jahren hatte, als ich eine ehemalige Beziehung endlich so wertschätzen konnte, wie sie gewesen ist, anstatt verbittert darüber zu sein, was daraus geworden ist. Es war gut, das in meinem Leben gehabt zu haben.«[28] Um diese Dankbarkeit in Musik umzusetzen, arbeitet Taylor mit dem Produzenten Jeff Bhasker zusammen, da sie seine Arbeit an »Some Nights«, dem Debütalbum der Rockband Fun aus dem Jahr 2012, bewundert. (Zufällig ist Taylors späterer Kollege Jack Antonoff ebenfalls in dieser Band.) *Holy Ground* ist ein eindringlicher Rocksong, der von Bhaskers klarer Produktion getragen wird. Markante Schlagzeugbeats vereinen sich mit kraftvollen Gitarrenriffs zu einer perfekten Harmonie.

Sad Beautiful Tragic

{ ALBUMTRACK }

Erschienen am: 22. Oktober 2012
Songwriter: Taylor Swift
Produzenten: Nathan Chapman, Taylor Swift
Alternative Version: Taylor's Version

Der Track *Sad Beautiful Tragic* ist eine bittersüße Hommage an Mazzy Stars Song *Fade into You* aus dem Jahr 1993. Er liegt Taylor »sehr am Herzen«, wie sie sagt. Die düstere Akustiknummer macht ihrem Titel alle Ehre. Taylor schreibt den Song nach einem Konzert in ihrem Bus, während sie mit einer Beziehung beschäftigt ist, die seit Monaten beendet ist. Sie spürt keine Traurigkeit, Wut oder Ähnliches mehr. Es war ein schmerzlicher Verlust.[29] Der Text beschreibt eine Liebesbeziehung, die an mehreren Dingen gescheitert ist, darunter der Entfernung, der Einsamkeit, dem Streit und Kommunikationsproblemen. Auffällig ist, dass die Erzählerin niemandem die Schuld an der Trennung gibt. Es gibt einfach nur wehmütige Erinnerungen an die Beziehung und Mitgefühl wegen des Schmerzes, den das traurige Ende und die Nachwirkungen ausgelöst haben. Taylor erklärt: »Ich wollte die Geschichte als eine verschwommene Erinnerung an das, was schiefgelaufen ist, erzählen. Es ist der trüb graue Blick zurück auf etwas, das man nicht ändern oder zurückholen kann.«[30]

Linke Seite: Gary Lightbody, Sänger und Gitarrist der Band Snow Patrol, ist bei *The Last Time* zu hören.

The Lucky One

{ ALBUMTRACK }

Erschienen am: 22. Oktober 2012
Songwriter: Taylor Swift
Produzent: Jeff Bhasker
Alternative Version: Taylor's Version

***The Lucky One* hat Taylor Swift in Australien geschrieben. Es ist einer der verletzlichsten Songs auf »Red«. Die mahnende Geschichte über Ruhm schreibt Taylor aufgrund ihrer eigenen Ängste vor der Unbeständigkeit der Musikindustrie.**

Taylor gesteht: »[Der Song] drückt meine Riesenangst aus, dass [die Musik] irgendwann keinen Spaß mehr macht und zu einem beängstigenden Raum wird. Manche Leute schaffen es, manche Leute schaffen es nicht.«[31] Ein Starlet geht nach Los Angeles und wird zum Star der Stadt. Die unerwünschte Aufmerksamkeit der Boulevardpresse, eine unehrliche Beziehung und Menschen, die nur darauf warten, es für die nächste große Sache fallen zu lassen, machen seinen Promi-Status aber wieder zunichte. Die letzte Strophe verrät, wie das Starlet darauf reagiert: Es zieht sich aus dem Rampenlicht zurück und zieht die Privatsphäre der Unbeständigkeit des Ruhms vor. Wie sich herausstellt, ist die Sache mit dem Glück ein zweischneidiges Schwert. Taylor sagt dazu: »Ich singe in dem Song so ziemlich über das, wovor ich Angst habe. Am Ende bin ich irgendwie in dieser ganzen Sache gefangen, einsam und fühle mich missverstanden. Die Leute denken, dass du glücklich bist, obwohl du es in Wirklichkeit nicht bist.«[32] Musikalisch gesehen dreht sich der Song *The Lucky One* wie eine anmutige Tanznummer mit einem Schuss Vintage-Glamour, der zum Miss-Havisham-Vibe des Songs passt. (Miss Havisham ist eine Figur in *Große Erwartungen* von Charles Dickens.)

Everything Has Changed (featuring Ed Sheeran)

{ *SINGLE* }

Erschienen am: 14. Juli 2013 (Single) / 22. Oktober 2012 (Album)
Songwriter: Ed Sheeran, Taylor Swift
Produzent: Butch Walker
Alternative Versionen: Remix, Taylor's Version

Ed Sheeran und Taylor Swift sind nicht nur gute Freunde und ehemalige Tourkollegen, sondern auch ein dynamisches Songwriter-Team. Das Duo schreibt *Everything Has Changed* in Los Angeles, während es auf einem Trampolin in Taylors Hinterhof sitzt.

Der Song entwickelt sich zu einem Duett, als Ed Sheeran beginnt, mit Taylor Swift Harmonien zu singen. Das passt gut, denn Taylor sagt: »Der Song handelt von dem Moment, als zwei Menschen sich sehen und die Welt plötzlich anders aussieht, weil sich alles verändert hat.«[33] Tatsächlich kann man den Text so lesen, dass es um die berauschende Erfahrung der Liebe auf den ersten Blick geht – und wie schön es ist, von jemandem zu träumen – oder um die plötzliche romantische Zuneigung zu einem langjährigen platonischen Freund.

Für die Produktion holt sich Taylor Swift einen weiteren neuen Mitarbeiter ins Boot: Butch Walker, einen erfahrenen Rockmusiker, der bereits mit Pop-Acts wie P!nk, Avril Lavigne und Panic! at the Disco gearbeitet hat. Sie sagt: »Er ist ein Produzent, der jedem die Möglichkeit gibt, seine eigenen Ideen im Studio einzubringen. Ich wusste, dass er die Sache von einem organischen Standpunkt aus angehen würde, weil Ed so ist.«[34] Tatsächlich ist *Everything Has Changed* angemessen zurückhaltend, dominiert von akustischen Gitarren und den sanften, engelsgleichen Stimmen von Taylor Swift und Ed Sheeran.

Linke Seite: Taylor Swift singt bei den *MTV Video Music Awards 2012* eine kesse Version von *We Are Never Ever Getting Back Together*.
Oben: Am 1. November 2013 tritt Taylor Swift zusammen mit Ed Sheeran bei seinem ausverkauften Konzert im Madison Square Garden auf, um *Everything Has Changed* zu singen.

Starlight

{ ALBUMTRACK }

Erschienen am: 22. Oktober 2012
Songwriter: Taylor Swift
Produzenten: Nathan Chapman, Dann Huff, Taylor Swift
Alternative Version: Taylor's Version

Als Taylor Swift alte Schwarz-Weiß-Fotos durchsucht, stößt sie dabei auf ein Foto, das ein junges Paar in ausgelassener Stimmung beim Tanzen zeigt. Es ist die zukünftige Menschenrechtsaktivistin Ethel Kennedy und ihr späterer Ehemann, US-Senator Robert F. Kennedy. Taylor sagt: »Ich musste sofort daran denken, wie viel Spaß sie in dieser Nacht gehabt haben müssen.«[35]

Die lebhafte Szene inspiriert sie zu dem bewegenden Song *Starlight*, der beschreibt, wie glücklich und unbesiegbar sich Ethel fühlt, als sie sich mit einem gutaussehenden Jungen, der sie ermutigt, optimistisch zu sein, auf eine schicke Party schleicht. Passenderweise glänzt *Starlight* wie *Tango in the Night* von Fleetwood Mac aus dem Jahr 1987: Rasante Keyboards durchziehen die Musik wie Sternschnuppen, begleitet von einem funkelnden Klavier und schneidenden E-Gitarren.

Wie sich herausstellt, hat Swift auch Insiderinformationen über das Verhalten der echten Ethel. Anfang 2012 schwärmt sie in der *Vogue* von einem unvergesslichen Nachmittag mit ihr. Kurz darauf erscheint Taylor auf dem roten Teppich bei der Premiere des Dokumentarfilms *Ethel* beim *Sundance Film Festival*. Und laut Taylor Swift hat Ethel *Starlight* geliebt, als sie den Song gehört hat. Im Nachhinein kann man die ganze Erfahrung vielleicht als Warm-up für Taylors Album »Folklore« aus dem Jahr 2020 betrachten, das ebenfalls detaillierte fiktive Songs enthält, die auf dem Leben realer Personen basieren.

Rechte Seite: Ethel Kennedy – deren Leben Taylor Swift in *Starlight* verarbeitet – zusammen mit der Musikerin vor der Premiere von *Ethel* beim *Sundance Film Festival 2012*.

Begin Again

{ SINGLE }

Erschienen am: 25. September 2012 (Single) / 22. Oktober 2012 (Album)
Songwriter: Taylor Swift
Produzenten: Nathan Chapman, Dann Huff, Taylor Swift
Alternative Version: Taylor's Version

Ein Neuanfang ist nie einfach, wenn man eine schreckliche Trennung hinter sich hat. Solche Erlebnisse sind destabilisierend und können dazu führen, dass man sich in seinem ganzen Leben zutiefst verunsichert fühlt und alles, was man zu wissen glaubt, infrage stellt. *Begin Again* ist in genau dieser unsteten Gemütsverfassung entstanden. Sie sagt: »[Es ist ein] Song, den ich über das Durchstehen einer Trennung, und darüber, dass man immer noch traurig ist und sich unsicher fühlt wegen all der Dinge, die man in der Beziehung an sich selbst als falsch empfunden hat.«[36] Allerdings handelt der Song nicht vom traurigen Single-Dasein, sondern beschreibt ein tolles erstes Date mit jemandem, der respektvoll ist, über deine Witze lacht, über Weihnachtsfilme sprechen möchte und eine beeindruckende Anzahl von James-Taylor-Platten besitzt. Taylor erklärt: »[*Begin Again*] ist eigentlich ein Song darüber, wie man sich nach einer schrecklichen Trennung endlich wieder zu einem ersten Date aufrafft, und über die Verletzlichkeit, die damit einhergeht.«[37] *Begin Again* verdeutlicht die klangliche Vielfalt von »Red«. Das Album bewegt sich auf einen beruhigenden, reduzierten Country- und Folk-Pop mit einem gefühlvollen Herz zu. Passenderweise wird der Song für einen Grammy als bester Country-Song nominiert und erreicht Platz 7 der *Billboard Hot 100*.

SUNDANCE
FILM FES
12
sundance
CHANNEL
CURA

The Moment I Knew

{ **BONUSTRACK** } (RED-DELUXE-EDITION)

Erschienen am: 22. Oktober 2012
Songwriter: Taylor Swift
Produzenten: Nathan Chapman, Taylor Swift
Alternative Version: Taylor's Version

Taylor sagt, sie habe den traurigen Song *The Moment I Knew* über ihre 21. Geburtstagsparty geschrieben – eine demütigende Nacht, die sie in schlechter Erinnerung behalten hat. Obwohl ein Freund behauptet, Taylor sei »in bester Stimmung gewesen und habe eine süße Tiara getragen«,[38] erinnert sich die Musikerin an die Party mit 70 Gästen als »die schlimmste Erfahrung überhaupt«[39]. Ihr damaliger Freund Jake Gyllenhaal erscheint nicht zur Party, weshalb ihr klar wird, dass die Beziehung zum Scheitern verurteilt ist.[40] In *The Moment I Knew* beschreibt sie ihre schreckliche Entdeckung in allen Einzelheiten. Taylor schaut zur Tür, in der Hoffnung, dass er auftaucht, zieht sich ins Badezimmer zurück, als sie merkt, dass er nicht kommen wird, und am Ende bricht sie vor allen in Tränen aus. Man kann fast spüren, wie ihr Herz in 1.000 Stücke zerbricht, als sie ihn direkt anspricht und ihm sagt, dass er auf der Party hätte sein sollen – und wie viel ihr seine Anwesenheit bedeutet hätte. Am Ende ruft er an, um sich zu entschuldigen, aber die Geste kommt zu spät und reicht nicht aus.

Come Back … Be Here

{ **BONUSTRACK** } RED-DELUXE-EDITION

Erschienen am: 22. Oktober 2012
Songwriter: Taylor Swift, Dan Wilson
Produzent: Dan Wilson
Alternative Version: Taylor's Version

Fernbeziehungen sind schwierig, aber leider eine Realität, wenn man eine gefragte Berufsmusikerin wie Taylor Swift ist. Es überrascht daher nicht, dass sie den Americana-Hit *Come Back … Be Here* schreibt, in dem es um eine räumliche Trennung geht, wie es bei ihr ständig der Fall ist.[41] Allerdings ist die Situation im Song etwas anders gelagert: Er ist aus der Perspektive der Person geschrieben, die zurückgelassen wird und jemanden verzweifelt vermisst, und nicht aus der Perspektive der Person, die unterwegs ist. Taylor erklärt: »[*Come Back … Be Here* handelt davon], sich in jemanden zu verlieben und dann wegen der Arbeit weggehen zu müssen. Er reist, du reist und du denkst an ihn, aber du fragst dich, wie das funktionieren soll, wenn so viel Distanz zwischen euch ist.«[42]

An diesem Song hat Dan Wilson mitgeschrieben. Der Sound projiziert die Erschütterung wegen der Entfernung. Mit wehmütiger Stimme singt Taylor, dass ihr Schwarm in New York oder London ist, und fleht ihn an, zu ihr zurückzukehren, während sich um sie herum traurige, theatralische Melodramen aus akustischen Riffs, desolaten E-Gitarren-Akzenten und filmreifen Streichern entfalten.

Girl at Home

{ BONUSTRACK } (RED DELUXE EDITION)

Erschienen am: 22. Oktober 2012
Songwriter: Taylor Swift
Produzenten: Nathan Chapman, Taylor Swift
Alternative Version: Taylor's Version

Es gibt jemanden, der Taylors Zorn verdient. Sie erklärt: »[*Girl at Home* handelt] von einem Mann, der eine Freundin hatte, und ich fand es einfach widerlich, dass er mit anderen Mädchen flirtete.«[43] Obwohl *Girl at Home* wie ein unschuldiger Folk-Pop-Song mit einer elektronischen Grundstimmung und einem Ohrwurm-Refrain klingt, ist der Text des Songs eine andere Geschichte. Taylor beschimpft den Kerl effizient und heftig, beruft sich auf den Ehrenkodex der Frauen untereinander und tadelt ihn für sein schäbiges Verhalten. Sie macht ihm heftige Vorwürfe, weist darauf hin, dass sein Mädchen auf ihn wartet, und nennt ihn undankbar. Außerdem stellt Taylor klar, dass sie selbst es auch nicht verdient, ausgenutzt zu werden und dass sie definitiv kein Interesse an seinen flirtenden Annäherungsversuchen hat. Sie fordert ihn auf, ihre Telefonnummer zu löschen und sich zu verziehen.

Unten: Taylor Swift begeistert 2012 das Publikum beim *iHeartRadio Music Festival* in Las Vegas.

Better Man

Erschienen am: 12. November 2021
Songwriter: Taylor Swift
Produzenten: Aaron Dessner, Taylor Swift
Alternative Version: Little-Big-Town-Version

Wenn man ein Songwriter von Taylor Swifts Kaliber ist, muss man immer schwierige Entscheidungen bezüglich der Tracklist eines Albums treffen. Nehmen wir zum Beispiel die von Harmonien geprägte Country-Ballade *Better Man*, die ihrer Meinung nach auf »Red« hätte veröffentlicht werden sollen. Sie bleibt aber im Schneideraum liegen. Taylor weiß, dass es »einfach zu viele Songs gab, die ich in dieser Zeit geschrieben hatte und die ich liebte, sodass einige davon weggelassen werden mussten.«[44] (Sie entscheidet sich, *All Too Well* anstelle von *Better Man* auf »Red« zu veröffentlichen.)

Taylor schreibt *Better Man* in einem Hotelzimmer während einer Tour und setzt den Text instinktiv zusammen, was in einem Song über jemanden gipfelt, der traurig über eine Trennung ist, aber sich damit abgefunden hat. Sie wünscht sich, dass der Song endlich seinen großen Durchbruch erlebt. Eines Tages schickt sie *Better Man* zufällig an die Country-Band Little Big Town, weil er sie an die Band erinnert.[45] Diese nimmt das Geschenk an und wird damit sehr erfolgreich: Ihre Aufnahme wird ein Riesenhit, erreicht Platz 1 der *Billboard Hot Country Charts* und wird mit einem Grammy Award (Beste Darbietung im Bereich Country-Duo/-Band) und einem CMA Award (Song des Jahres) ausgezeichnet. Die Taylor's Version des Songs ist ebenso wunderschön wie bewegend.

Oben: Die Country-Stars von Little Big Town singen *Better Man* bei der Verleihung der *Country Music Association Awards* am 2. November 2016 – einen Tag, nachdem bekannt gewordenen ist, dass Taylor Swift den Song geschrieben hat.

Nothing New (featuring Phoebe Bridgers)

{ FROM THE VAULT } RED (TAYLOR'S VERSION)

Erschienen am: 12. November 2021
Songwriter: Taylor Swift
Produzenten: Tony Berg, Aaron Dessner, Taylor Swift

Taylor Swift ist ein bekennender Fan der Musik von Joni Mitchell. Tatsächlich kauft sie 2012 während einer Australienreise einen Dulcimer aus den Appalachen, nur weil Mitchell das Instrument auf ihrem bahnbrechenden Album »Blue« aus dem Jahr 1971 gespielt hat. Natürlich braucht Taylor nicht lang, um ihre eigene Dulcimer-Magie zu erschaffen: Noch am Tag des Kaufs schreibt sie im Flugzeug von Sydney nach Perth einen Song mit dem Instrument: den indielastigen Track *Nothing New*. Er handelt davon, dass man »Angst vor dem Älterwerden hat, davor, dass Dinge sich ändern und man verliert, was man hat«. So schreibt sie in ihrem Tagebuch, nur wenige Zeilen, nachdem sie zugegeben hat, dass sie »viel über das Älterwerden [...] und darüber, wie alle meine Helden am Ende allein geblieben sind«[46] nachdenkt. *Taylor's Version* des Songs klingt dank des spärlichen Einsatzes von Cello und Geige und der sporadisch auftauchenden Klaviermelodie wie eine antike Rarität. Phoebe Bridgers steuert als Gast den Gesang bei und verleiht dem nachdenklichen Text mit ihrer samtigen, nach Weisheit klingenden Stimme eine besondere Note. Taylor sagt: »Ich wollte eine weitere weibliche Künstlerin dabeihaben, weil der Song eine eher weibliche Perspektive hat. Und [Phoebe Bridgers] Antwort war: ›Ich habe mein ganzes Leben lang auf diesen Text gewartet.‹«[47]

Babe

{ FROM THE VAULT } RED (TAYLOR'S VERSION)

Erschienen am: 12. November 2021
Songwriter: Pat Monahan, Taylor Swift
Produzenten: Jack Antonoff, Taylor Swift
Alternative Version: Sugarland-Version

Am Anfang ihrer Karriere hat Taylor Swift gelegentlich *Baby Girl* von dem Country-Duo Sugarland gecovert. Jahre später, als sich die Band nach einer längeren Trennung wieder zusammenfindet, revanchiert sich Taylor und bietet an, dass die Band einen ihrer Songs aufnimmt, und zwar einen herzzerreißenden Abschiedssong für einen Betrüger mit dem Titel *Babe*, den sie zusammen mit Pat Monahan von Train geschrieben hat. Sugarland nimmt das großzügige Angebot sofort an. Jennifer Nettles, die Sängerin von Sugarland, sagt: »Es gibt nur wenige Künstler, zu denen [Taylor Swift] gesagt hat: ›Hey, ich habe einen Song. Wollt Ihr den singen?‹ Also haben wir ›ja‹ gesagt.«[48] Ihre Version, an der auch Taylor als Backgroundsängerin mitwirkt, erreicht Platz 8 der *Billboard Hot Country Songs Charts*. Für die Veröffentlichung von »Red (Taylor's Version)« nimmt Taylor eine Solo-Version von *Babe* auf, die sich am Folk-Pop der 1970er-Jahre orientiert. Mit entspannten Bläsern, einem funky Vibe und fetzigen Gitarrenriffs wirkt diese Version wie eine liebevolle Hommage an zwei ihrer Vorbilder, Joni Mitchell und Carole King.

Message in a Bottle

{ **FROM THE VAULT** } **RED (TAYLOR'S VERSION)**

Erschienen am: 16. November 2021 (Single) / 12. November 2021 (Album)
Songwriter: Max Martin, Shellback, Taylor Swift
Produzenten: Elvira Anderfjärd, Shellback
Alternative Version: Taylor's Version (Fat Max G Remix)

Message in a Bottle wirkt eher wie ein Outtake von »1989« als von »Red«. Der erste Song, den Swift zusammen mit Max Martin und Shellback schreibt, ist ein verträumtes Stück Synthie-Pop, in dem es darum geht, dass man sich von jemandem, der weit weg lebt – in diesem Fall in London –, getrennt fühlt und erkennt, dass der einzige Weg, diese Person zu erreichen, eine Flaschenpost ist. Das ist riskant, aber Swift drückt trotzdem die Daumen, weil die möglichen Vorteile die Nachteile überwiegen.

I Bet You Think about Me
(featuring Chris Stapleton)

{ **SINGLE** }

Erschienen am: 15. November 2021 (Single) / 12. November 2021 (Album)
Songwriter: Lori McKenna, Taylor Swift
Produzenten: Aaron Dessner, Taylor Swift

Zwischen zwei ausverkauften Konzerten 2011 im Gillette Stadium in Foxboro nimmt sich Taylor Swift Zeit, um mit der von ihr bewunderten Songwriterin Lori McKenna *I Bet You Think about Me* zu schreiben. Ihr Ziel sei einfach gewesen, so Swift: »Wir wollten, dass dieser Song wie ein humorvoller, ironischer, witziger Trennungs-Song ist, bei dem es egal ist, was andere über einen denken.«[49] Mission erfüllt: Eine Walzer-Americana-Nummer mit Lap-Steel-Gitarre, Mundharmonika, Streichern und dem Gesang von Chris Stapleton, die den Ex-Partner frech verspottet und seine hochnäsige Art verhöhnt.

Forever Winter

{ **FROM THE VAULT** } **RED (TAYLOR'S VERSION)**

Erschienen am: 12. November 2021
Songwriter: Mark Foster, Taylor Swift
Produzenten: Jack Antonoff, Taylor Swift

Forever Winter hat Taylor Swift zusammen mit Mark Foster von Foster the People geschrieben. Der Song handelt von der Erkenntnis, dass jemand, der einem nahesteht, schon sehr lange Probleme hat. Taylor sagt: »Und du fühlst dich so schuldig, weil du es nicht eher bemerkt hast. Und du wünscht dir, du hättest öfter vorbeigeschaut.«[50] Trotz des frostigen Titels verwendet *Forever Winter* den warmen Sound von Bläsern, die einen bittersüßen Ton übermitteln und etwas Resignation hinzufügen.

Run (featuring Ed Sheeran)

{ FROM THE VAULT } RED (TAYLOR'S VERSION)

Erschienen am: 12. November 2021
Songwriter: Ed Sheeran, Taylor Swift
Produzenten: Aaron Dessner, Taylor Swift

Der Zeitpunkt, an dem Ed Sheeran und Taylor Swift Freunde geworden sind, steht exakt fest. 2021 erklärt Taylor: »Am ersten Tag, als wir uns kennenlernen, haben wir unseren ersten Song [*Run*] zusammen geschrieben.«[51] Die beiden legen die Messlatte hoch. Sie klingen, als würden sie schon seit Ewigkeiten zusammen singen, und das bei diesem beschwingten Akustik-Song, der von der Realitätsflucht des Verliebtseins handelt und davon, dass es einem egal ist, was andere sagen. Taylor sagt: »Man will einfach mit jemandem davonlaufen und all die kleinen Geheimnisse, die man mit dieser Person teilt, diese geheime Welt, die man zusammen erschaffen hat, für sich behalten.«[52] Ed Sheeran ist aufgeregt, als *Run* fertig ist. Er hat immer gedacht, der Song würde auf »Red« landen. Er mochte ihn sehr. Er sagt: »Ich wollte Taylor nie wirklich darauf ansprechen, weil es, weißt du, ihr Song und ihre Sache ist. Aber insgeheim habe ich immer gehofft, dass sie eines Tages sagen würde: ›Hey, der Song war cool.‹«[53]

Oben: Ed Sheeran tritt zusammen mit Taylor Swift auf und singt mit ihr *End Game* während ihres Auftritts beim 99.7 NOW! POPTOPIA-Konzert.

The Very First Night

{ FROM THE VAULT } RED (TAYLOR'S VERSION)

Erschienen am: 12. November 2021
Songwriter: Amund Bjørklund, Espen Lind, Taylor Swift
Produzenten: Tim Blacksmith, Danny D, Espionage

The Very First Night ist einer der einzigartigsten Songs in Taylor Swifts Katalog. Er kündigt die Synthesizer-orientierte Klangrichtung an, die sie auf »1989« einschlägt. In Zusammenarbeit mit dem Produktionsteam Espionage schreibt sie einen lebhaften, tanzbaren Song mit beschwingten Beats und quirligem Text, der an bessere Zeiten und eine besondere, gut funktionierende Liebesbeziehung erinnert. Thematisch passt *The Very First Night* gut auf »Red«, da es darum geht, »in Erinnerungen zu schwelgen«, wie Taylor sagt. Sie fügt hinzu: »Man erinnert sich zurück an etwas, das jetzt vorbei ist, und man denkt an die guten Zeiten zurück, und daran, wie mächtig die Erinnerung sein kann.«[54] Der Text bezieht sich auf intime Dinge wie eine Nachricht, die auf einem Polaroid-Foto hinterlassen wird, eine unvergessliche Nacht in Los Angeles und eine Tanzparty in der Küche – wodurch sich der Song wie ein Tagebucheintrag mit verschlüsselten Botschaften anfühlt, die nur der betreffende Ex erkennen kann.

All Too Well (10 Minute Version)

{ *SINGLE* }

Erschienen am: 12. November 2021 (Album) / 15. November 2021 (digitale Single)
Songwriter: Liz Rose, Taylor Swift
Produzenten: Jack Antonoff, Taylor Swift
Altvernative Versionen: Akustische Live-Version, Sad Girl Autumn, The Short Film

Als Taylor Swift 2012 *All Too Well* auf ihrem Album »Red« veröffentlicht, gibt sie zu: »[Der Song] war emotional am schwierigsten zu schreiben, weil ich lange gebraucht habe, um alles, was ich in den Song packen wollte, zu filtern.« Mit einem leichten Lachen fügt sie hinzu: »*All Too Well* war eigentlich ursprünglich ein zehnminütiger Song, und den kann man nicht auf ein Album packen.«[55]

Taylor ahnt nicht, welch epische Geschichte die Zukunft bereithält. Weniger als zehn Jahre später veröffentlicht sie nicht nur eine längere Version von *All Too Well* auf dem Album »Red (Taylor's Version)« – diese Version wird auch noch für den Grammy in der Kategorie »Song des Jahres« nominiert und ist der längste Song, der jemals die Nummer 1 der *Billboard Hot 100* erreicht hat. Taylor führt auch Regie bei einem Musikvideo zu dem Song, das den Titel *All Too Well: The Short Film* trägt und in dem Sadie Sink und Dylan O'Brien die Hauptrollen spielen. Das Video wird mit einem Grammy Award für das beste Musikvideo ausgezeichnet. Und die längere Version ist bei fast jedem großen Swifties-Treffen zu einem kathartischen Mitsing-Song geworden – einschließlich der Shows der »Eras-Tour« und der vielen Taylor-DJ-Nächte in verschiedenen Veranstaltungsorten auf der ganzen Welt.

Warum ist *All Too Well (10 Minute Version)* also typisch für Taylor? Zunächst einmal ist der Song schonungslos, da er den gesamten Lebenszyklus einer Beziehung nachzeichnet. Eine glückliche Zeit voller idyllischer Momente wird plötzlich getrübt, als Taylor erkennt, dass ihr Partner sie nicht liebt und sie nicht respektvoll behandelt. In Anspielung auf *The Moment I Knew* bezieht sich der Songtext sogar auf den schrecklichen 21. Geburtstag, an dem Taylors Freund nicht auftaucht. Der Text ist außerdem voller aufschlussreicher Details, die auch bei Fans beliebt sind – darunter ein Schlüsselanhänger mit der Aufschrift »F–– the patriarchy« und ein Schal, den sie nach der Trennung nie zurückbekommen hat. Vor allem aber beschönigt Taylor ihren Herzschmerz nicht und versucht nicht, tapfer das Positive zu sehen. Sie lässt die guten Zeiten Revue passieren, aber sie lässt auch ihrer Wut, Traurigkeit und Trauer freien Lauf.

Taylor Swift hat nie verraten, um wen es in *All Too Well* geht, obwohl der Song vermutlich von ihrer Beziehung (und der anschließenden Trennung) mit dem Schauspieler Jake Gyllenhaal im Jahr 2010 inspiriert worden ist. Die zusätzlichen Details in der zehnminütigen Version scheinen diese Vermutung zu stützen. Unter anderem wird im Liedtext erwähnt, dass das Paar Schwierigkeiten hatte, einen erheblichen Altersunterschied zu überwinden. Zu seiner Verteidigung muss gesagt werden, dass Gyllenhaal sich nie direkt zu seiner angeblichen Rolle in *All Too Well* geäußert hat, obwohl er durchaus reagiert hat, als ein Interviewer die erweiterte Version des Songs erwähnt. Er sagt: »Das hat nichts mit mir zu tun. Es geht um ihre Beziehung zu ihren Fans. Es ist ihre Art sich auszudrücken. Künstler lassen sich von persönlichen Erfahrungen inspirieren, und ich gönne das jedem.«[56]

Linke Seite: Taylor Swift präsentiert sich bei der Premiere von *All Too Well: The Short Film* am 12. November 2021 in New York City in einem dunklen, pflaumenfarbenen Etro-Samtanzug.

Ronan

{ *SINGLE* }

Erschienen am: 8. September 2012
Songwriter: Taylor Swift, Maya Thompson
Produzent: Taylor Swift
Alternative Version: Taylor's Version

Taylor Swift hat viele traurige Songs geschrieben, doch keiner ist mit *Ronan* vergleichbar, einem ergreifenden Akustik-Song, der aus der Perspektive einer trauernden Mutter geschrieben worden ist, die mit dem Tod ihres vierjährigen Sohnes konfrontiert wird. Der Song verwendet geschickt Bilder aus seinem jungen Leben – das Spielen mit Plastik-Dinosauriern, sein Lachen, das Geräusch seiner barfüßigen Schritte –, damit sein Leben nie in Vergessenheit gerät. *Ronan* erzählt eine wahre Geschichte, die auf einem Blogbeitrag auf der Webseite *Rockstar Ronan* basiert und von Maya Thompson stammt. Als begeisterte Leserin dieses Blogs ist Taylor so berührt von Thompsons Beiträgen, dass sie sich persönlich an Maya wendet, um ihr mitzuteilen, dass sie diesen Song geschrieben habe, und um ihr zu sagen, wie ergriffen sie sei. Jahre später schreibt Taylor an Maya einen Brief und bittet sie um die Erlaubnis, *Ronan* auf »Red (Taylor's Version)« veröffentlichen zu dürfen: »›Red‹ war ein Album über Herzschmerz und Heilung, Wut und Grausamkeit, Tragödie und Trauma und den Verlust einer erträumten Zukunft an der Seite eines geliebten Menschen. Ich habe *Ronan* geschrieben, als ich gerade ›Red‹ produziert habe, und ich hatte deine Geschichte entdeckt, die du so ehrlich und erschütternd erzählt hast.«[57] Taylor hat *Ronan* bisher nur zweimal live gespielt: 2012 bei der Wohltätigkeitssendung *Stand Up to Cancer* und bei einem Konzert in Glendale, Arizona, auf der »1989 Tour«, bei dem Thompson anwesend gewesen ist.

Eyes Open

{ *SINGLE* }

Erschienen am: 27. März 2012 (Single) / 20. März 2012 (Soundtrack Album)
Songwriter: Taylor Swift
Produzenten: Nathan Chapman, Taylor Swift
Alternative Version: Taylor's Version

Die *Tribute von Panem* haben Taylor Swift zu *Eyes Open* inspiriert, mit dem sie eine ganz andere, rockige Seite von sich zeigt. Die rockigen Gitarren und treibenden Grooves des Songs würden auch auf einem Album der Space-Rock-Bands Hum oder Failure nicht fehl am Platz wirken. Die soundmäßige Abkehr vom Üblichen hat Taylor beabsichtigt, da sie den Song eher als »Darstellung der Beziehung der [Hauptfigur] Katniss [Everdeen] zum Kapitol« konzipiert hat, das als Machtzentrum (neben anderen Dingen) die Hungerspiele ausrichtet. Sie erklärt: »Sie weiß, dass sie niemandem in der Regierung trauen kann, und deshalb wollte ich, dass der Song hektischer klingt, so als würde man gejagt oder sei auf der Flucht.«[58] Der Song spricht über die Notwendigkeit, selbstbewusst und wachsam zu sein (in anderen Worten, die Augen offen zu halten) angesichts von Feinden und anderen Herausforderungen. Bemerkenswert ist, dass *Eyes Open* dank Taylors Gesang, der Widerstand und Stärke ausstrahlt, eher optimistisch als bedrohlich ist.

Safe and Sound (with Civil Wars)

{ ***PROMO-SINGLE*** }

Erschienen am: 26. Dezember 2011 (Promo-Single) / 20. März 2012 (Soundtrack Album)
Songwriter: T-Bone Burnett, Taylor Swift, John Paul White, Joy Williams
Produzent: T-Bone Burnett
Alternative Version: Taylor's Version

Taylor Swift kennt sich mit dem Songwriting über starke Frauen ein wenig aus, was sie zur idealen Co-Autorin für *Safe and Sound* macht. Der Song ist aus der Perspektive der Hauptfigur aus *Die Tribute von Panem*, Katniss Everdeen, geschrieben worden. Taylor beschreibt: »Sich in ihre Gedanken zu versetzen war eine wunderbare Abwechslung. Aus der Perspektive eines anderen zu schreiben war fast wie Urlaub.«[59] Sie fügt hinzu: »[Der schonungslose Folk-Hit] repräsentiert das Mitgefühl und die Anteilnahme, die Katniss für verschiedene Charaktere empfindet.«[60] Das ist keine leichte Aufgabe angesichts der turbulenten Welt, in der die Heldin lebt. *Safe and Sound* erhält einen Grammy Award für den besten Song aus visuellen Medien. Er entsteht in nur zwei Stunden während einer Session im Heimstudio des Produzenten T-Bone Burnett. John Paul White und Joy Williams, die damals als Americana-Duo unter dem Namen The Civil Wars aufnehmen, fügen ergreifende Harmonien hinzu. Das Ergebnis ist ein Song, der wie ein klassischer Country-Blues-Song wirkt, der über Generationen wie eine historische Überlieferung weitergegeben worden ist.

Oben: Taylor Swift singt 2012 eine herzzerreißende Version von *Ronan* bei der Benefizveranstaltung *Stand Up to Cancer*.

05

DIE 1989-ÄRA

Die Musik von Taylor Swift entwickelt sich in den Jahren zwischen »Red« und »1989« stark weiter. Sie sagt: »Ich wachte jeden Tag auf und wollte, nein, musste, einen neuen Musikstil kreieren. Dieses Album ist eine Wiedergeburt für mich.«[1] Beeinflusst von der innovativen Popmusik der späten 1980er-Jahre – in einem Interview nennt sie Madonnas *Like a Prayer* und *She Drives Me Crazy* von den Fine Young Cannibals ihren Maßstab[2] – verkauft sich das Album in der ersten Woche fast 1,3 Millionen Mal und bringt Taylor ihren zweiten Grammy für das Album des Jahres ein, zusätzlich zu einer Auszeichnung für das beste Pop-Gesangsalbum.

Welcome to New York

{ **PROMO-SINGLE** }

Erschienen am: 20. Oktober 2014 (Download) / 27. Oktober 2014 (Album)
Songwriter: Taylor Swift, Ryan Tedder
Produzenten: Taylor Swift, Ryan Tedder, Noel Zancanella
Alternative Version: Taylor's Version

Taylor Swift wählt die Songs, mit denen sie ihre Alben eröffnet, immer sehr bewusst aus, da sie diese Titel oft als musikalische Leitmotive betrachtet.

Der Titel *Welcome to New York* ist als Opener gut gewählt. Taylor Swift erfüllt sich einen lang gehegten Wunsch und zieht im Frühjahr 2014 in den Big Apple. Sie kauft für 19,9 Millionen US-Dollar ein Penthouse in Tribeca und schöpft kreative Energie aus der »elektrischen Stadt«, wie sie sagt. Sie erklärt: »Die Inspiration, die ich in dieser Stadt gefunden habe, ist schwer zu beschreiben und schwer mit einer anderen Inspirationskraft zu vergleichen, die ich je in meinem Leben erfahren habe.«[3] Deshalb unterscheidet sich auch der schwungvolle Song *Welcome to New York* von anderen Swift-Songs. Der prickelnde Synthie-Pop-Song mit knackigen digitalen Beats und Keyboards im 1980er-Jahre-Stil kommt mit einer Produktion daher, die wie eine kühle Brise wirkt. Im Text vermittelt Taylor das Gefühl, dass in New York City alles möglich ist – und auch passiert –, ob man nun nach einer persönlichen Neuerfindung oder nach einem Motivationsschub sucht. Jeder kann seinen Platz in der Stadt, die niemals schläft, finden. Über die Stadt sagt Taylor: »Ich ging mit so viel Optimismus an den Umzug heran und sah es als einen Ort mit unendlichem Potenzial und Möglichkeiten. Das hört man auch in dieser Musik und besonders in dem ersten Song.«[4]

Blank Space

{ SINGLE }

Erschienen am: 10. November 2014 (Single) / 27. Oktober 2014 (Album)
Songwriter: Max Martin, Shellback, Taylor Swift
Produzenten: Max Martin, Shellback
Alternative Version: Taylor's Version

***Blank Space* ist ein eisiger Elektropop-Song mit Sprechgesang und Beats, die wie eine Standuhr klingen und nachhallen. Taylor sagt: »*Blank Space* ist einer der wenigen Songs, die von Anfang an als Scherz gedacht waren.«[5]**

Taylor schreibt den Text über die Fülle an oftmals urkomisch und falschen Beschreibungen ihres Privatlebens und ihrer öffentlichen Beziehungen. Es geht auch darum, dass sie eine »Serien-Daterin ist, die mit jedem ihrer Freunde durch die Welt jettet«. Jedoch bleibt keiner ihrer Partner je bei ihr, weil Taylor zu viele Charakterschwächen hat. Sie fährt fort: »Dann wird ihr das Herz gebrochen, weil sie verlassen und sitzengelassen wird. Also zieht sie sich zurück und schreibt Songs darüber, um sich zu rächen. Ich begann darüber nachzudenken, wie interessant diese Figur ist. Wenn sie eine echte Person wäre, die all diese Eigenschaften und Attribute hätte, welchen Song würde sie dann schreiben?«[6] Das Ergebnis ist *Blank Space*, ein verspielter Song aus der Perspektive einer übertrieben teuflischen Version von Taylor Swift – einer gerissenen Verführerin, die emotional ein Desaster ist und nur darauf aus ist, ihre Liste der Eroberungen zu erweitern, die alle unweigerlich schlecht enden werden. *Blank Space* wird in drei Kategorien für den Grammy nominiert, unter anderem als Album des Jahres und Song des Jahres. Es wird ihre dritte Nummer 1 in den *Billboard Hot 100*, wo der Song sieben Wochen lang an der Spitze steht.

Linke Seite: Taylor Swift ist auf dem besten Weg, ein Popstar zu werden, als sie 2014 an der Verleihung der *Academy of Country Music Awards* teilnimmt. Sie gewinnt mit Tim McGraws Song *Highway Don't Care* den Preis für das Video des Jahres.

Rechts: Taylor Swift spielt 2014 auf dem *Jingle Ball* von KIIS FM ein kurzes Set, das *Blank Space* und *Shake It Off* enthält.

Style

{ SINGLE }

Erschienen am: 9. Februar 2015 (Single) / 27. Oktober 2014 (Album)
Songwriter: Max Martin, Ali Payami, Shellback, Taylor Swift
Produzenten: Max Martin, Ali Payami, Shellback
Alternative Version: Taylor's Version

***Shake It Off* und *Style* sind die letzten beiden Songs, die Taylor Swift nach eigener Aussage für »1989« geschrieben hat. Als sie den zweiten fertiggestellt hat, spürt sie, dass das Album fertig ist. Sie sagt: »Es gab noch eine große Lücke, und dieser Song füllte sie aus.«**[7]

Und das Beste kommt bekanntlich zum Schluss. *Style* ist einer der beliebtesten Songs von Taylor und ein Top-10-Hit der *Billboard Hot 100*. Er hat eine entspannte Disco-Funk-Atmosphäre und eine Produktion, die das Gefühl vermittelt, mit einem Cabrio über die Autobahn zu rasen. Taylor sagt: »Ich liebe es, wenn der Sound eines Songs mit dem Gefühl übereinstimmt, das mich zu ihm inspiriert hat. Und dieser Song erinnert mich einfach daran, mit dem Auto durch die Nacht zu fahren.«[8]

Der Gitarrist Niklas Ljungfelt und der Co-Autor und -Produzent Ali Payami schreiben die Musik für den späteren Song *Style* zunächst allein. Ljungfelt sagt: »Ich habe die Gitarre eingespielt, bevor es ein Taylor-Song wurde. Es war ein Instrumentalstück. Ich hatte keine Ahnung, dass Taylor dazu singen würde. Die Inspiration kam von Daft Punk und funkiger elektronischer Musik.«[9] Ljungfelt fügt hinzu: »[Als Payami diese Musik dem Co-Autor und Co-Produzenten Max Martin vorspielte,] hörte Taylor sie zufällig und war begeistert.«[10] Dann kam der Text, und Taylor sagt: »Er handelt von einer dieser Beziehungen, die immer ein bisschen daneben sind.«[11] Die Strophen beschreiben zwei Menschen, die ein geheimes nächtliches Rendezvous haben, und dies zum ersten Mal seit einer Weile. Die Erzählerin gibt zu, dass es entweder eine großartige Idee sein oder aber auch böse enden könnte. Letzteres scheint wahrscheinlicher, da sie ihrem Partner erzählt, dass sie ihn mit jemand anderem gesehen hat. Seine Antwort darauf lautet, dass er nicht aufhören kann, an die Erzählerin zu denken – worauf sie meint, sie habe das schon oft gehört.

Taylor sagt: »Der Song handelt von diesen Beziehungen, die nie wirklich vorbei sind. Es gibt immer diese eine Person, die auf deiner Hochzeit auftauchen könnte und sagt ›Mach das nicht, das mit uns ist noch nicht vorbei.‹ Ich denke, jeder kennt diese eine Person, die immer im Leben herumschwirrt, und die Geschichte [mit dieser Person] ist irgendwie nie wirklich vorbei.«[12] Brillant vergleicht Swift diese On-/Off-Beziehung mit »Trends in der Mode und Dingen, die man in der Popkultur sieht und die nie wirklich aus der Mode kommen«[13], was zu einem explosiven Refrain führt. Auf einem Elektro-Groove, der einem Gang über den Laufsteg gleicht, mischt Taylor Anspielungen auf zeitlose Modeklassiker (James Dean, roter Lippenstift, weißes T-Shirt, figurbetonter Rock) mit der Erkenntnis, dass diese unglückselige Beziehung irgendwie immer wieder auflebt.

In Interviews gibt Taylor Swift zu, dass der Song aus ihrem eigenen Leben stammt, nennt aber nicht die Person, die nie aus der Mode kommt. Sie erklärt: »Der Song spricht für sich selbst. Wie der Song klingt und sich anfühlt, das ist alles, was die Leute über die Geschichte wissen müssen.«[14]

Links: Taylor Swift zeigt 2014 bei ihrem Auftritt auf dem *iHeartRadio Jingle Ball* eins ihrer legendären Bühnen-Outfits.

Out of the Woods

{ SINGLE }

Erschienen am: 14. Oktober 2014 (Download) / 19. Januar 2016 (Single) / 27. Oktober 2014 (Album)
Songwriter: Jack Antonoff, Taylor Swift
Produzenten: Jack Antonoff, Taylor Swift
Alternative Version: Taylor's Version

Es gibt nicht nur eine richtige Art, einen Song zu schreiben. Manche Autoren brauchen Musik, um sich inspirieren zu lassen, anderen fallen Text und Musik gleichzeitig ein, wieder andere nehmen Demos auf und bauen diese später zu Songs aus.

Als Taylor ihre Zusammenarbeit mit Jack Antonoff, einem Produzenten und Songwriter, der seit seiner Jugend in Bands gespielt hat, aufnimmt, erweitert sie ihre Arbeitsmethoden und beginnt, zu seiner Musik Texte zu schreiben. Sie sagt: »Jack hat eine sehr emotionale Herangehensweise, wenn er einen Track kreiert. Ich kann diese Emotion irgendwie lesen, sobald ich sie höre, und wir arbeiten auf diese Weise sehr gut zusammen.«[15]

Nachdem Antonoff ihr die Musik für *Out of the Woods* geschickt hat, die er mit Synthesizern wie dem Yamaha DX7 und dem Minimoog Voyager komponiert hat, weiß Taylor genau, wie sie damit umgehen muss. Sie erinnert sich: »Tatsächlich war ich gerade im Flugzeug. Und ich habe einfach nur zugehört und Melodien vor mich hin gesummt, weil mir der ganze Song sofort eingefallen ist.«[16] Innerhalb einer Stunde schreibt Taylor einen Text zu der Melodie und schickt ihm den Song zurück. Das Ergebnis ist *Out of the Woods*, das wie ein klassischer *MTV*-Hit aus den 1980er-Jahren klingt: Nachhallende Beats prallen wie Basketbälle auf einem Platz ab und bilden die Grundlage für gedoppelte Vocals und übereinander gelagerte, lebhafte Keyboards.

Im Gegensatz zum einfachen Schreibprozess verläuft die Beziehung, auf der Taylor *Out of the Woods* aufbaut, nicht so reibungslos. Sie sagt: »Jeder Tag war ein Kampf. Wir haben keine Pläne für unser Leben gemacht – wir haben nur versucht, es bis zur nächsten Woche zu schaffen.«[17] Das bedeutet nicht, dass es keine Glücksmomente gegeben hat. Der Songtext verweist auf private Momente wie eine spontane Tanzparty und Polaroidfotos, die ihre Freude zeigen. Taylor sagt: »Diese positive Seite zu zeigen war wichtig. Auch wenn eine Beziehung zerbrechlich und voller Ängste ist, bedeutet das nicht, dass sie nicht wertvoll, aufregend, schön und all das ist, was wir suchen.«[18]

Die Bridge von *Out of the Woods* erwähnt einen Schneemobilunfall, der sich ereignet hat, nachdem ein Ex-Freund von Taylor versehentlich auf die Bremse des Fahrzeugs getreten ist und einen Totalschaden verursacht hat, der zu einem Krankenhausaufenthalt und 20 Stichen geführt hat.

Swift weist darauf hin, dass dieser Vorfall auch als Metapher für das vorzeitige Ende der Beziehung dient: »Dieser Song spricht eine große Beklemmung an, die irgendwie in dieser besonderen Beziehung beheimatet war, weil wir wirklich die Gier jeder einzelnen Person in den Medien spürten, die dachte, sie könnte unsere Geschichte erzählen, darüber diskutieren und spekulieren.«[19]

Viele haben vermutet, dass es in *Out of the Woods* um Taylor Swifts Beziehung zu Harry Styles geht. Als Styles gefragt wird, ob es *Out of the Woods* (und *Style* im Übrigen) von ihm handelt, ist er sehr zurückhaltend. Er sagt: »Ich meine, ich weiß nicht, ob es um mich geht oder nicht, aber das Problem ist, dass sie so gut ist, dass man sie überall hört. Ich schreibe über meine Erfahrungen; das macht jeder. Ich bin glücklich, wenn alles, [was wir durchgemacht haben,] dazu beigetragen hat, diese Songs zu schreiben. Das berührt mein Herz.«[20]

Oben: Jack Antonoff und Taylor Swift, die 2012 bei den *MTV Europe Music Awards* zusammen auftreten, arbeiten schon einige Zeit musikalisch zusammen.

All You Had to Do Was Stay

{ *ALBUMTRACK* }

Erschienen am: 27. Oktober 2014
Songwriter: Max Martin, Taylor Swift
Produzenten: Mattman & Robin, Max Martin, Shellback
Alternative Version: Taylor's Version

Wir alle haben Albträume, etwa eine nicht vorbereitete Abschlussprüfung am College oder dass man das Haus verlässt, ohne dass man etwas angezogen hat. Eines Nachts hat Taylor einen beunruhigenden Traum, der von etwas Realem inspiriert ist. Sie erzählt: »Ich habe versucht, mit jemandem zu sprechen. Derjenige war zu dem Zeitpunkt wichtig für mich. Aber aus meinem Mund kam statt normaler Worte nur dieses hohe, kreischende ›Stay‹.«

Taylor fährt fort: »Ganz gleich, was ich versucht habe zu sagen, das war der einzige Sound, der aus meinem Mund kam.«[21] Als Taylor aufwacht, fühlt sie sich »unglaublich seltsam« und beschließt, einen Song darüber zu schreiben.[22]

Zufälligerweise arbeitet sie zu diesem Zeitpunkt bereits an dem Song *All You Had to Do Was Stay* – und der Schrei ist genau das Element, das ihr noch fehlt, um den Song zu vollenden. Der etwas dramatische Elektro-Pop-Song ist klanglich und thematisch eng mit *We Are Never Ever Getting Back Together* verwandt. Die Erzählerin versucht, über einen Ex hinwegzukommen, der wieder mit ihr zusammenkommen will. Das ist nicht wahrscheinlich, schließlich hat der Ex die Beziehung beendet. Es stellt sich heraus, dass Taylors Bitte zu bleiben kompliziert ist. Der Song steckt voller Trauer, verletzter Gefühle, Sehnsucht – und vielleicht sogar etwas Wehmut darüber, was hätte sein können.

Oben: Taylor Swift schwingt im Musikvideo zu *Blank Space* einen Golfschläger wie eine Waffe – und wiederholt diesen Schwung sowohl auf der »World Tour 1989« (hier zu sehen) als auch auf der »Eras-Tour«.

Rechte Seite: Wenn Ihnen Taylor Swifts Outfit mit den Fransen bei den *MTV Video Music Awards 2014* bekannt vorkommt, dann liegt das daran, dass sie im »1989«-Abschnitt der »Eras-Tour« einen ähnlichen Look getragen hat.

Shake It Off

{ SINGLE }

Erschienen am: 19. August 2014 (Single) / 27. Oktober 2014 (Album)
Songwriter: Max Martin, Shellback, Taylor Swift
Produzenten: Max Martin, Shellback
Alternative Version: Taylor's Version

Taylors zweiter Nummer-1-Pop-Hit heißt *Shake It Off* – und wie der Titel schon sagt, geht es darum, Idioten und Hasser zu ignorieren und sein Leben so gut es geht zu leben, ohne sich um andere zu kümmern. Taylor erklärt: »Jeder Teil meines Lebens wurde seziert – meine Entscheidungen, meine Handlungen, meine Worte, mein Körper, mein Stil, meine Musik. Wenn man sein Leben ständig unter dieser Art von Beobachtung lebt, kann man entweder daran zerbrechen oder man kann richtig gut darin werden, Tiefschlägen auszuweichen. Landet jemand aber einen Treffer, lernst du für die Zukunft dazu.«[23]

Wie hat sie auf diese Schläge reagiert? Sie »schüttelt sie ab«, natürlich! Das Songwriting von *Shake It Off* vergleicht Taylor mit dem von *Mean* aus dem Jahr 2010. Sie merkt aber an, dass sie inzwischen dank ihrer Erfahrungen eine reifere Sichtweise habe. Sie sagt: »[Bei *Mean*] habe ich noch gefragt: ›Warum musst du so gemein sein?‹ Das ist die Perspektive eines Opfers, und so gehen wir mit Mobbing oder Gerüchten um, wenn es uns zum ersten Mal passiert. Aber in den letzten Jahren bin ich besser darin geworden, Dinge, die absolut keinen Einfluss auf mein echtes Leben haben, einfach wegzulachen.«[24]

Den Text hat Taylor bereits zusammengestellt, doch nicht die Musik. Als sie ins Studio geht, hat sie noch keine Melodie, nur über den »Vibe«, den sie will, ist sie sich im Klaren. Sie erklärt: »In der Sekunde, in der der Song beginnt, möchte ich, dass es wie bei einer Hochzeit ist – und da ist dieses eine Mädchen, das den ganzen Abend auf dem Empfang noch nicht getanzt hat – und all ihre Freunde kommen zu ihr und sagen: ›Du musst tanzen! Komm schon! Zu diesem Song musst du tanzen!‹«[25]

Gemeinsam mit Max Martin und Shellback erweckt Taylor ihre Vision schließlich zum Leben und schreibt einen ihrer bisher fröhlichsten Songs. Es gibt eine Bridge, die sich wie ein Singsang anhört, den man beim Seilspringen oder bei einem anderen Spiel auf dem Spielplatz singen würde. Diese wird ergänzt mit frechen Anspielungen auf Ex-Partner und einen Mann mit toller Frisur. Während des gesamten Stücks ist ein Sound zu hören, den Shellback und Taylor durch das gemeinsame Stampfen auf den Holzboden erzeugen. Außerdem verwendet Martin ein Mellotron, um einen Bläsersound zu erzeugen, der nach einer erneuten Aufnahme mit echten Saxofonen und anderen Bläsern zu einem wichtigen Bestandteil der Musik wird. Bisher hat Taylor sich immer gegen dieses Element gewehrt. Letztendlich stellt *Shake It Off* für Taylor aber einen Neuanfang dar – und so soll es auch bleiben. Sie sagt: »Ich weiß ganz genau, was jeder einzelne über mich sagt, und zwar ganz genau. Und der Unterschied zwischen jetzt und vor drei Jahren ist, dass es mir inzwischen egal ist. Und das Leben ist viel schöner so.«[26]

I Wish You Would

{ ALBUMTRACK }

Erschienen am: 27. Oktober 2014
Songwriter: Jack Antonoff, Taylor Swift
Produzenten: Jack Antonoff, Greg Kurstin, Max Martin, Taylor Swift
Alternative Version: Taylor's Version

Taylor Swift sagt, dass *I Wish You Would* der erste Song gewesen sei, den sie und Jack Antonoff zusammen geschrieben hätten. Der Synthie-Pop-Song klingt wie der Soundtrack zum Abspann eines epischen Films. Taylor erinnert sich: »Wir haben gechillt, und er zog sein Handy raus und meinte: ›Ich habe letztens diesen tollen Song gemacht. Er ist so cool, ich liebe diesen Gitarren-Sound.‹«[27]

Als sie die Musik hört, hat sie sofort eine Idee: »Ich konnte den fertigen Song in meinem Kopf hören und sagte einfach: ›Bitte, bitte, kann ich das haben? Lass mich damit herumspielen – schick mir das bitte.‹«[28] Taylor Swift ist zu dieser Zeit auf Tour und singt schließlich in das Mikro ihres Handys. Aber Antonoff und sie haben Großes vor. Taylor meint: »Wir wollten eine Art visuelle Umsetzung eines John-Hughes-Films mit einer Portion Sehnsucht schaffen, sodass der Song diese dramatische Liebe, die nie wirklich so ist, wie sie sein sollte, und die Anspannung, die dadurch entsteht, beschreibt.«

Daher ist der Song teilweise aus der Perspektive eines liebeskranken Manns geschrieben, der mitten in der Nacht am Haus seiner Ex-Freundin vorbeikommt. Er denkt, sie hasst ihn, aber sie liebt ihn immer noch.[30] Geschickt werden auch andere Teile des Songs aus der Sicht der Ex-Freundin erzählt – und aus ihrer Sicht wird deutlich, wie sehr auch sie das Ende der Beziehung bedauert. Es ist nie klar, ob sich die Wege des Paares jemals wieder kreuzen oder ob ihre Sehnsucht unerfüllt bleibt, obwohl Letzteres leider das wahrscheinlichste Szenario ist.

Linke Seite: Bei den *iHeartRadio Music Awards 2015* schnallt sich Taylor Swift eine Gitarre um und begleitet Madonna, als die Pop-Ikone ihren Song *Ghosttown* singt.

Rechts: Taylor Swift tritt 2014 beim *iHeartRadio Music Festival* in Las Vegas auf.

Bad Blood

{ SINGLE }

Erschienen am: 17. Mai 2015 (Single) / 27. Oktober 2014 (Single)
Songwriter: Max Martin, Shellback, Taylor Swift
Produzenten: Max Martin, Shellback
Alternative Abmischungen: Kendrick Lamar Remix, Taylor's Version, Taylor's Version featuring Kendrick Lamar

Neben *Shake It Off* ist *Bad Blood* der wohl eingängigste Song auf dem Album »1989«. Er erreicht Platz 1 der *Billboard Hot 100*. Musikalisch ist die Originalversion des rachsüchtigen Songs ein echter Ohrwurm mit einem Fundament aus Start-Stopp-Rhythmen und einem Refrain, der sich wie ein Cheerleader-Gesang wiederholt. In einem Remix, in dem Kendrick Lamar gefeatured wird, dienen der Refrain und Taylor Swifts gewaltiger Pre-Refrain-Gesang als unschlagbare Hookline.

Dank der Songs, die Taylor zu Beginn ihrer Karriere schreibt, gehen viele Menschen davon aus, dass ihr Repertoire ausschließlich aus Boshaftigkeiten über ihre Ex-Partner besteht. Wer ein wenig genauer zuhört, weiß, dass das nicht wahr ist, und im Fall von *Bad Blood* hat Taylor mehr als deutlich gemacht, dass sie den Song (und den Text über die Unfähigkeit, Schusswunden zu verbinden) nicht über jemanden geschrieben hat, mit dem sie früher zusammen gewesen ist. Sie sagt: »Ich weiß, dass die Leute daraus eine große Zickenschlacht machen werden, aber ich möchte nur, dass die Leute wissen, dass es nicht um einen Kerl geht. Man will doch niemanden, mit dem man mal zusammen war, schlecht machen und den Eindruck erwecken, man würde ihn hassen, wenn das nicht der Fall ist.«[31]

Stattdessen handelt *Bad Blood* von einer Musikerkollegin, die nur vorgibt, eine Freundin zu sein – jedenfalls betrachtet Taylor sie mit Argwohn. Taylor erzählt: »Bei Preisverleihungen kam sie oft zu mir, hat etwas zu mir gesagt und ging dann wieder. Danach dachte ich immer: ›Sind wir jetzt Freunde oder hat sie mich gerade auf das Übelste beleidigt?‹«[32] Schließlich soll die andere Künstlerin ziemlich deutlich gemacht haben, wie die Dinge stehen. Taylor erzählt: »Sie hat etwas so Schreckliches gemacht. Mir wurde klar: ›Ok, wir sind echte Feinde.‹« Es geht auch um geschäftliche Dinge, und Taylor fügt hinzu: »Sie hat im Grunde versucht, meine gesamte Stadien-Tour zu sabotieren. Sie hat versucht, ein paar Leute, die für mich arbeiteten, abzuwerben.«[33]

Obwohl Taylor nicht verrät, über wen sie den Song geschrieben hat, vermuten viele, dass es sich um Katy Perry handelt, die die Feindschaft Jahre später in einem Gespräch mit James Corden in der Sendung *Carpool Karaoke* bestätigt. Perry meint: »Ehrlich gesagt, hat sie damit angefangen, und jetzt ist es an der

Oben: Katy Perry und Taylor Swift stehen 2008 noch am Anfang ihrer Karrieren, als sie sich auf dem roten Teppich der *MTV Video Music Awards* unterhalten.
Rechte Seite: Taylor Swift tritt auf der »1989 World Tour« im Greensboro Coliseum in Greensboro, North Carolina, auf.

Zeit, dass sie auch damit aufhört.«[34] Dann erläutert sie ihre Sicht in Bezug auf die Situation mit den Background-Tänzern. (Es hat wohl Meinungsverschiedenheiten über Vertragsbedingungen und Exklusivität gegeben.) Allerdings sagt Katy auch, sie sei offen dafür, wenn Taylor die Wogen glätten wolle: »Ich will damit sagen, dass ich bereit bin, dass dieser Mist aufhört. Ich persönlich denke, dass Frauen gemeinsam und nicht gegeneinander die Welt verbessern können.« Es dauert zwar ein paar Jahre, aber die Frauen verstehen sich wieder gut – so gut, dass Katy Perry sogar im Video zu Taylor Swifts *You Need to Calm Down* auftritt.

Wildest Dreams

{ SINGLE }

Erschienen am: 31. August 2015 (Single) / 27. Oktober 2014 (Album)
Songwriter: Max Martin, Shellback, Taylor Swift
Produzenten: Max Martin, Shellback
Alternative Versionen: R3hab Remix, Taylor's Version

Als Taylor Swift ihr Album »1989« aufnimmt, lässt sie sich von der Musik zweier bedeutender Künstler inspirieren: dem britischen Prog-Rocker und Pop-Innovator Peter Gabriel und der kraftvollen Sängerin der Eurythmics Annie Lennox.

Besonders Annie Lennox prägt Taylor nachhaltig. Sie sagt: »Die Art und Weise, wie sie einen Gedanken vermittelt, hat etwas sehr Intensives, und ich denke, das ist etwas, das ich immer anstreben werde.«[35] Gabriels Musik hinterlässt ebenfalls einen großen Eindruck. Taylor sagt: »Was er in den 1980ern gemacht hat, war seiner Zeit so weit voraus, weil er mit vielen Synthie-Pop-Sounds gespielt hat, und dabei eher eine Atmosphäre hinter dem, was er gesungen hat, geschaffen hat, als einen produzierten Track. Es war schon erstaunlich, wie er das geschafft hat.«[36]

Die Musik, die Gabriel mit dem Produzenten und Sounddesigner Daniel Lanois gemacht hat – insbesondere das atmosphärische, für einen Grammy nominierte Album »So« aus dem Jahr 1986 – hat einen großen Einfluss auf die Musik des Titels *Wildest Dreams*, der Platz 5 der *Billboard Hot 100* erreicht. Dröhnende Keyboards breiten sich wie dichter Nebel aus und umhüllen seufzende Vocals und verschneite Percussion-Klänge. Ein konstantes Rhythmus-Pattern, das ein Sample von Taylors eigenem Herzschlag ist, ergänzt die wellenförmigen Keyboard-Klänge, die an EKG-Testergebnisse erinnern.

Swift sagt, dass der Text von *Wildest Dreams* ihre neue Sichtweise auf Liebe und Beziehungen widerspiegelt – eine Sichtweise, die pragmatisch ist und die Vorstellung ablehnt, dass jede Romanze ein Happy End hat. Sie erklärt: »Im Lauf der Jahre, wenn man mehr Erfahrung gesammelt hat und ein paar Mal enttäuscht wurde, fängt man an, die Dinge realistischer zu betrachten. Es ist nicht so, dass man jemanden braucht und das war's dann. Wenn man sich gegenseitig mag, dann ist es natürlich für immer. Ich sehe die Liebe nicht mehr auf diese Weise.«[37]

Aber *Wildest Dreams* erkennt an, dass Pragmatismus und Leidenschaft nebeneinander existieren können – und so handelt der Song gleichzeitig davon, den Moment zu leben und trotzdem darauf zu warten, dass das Unerwartete passiert. Taylor beschreibt zunächst eine starke, romantische Verbindung mit einem unwiderstehlichen Mann, die mit einem heimlichen Treffen endet. Doch sie spürt bereits, dass die Dinge nicht von Dauer sein werden. Stattdessen bittet sie ihn einfach, sich an sie zu erinnern, wie hübsch sie aussieht und mit ihr einen schönen Sonnenuntergang zu genießen.

In den Händen eines anderen Songwriters könnte *Wildest Dreams* ein Stimmungstöter sein. Taylor wirkt jedoch glücklich über die positive Begegnung, was die düsteren Aussichten ausgleicht. Taylor sagt: »Ich sehe Liebe eher etwas fatalistischer, was bedeutet, dass ich, wenn ich jemanden treffe und wir eine Verbindung haben, als erstes daran denke: ›Wenn das vorbei ist, hoffe ich, dass du gut von mir denkst.‹ In diesem Song geht es also um diese direkte Verbindung zu jemandem, und meine ersten Gedanken, als ich ihn traf, waren genau das.«[38]

Linke Seite & links: Am 15. Februar 2016 eröffnet Taylor Swift die Grammy-Verleihung mit einer majestätischen Darbietung von *Out of the Woods*. Ein gutes Omen, denn sie gewinnt drei Preise, darunter für »1989« das Album des Jahres und den Titel Bestes Pop-Gesangsalbum.

How You Get the Girl

{ ALBUMTRACK }

Erschienen am: 27. Oktober 2014
Songwriter: Max Martin, Shellback, Taylor Swift
Produzenten: Max Martin, Shellback
Alternative Version: Taylor's Version

Auch wenn viele romantische Komödien etwas anderes behaupten, gibt es nicht nur einen richtigen (oder falschen) Weg, um jemanden davon zu überzeugen, eine Beziehung einzugehen oder wieder aufzunehmen. Dennoch kann man versuchen, einen Plan zu erstellen – wie Swift es in dem flotten Elektro-Pop-Song *How You Get the Girl* anschaulich darlegt.

Tatsächlich betrachtet sie das Stück als eine Art Anleitung, wie man ein Mädchen dazu bringt, nach einer Trennung zurückzukommen. Taylor sagt lachend: »Etwa, wenn man die Beziehung irgendwie ruiniert hat und sie nicht mehr mit einem reden will. Wenn man sich beispielsweise von ihr getrennt hat, sie sechs Monate vernachlässigt und dann feststellt, dass man sie vermisst. [Es geht um] all diese Schritte, die man unternehmen müsste, um wieder in ihr Leben zurückzukehren, denn sie ist wahrscheinlich ziemlich wütend.«[39] Der erste Schritt ist, vor ihrer Tür zu erscheinen und um Vergebung zu bitten. (Es gibt Bonus-Punkte, wenn es regnet, weil man dann patschnass ist.) Als nächstes erinnert man sie an die guten Zeiten, vorzugsweise mit kitschigen Fotos, und zeigt Reue. Schließlich verspricht man ihr lebenslange Treue und schwört, ihr gebrochenes Herz zu heilen. Taylor verspricht: »Folgt man den Anweisungen im Song, stehen die Chancen gut, dass es funktioniert. Oder man erhält eine einstweilige Verfügung.«[40]

Oben: Während des Super-Saturday-Night-Konzerts singt Taylor eine Akustikversion von *This Is What You Came for*, einer Zusammenarbeit von Calvin Harris und Rihanna, an der sie mitgeschrieben hat.

This Love

{ *ALBUMTRACK* }

Erschienen am: 27. Oktober 2014
Songwriter: Taylor Swift
Produzenten: Nathan Chapman, Taylor Swift
Alternative Version: Taylor's Version

In gewisser Weise kann man *This Love* als eine Brücke zwischen Taylor Swifts Country- und ihrer Pop-Ära betrachten. Schließlich ist der Song eine Co-Produktion mit Nathan Chapman, der für den Großteil ihrer Arbeit vor »1989« verantwortlich zeichnet. Sie hat den Song selbst geschrieben, als das Album noch in der Anfangsphase steckt.

Der Song *This Love* spiegelt Taylors Wunsch wider, klanglich neue Wege zu beschreiten und der Popmusik ihren eigenen Stempel aufzudrücken. Sie sagt: »Es war das erste Mal, dass ich mit verschiedenen Aufnahmearten für den Gesang experimentiert habe. In diesem Fall wollte ich, dass es irgendwie unheimlich klingt. Ich habe diesen Song anders gesungen als die meisten meiner Songs. Ich habe ihn auch anders aufgenommen. Es gibt mehrere Gesangsspuren, die den gesamten Song durchlaufen.«[41] Textlich geht es in *This Love* um die Erkenntnis, dass der Partner im Moment nicht beziehungsfähig ist – und dass es daher das Beste ist, sich von ihm zu trennen. Sie sagt: »Es ist ätzend, die Person zu sein, die etwas loslassen und jemanden fallen lassen muss, wenn man es nicht will, aber ich denke, man muss in Beziehungen selbstlos sein, wenn man weiß, dass es nicht der richtige Zeitpunkt ist. Wenn man dann diese Entscheidung trifft, diese Person aber dazu bestimmt ist, in deinem Leben zu sein, kommt sie zu dir zurück.«[42]

Oben: Taylor nimmt sich 2016 und 2017 die meiste Zeit frei, macht aber eine Ausnahme für *2017 DIRECTV NOW Super Saturday Night* im Club Nomadic in Houston, Texas.

I Know Places

{ ALBUMTRACK }

Erschienen am: 27. Oktober 2014
Songwriter: Taylor Swift, Ryan Tedder
Produzenten: Taylor Swift, Ryan Tedder, Noel Zancanella
Alternative Version: Taylor's Version

***I Know Places* entsteht bei einer Songwriting-Session mit Ryan Tedder, dem Frontmann der Popband OneRepublic. Er ist ein gefragter Songwriter und hat auch an Beyonces Hit *Halo* mitgeschrieben.)**

Da Taylor immer gut organisiert ist, schickt sie ihrem Co-Autor Tedder im Voraus ein Demo. Sie sagt: »[Das war] nur für den Fall, dass er zurückschreibt und sagt: ›Das kann ich nicht ausstehen, ich will an etwas anderem arbeiten, denk dir etwas anderes aus.‹ Ich setzte mich ans Klavier, legte mein Handy auf das Klavier und erklärte ihm einfach, wie ich mir den Song vorstellte und wie ich mir die Melodie vorstellte.«[43] Tedder ist von der Sprachnotiz begeistert und nimmt schließlich *I Know Places* mit Taylor Swift während ihrer Session auf.

Der Song handelt von einer Beziehung, die im Rampenlicht steht. Taylor vergleicht das Paar mit Füchsen, die von zerstörerischen Kräften gejagt werden. Um zu überleben, haben sie Verstecke, in die sie sich zurückziehen können. Die Musik ahmt den Versuch nach, diese Beziehung zu meistern. Zuerst hektischer Stress, während man der öffentlichen Aufmerksamkeit ausweicht (stotternder Gesang, spärliches Klavier, was beides einem Hauch von Schlagzeug und Bass weicht), und dann ein Aufatmen, nachdem man den geschützten Raum erreicht hat (ein ruhiger, melodischer Refrain mit eindringlichem Gesang).

Unten: Taylor Swift im Jahr 2016 mit Ryan Tedder bei den *58. Grammy Awards* in Los Angeles.

Rechte Seite: Es gibt einen sehr guten Grund, warum Taylor Swift auf diesem Foto vom »Eras-Tour«-Konzert am 9. August 2023 ein blaues Kleid trägt und schelmisch dreinschaut: Sie kündigte beim Konzert »1989 (Taylor's Version)« an.

Clean

{ ALBUMTRACK }

Erschienen am: 27. Oktober 2014
Songwriter: Imogen Heap, Taylor Swift
Produzenten: Imogen Heap, Taylor Swift
Alternative Version: Taylor's Version

Als Taylor Swift sich überlegt, mit welchen Künstlern sie gern zusammenarbeiten würde, steht die innovative britische Indie-Pop-Künstlerin Imogen Heap ganz oben auf ihrer Liste. Heap ist natürlich zur Zusammenarbeit bereit, zumal Taylor Swift bereits eine Songidee im Kopf hat. Daraus entsteht *Clean*, ein exquisiter Dream-Pop-Song mit verspielter Percussion.

Taylor sagt: »Wenn einem das Herz gebrochen wird oder man jemanden aus seinem Leben verliert – oder wenn man versucht, sich von einer Trennung zu erholen –, ist der Kampf fast so, als würde man versuchen, eine Sucht zu überwinden. Es ist nicht nur eine einzige Gewohnheit, die man ablegt, sondern man legt jede einzelne Minute des Tages eine Gewohnheit ab.«[44]

Taylor fährt nach London ins Hideaway Studio, um mit Heap an dem Song zu arbeiten. Während ihres Aufenthalts in England wird ihr bewusst, dass sie ihren Ex-Freund, der dort lebt, nicht mehr vermisst. Taylor sagt: »[Plötzlich] ist man eines Tages in London und stellt fest, dass man sich seit zwei Wochen am selben Ort wie der Ex-Partner aufhält, und es geht einem trotzdem gut. Und man hofft auch, dass es ihm gut geht. Der erste Gedanke, der mir durch den Kopf schoss, war: ›Endlich bin ich clean.‹«[45] Die Frauen nutzen diese Inspiration und nehmen Taylors Gesang in zwei Takes auf. Heap springt derweil ein, wo immer sie gebraucht wird, um ein Vibrafon, Percussion und eine Mbira sowie ihren charakteristischen Gesang hinzuzufügen.

Wonderland

{ BONUSTRACK } 1989 (DELUXE EDITION)

Erschienen am: 27. Oktober 2014
Songwriter: Max Martin, Shellback, Taylor Swift
Produzenten: Max Martin, Shellback
Alternative Version: Taylor's Version

In der Welt der Literatur beschreibt *Alice im Wunderland* von Lewis Carroll ein verwirrendes Land, das sowohl magisch als auch lebensverändernd ist – manchmal aus den falschen Gründen. In Taylors Welt, insbesondere im Bonustrack *Wonderland* auf der Deluxe-Version von »1989«, sorgt eine Liebesbeziehung für die gleiche Art von verwirrenden (wenn auch gelegentlich charmanten) Erfahrungen wie in der Abenteuergeschichte. (Manchmal sogar wortwörtlich: Der Partner der Erzählerin sieht diese mit intensiven grünen Augen an und lächelt wie die Grinsekatze.) Zunächst glaubt das Paar, das im Mittelpunkt des Songs steht, dass es für immer in seiner Version von *Wonderland* bleiben kann, einem Rückzugsort ohne Kontakt zum realen Leben. Leider stellt es fest, dass es von mysteriösen Wesen beobachtet wird. Noch bezeichnender ist, dass auch darauf hingewiesen wird, dass man mit seiner Neugierde vorsichtig sein sollte. Das nimmt leider ein Ende vorweg, bei dem die Beziehung nicht gut ausgeht. Ein zauberhaftes Intro sorgt für eine Prise fantastischer Magie, während Taylors Gesang im Refrain moderner ist, insbesondere durch die Anlehnung an Rihannas Silbenwiederholung in *Umbrella*.

You Are in Love

{ BONUSTRACK } 1989 (DELUXE EDITION)

Erschienen am: 27. Oktober 2014
Songwriter: Jack Antonoff, Taylor Swift
Produzenten: Jack Antonoff, Taylor Swift
Alternative Version: Taylor's Version

Der sanfte Elektro-Pop-Song *You Are in Love* beschreibt das schwindelerregende Gefühl, endlich den idealen Partner gefunden zu haben – die Art von Person, die mitten in der Nacht aufwacht, um dir zu sagen, dass du ihr bester Freund bist. Taylor gibt zu, dass sie diese Art von Harmonie noch nie gefunden habe. Stattdessen basiert der Text auf den Aussagen ihrer Freundin, der Schauspielerin und Regisseurin Lena Dunham, die diese über ihren damaligen Partner macht, der zufälligerweise Taylors Co-Autor Jack Antonoff ist. Taylor sagt: »[Das sind] im Wesentlichen Dinge, die sie mir erzählt hat. Und ich denke, dass eine solche Beziehung – Gott, es klingt, als wäre sie einfach so schön – auch schwierig wäre. Manchmal ist sie auch langweilig.«[46] Der Text erwähnt die einfachen Dinge, die eine Beziehung besonders machen: den verbrannten Toast am Sonntagmorgen, das Hemd des Partners, das man sich geliehen hat, und sein Foto, das man auf der Arbeit bei sich trägt. Aber all das ist nicht selbstverständlich, sondern ein Schatz, den es zu hüten gilt.

New Romantics

{ *SINGLE* }

Erschienen am: 23. Februar 2016 (Single) / 27. Oktober 2014 (Album)
Songwriter: Max Martin, Shellback, Taylor Swift
Produzenten: Max Martin, Shellback
Alternative Version: Taylor's Version

New Romantics **ist zunächst nur ein Bonustrack auf der Deluxe-Version von »1989«. Der kraftvolle Synthie-Pop-Song wird jedoch sehr schnell zum Lieblingssong der Fans (und wird sogar als Single veröffentlicht!), weil er einfach so gut ist.**

Der Titel ist ein Wortspiel, das auf die Einflüsse anspielt, die auf Taylors Album »1989« eingewirkt haben (die modische New-Romantic-Bewegung ist ein kurzlebiger Trend der frühen 1980er-Jahre, der von britischen Bands wie Duran Duran und Spandau Ballet angeführt wird) sowie auf ihre Vergangenheit. Die Grundlage des Titels ist noch raffinierter: Die im Song beschriebene Gruppe macht sich den Schmerz und das Leid, das mit Liebeskummer einhergeht, zu eigen und verwandelt diese Gefühle in etwas, das man feiern kann. Unter anderem prahlt sie damit, dass sie aus den Steinen, die ihnen in den Weg gelegt werden, ein Schloss bauen könnte. Sie betrachtet es auch als Teil ihrer Erfahrung, sich im Badezimmer auszuheulen, bis das Make-up verwischt. Am Ende des Tages ist der Club der einsamen Herzen »New Romantics« zu sehr mit Singen und Tanzen beschäftigt, um sich vom Liebeskummer unterkriegen zu lassen. Um den hohen Stellenwert des Songs bei den Fans zu würdigen, spielt Taylor *New Romantics* in einer akustischen Version, direkt nach der Ankündigung von »1989 (Taylor's Version)« im Sommer 2023 – im achten Monat des Jahres, am neunten Tag, versteht sich.

Linke Seite: Taylor Swift und ihre Freundin Lena Dunham, aufgenommen bei den *Grammys* am 10. Februar 2013.
Unten: Taylor Swift hätte beim *iHeartRadio Music Festival 2014* in Las Vegas, Nevada, nicht glücklicher aussehen können.

Sweeter than Fiction

{ **PROMO-SINGLE** }

Erschienen am: 21. Oktober 2013 (Promo-Single / Soundtrack Album)
Songwriter: Jack Antonoff, Taylor Swift
Produzenten: Jack Antonoff, Taylor Swift
Alternative Version: Taylor's Version

Mit Strand-Beats und Surf-Gitarrenlicks ist *Sweeter than Fiction* ein klassischer 1980er-Jahre-Elektro-Pop-Song, der neben Belinda Carlisle und The Bangles großartig klingen würde. Der Song ist eine Zusammenarbeit von Taylor Swift und Jack Antonoff – was insofern passt, als dass Letzterer zu dieser Zeit seine Retro-Rockband Bleachers gründet. Er erscheint im Abspann des Films *One Chance – einmal im Leben* aus dem Jahr 2013, der auf dem Leben des *Britain's-Got-Talent*-Gewinners Paul Potts basiert. Taylor gewinnt eine sehr interessante Erkenntnis aus dem Film, die wiederum in ihr Songwriting einfließt. Sie sagt: »Das Konzept Liebe inspiriert mich sehr. Und dieser Film ist in vielen Aspekten eine Liebesgeschichte. Man erwartet, dass man einen Film über jemanden sieht, der seine Träume wahr werden lässt, aber man merkt zunächst nicht, dass einem eigentlich die Geschichte über die Liebe von seiner Frau erzählt wird.«[47]

Oben: Bei der Premiere von *One Chance – Einmal im Leben* auf dem *Toronto International Film Festival 2013* zeigt sich Taylor Swift in einem Kleid von Oscar de la Renta.
Rechte Seite: Zur großen Freude der Fans kündigt Taylor Swift ihr Album »1989 (Taylor's Version)« am 9. August 2023 auf der »Eras-Tour« an.

»Slut!«

{ **FROM THE VAULT** } **1989 (TAYLOR'S VERSION)**

Erschienen am: 27. Oktober 2023
Songwriter: Jack Antonoff, Patrik Berger, Taylor Swift
Produzenten: Jack Antonoff, Patrik Berger, Taylor Swift
Alternative Version: Akustik-Version

Man kann sicher sagen, dass *»Slut!«* (Schlampe) einer der provokativsten Songs von Taylor Swift ist. Natürlich steckt Absicht hinter dieser Wortwahl. Taylor sagt: »Darin spiele ich auf die Diskussionen über mein Liebesleben an, die damals in meinem Leben geführt wurden.« Ferner merkt sie an, dass sie eine ähnliche Idee auch bei *Blank Space* aufgegriffen habe, sich aber stattdessen auf der finalen Tracklist von »1989« für diesen Song entschieden habe.[48] *»Slut!«* kritisiert offen (und klug) die unfairen Maßstäbe, die an Frauen angelegt werden, deren Liebesleben als öffentliches Spektakel gilt. »Slut!« lindert die Härte der abfälligen Beleidigung mit ätherischer Musik, die wie ein träger Sommertag am Pool klingt, angetrieben von strahlenden Keyboards, fließenden Beats und einer verträumten Produktion. Taylor sagt: »Es klingt wirklich verträumt, und ich habe ›1989‹ immer als ein New Yorker Album angesehen, aber dieser Song klang für mich immer nach Kalifornien. Und vielleicht war das ein weiterer Grund, warum er nicht in die engere Auswahl kam, denn manchmal habe ich diese seltsamen kleinen Regeln im Kopf, was das Thema angeht.«[49]

Say Don't Go

{ FROM THE VAULT } 1989 (TAYLOR'S VERSION)

Erschienen am: 27. Oktober 2023
Songwriter: Taylor Swift, Diane Warren
Produzenten: Jack Antonoff, Taylor Swift

Einer der faszinierendsten Vault-Tracks in Taylor Swifts Gesamtwerk ist der Electro-Jam *Say Don't Go*. Der Song, der in Zusammenarbeit mit der legendären Songwriterin Diane Warren entstanden ist – die Frau, die für zeitlose Hits wie *If I Could Turn Back Time* von Cher und *I Don't Want to Miss a Thing* von Aerosmith verantwortlich ist – handelt von dem quälenden Hin und Her einer Beziehung, die auf wackeligen Beinen steht.

Taylor Swift und Diane Warren schreiben den Song *Say Don't Go* Ende 2013 und nehmen am Neujahrstag eine Demo auf. Diane sagt: »Ich bin ein Workaholic, und das ist in Ordnung für mich.« Sie fügt hinzu, dass sie von Taylors Arbeitseinstellung und ihrem Engagement sehr beeindruckt sei. Sie ergänzt: »Alle anderen haben sich frei genommen, aber sie ist aufgetaucht.«[50] Die preisgekrönte Songwriterin ist auch von Taylors gekonntem Umgang mit Texten begeistert: »Sie war sehr sorgfältig darin, wie sie bestimmte Dinge sagte. Es war wirklich eine interessante Erfahrung. Sie holt ihr Publikum ab.«[51] Warren sagt, dass sie die fertige Version von *Say Don't Go* erst zwei Stunden vor der Veröffentlichung des Songs gehört habe. Bis zu diesem Zeitpunkt kennt sie nur die Demo-Version, die auf Gitarren und Gesang basiert. Auf die Frage, was am meisten Spaß an der Zusammenarbeit mit Taylor Swift gemacht habe, antwortet Warren: »Es war großartig, mit ihr zu arbeiten – aber am meisten Spaß hatte ich, als der Song nach neun Jahren endlich veröffentlicht wurde.«[52]

Now That We Don't Talk

{ **FROM THE VAULT** } **1989 (TAYLOR'S VERSION)**

Erschienen am: 27. Oktober 2023
Songwriter: Jack Antonoff, Taylor Swift
Produzenten: Jack Antonoff, Taylor Swift

Now That We Don't Talk ist mit einer Länge von etwa zweieinhalb Minuten sehr kurz. Taylor sagt: »[Es ist] einer meiner Lieblingssongs, der in Vergessenheit geraten war. Wir haben ihn erst kurz vor Ende der Aufnahmen geschrieben und konnten ihn damals nicht anständig produzieren.«[53] Es dauert fast ein Jahrzehnt, bis der Sound stimmt, was sich letztendlich auszahlt. Mit hämmernden Disco-Pop-Beats, die sich neben jedem Klassiker von Robyn hören lassen, thematisiert *Now That We Don't Talk* die befremdliche Erfahrung, zusehen zu müssen, wie sich ein Ex-Partner weiterentwickelt, ohne dass man daran beteiligt ist. Taylor ermahnt sich immer wieder, dass es für ihre Psyche und Würde das Beste ist, den Kontakt abzubrechen. Sie findet sogar etwas Positives: Sie muss nicht mehr auf einer Megayacht abhängen oder sich Rockmusik anhören. Taylor sagt: »[Der Titel] hat es in sich, ich denke, er kommt wirklich an. Für die kurze Zeit, die wir hatten, trifft er ins Schwarze, denke ich.«[54] Der Song debütiert nach der Veröffentlichung von »1989 (Taylor's Version)« auf Platz 2 der *Billboard Hot 100*.

Rechte Seite: Während des »1989«-Abschnitts der »Eras-Tour« 1989 präsentiert Taylor Swift verschiedene Versionen eines zweiteiligen, fransigen Outfits in Regenbogenfarben.

Suburban Legends

{ **FROM THE VAULT** } **1989 (TAYLOR'S VERSION)**

Erschienen am: 27. Oktober 2023
Songwriter: Jack Antonoff, Taylor Swift
Produzenten: Jack Antonoff, Taylor Swift

Einer von sieben Tracks, die in derselben Woche, in der »1989 (Taylor's Version)« in den Läden erscheint, in die Top 10 der *Billboard Hot 100* einsteigen, ist *Suburban Legends.* In dem kurzen, aber bittersüßen Vault-Track berichtet die Erzählerin, dass sie sich nach der großen Liebe mit einem großartigen [legendären] Partner sehnt – daher der Titel des Songs. Naiv wird das schlechte Benehmen des anderen übersehen. Es gibt eindeutige Anzeichen für Betrug: Geheimnisvolle Anrufe von unterdrückten Nummern. Am Ende des Songs bereut die Protagonistin, dass sie die Warnsignale ignoriert hat, denn die Romanze entpuppt sich als gar nicht legendär. Trotz des ernüchternden Endes bietet *Suburban Legends* einige entzückende Textpassagen. Unter anderem sinniert Taylor über ihre Hoffnung, das Paar würde bei einem Klassentreffen alle anderen beeindrucken, weil es seine ungleichen Sternzeichen überwunden habe. Und in Anlehnung an den erzählerischen Rhythmus von *Suburban Legends* enthält die Musik grandiose Produktionselemente und kaleidoskopartige Beats, die zu einem großen Finale anschwellen.

Is It Over Now?

{ SINGLE } *1989 (TAYLOR'S VERSION)*

Erschienen am: 27. Oktober 2023 (Album) / 31. Oktober 2023 (Single)
Songwriter: Jack Antonoff, Taylor Swift
Produzenten: Jack Antonoff, Taylor Swift

Als Swift »1989 (Taylor's Version)« veröffentlicht, verrät sie, dass sie sich die luftige, himmelstürmende Synthie-Pop-Hymne *Is It Over Now?* explizit als Abschluss des Albums gewünscht hat. Sie sagt: »Es ist eine Art lustiges Wortspiel, bei dem man sich fragt: ›Ist das Album jetzt zu Ende?‹«[55]

Das war nicht die einzige Enthüllung. Taylor Swift bezeichnet *Is It Over Now?* auch als »Schwester« von zwei der besten Songs auf »1989«, nämlich von *Out of the Woods* und *I Wish You Would*. (Passenderweise verbindet Taylor während des akustischen Gitarrenparts eines Überraschungskonzerts im November 2023 in Buenos Aires, Argentinien, eine Performance von *Is It Over Now?* mit Teilen von *Out of the Woods*.) Wie bei diesen Songs geht es auch in *Is It Over Now?* um eine turbulente Beziehung, wobei sich dieser Song jedoch auf das Drama und den Betrug innerhalb der Beziehung konzentriert. Taylor drückt ihre Wut über einen Ex aus, der sie vor aller Augen betrügt und sich mit jemandem trifft, der ihr verdächtig ähnlich sieht. Doch trotz ihres Kummers träumt sie immer noch davon, dass ihr Ex sie aus der Not rettet – insbesondere, als sie droht, von einem hohen Gebäude zu springen – und sie fragt sich, ob die Beziehung tatsächlich beendet ist. *Is It Over Now?* erreicht Platz 1 der *Billboard Hot 100* – der dritte Taylor-Swift-Song, der 2023 diese Charts anführt.

Starbesetzung: Die »1989«-Tourgäste

Mit dem Album »1989« setzt Taylor Swift ein Zeichen in der Popwelt und festigt auf der begleitenden Welttournee ihren Status als Superstar. Sie lädt Überraschungsgäste ein, von denen sie sagt: »Man hätte sie nicht erwartet – nicht nur Musiker, sondern auch Schauspieler, Sportler, Models und Menschen aus allen möglichen Bereichen.«[56] Dieser Schachzug zeigt, dass Taylor Swift Überraschungsmomente liebt und dass sie die Konzerte für ihre Fans immer wieder abwechslungsreich gestaltet. Sie sagt: »Bei dieser Generation weiß ich, dass ein Großteil der Fans das ganze Konzert bereits auf *You Tube* gestellt und online gesehen hat, wenn ich auf die Bühne komme. Sie kennen die Setlist und die Bühnen-Outfits, sie haben sich bereits informiert.«[57]

Zwar betreten im Londoner Hyde Park Models wie Kendall Jenner, Karlie Kloss, Gigi Hadid und Cara Delevingne die Bühne, doch der Großteil der Gäste der »1989«-Welttournee sind Musiker. So kann Taylor große aktuelle Hits zusammen mit den Originalinterpreten aufführen – zum Beispiel mit der Pop-Rock-Band Echosmith (*Cool Kids*), der Hip-Hop-Ikone The Weeknd (*Can't Feel My Face*), der Country-Band Little Big Town (*Pontoon*) und der kraftvollen Sängerin Rachel Platten (*Fight Song*). Sie arbeitet auch mit guten Freunden wie Selena Gomez, Ed Sheeran und Lorde zusammen.

Weitere Höhepunkte dieser Überraschungsauftritte sind eine Zusammenarbeit mit Alanis Morissette bei ihrer 1990er-Jahre-Hymne *You Oughta Know*, eine mitreißende, rockige Version von *(I Can't Get No) Satisfaction* der Rolling Stones mit Mick Jagger und eine bewegende Darbietung von *All of Me* mit John Legend, die spontan entsteht.

In St. Louis arbeiten Taylor und HAIM einige choreografierte Tanzschritte aus, um den Rapper Nelly bei *Hot in Herre* zu unterstützen. Bei einem Auftritt von Ricky Martin mit seinem feurigen *Livin' La Vida Loca* enthüllt sie, dass sie seine Platte gekauft hat, als sie zehn Jahre alt gewesen ist. Und während eines Tour-Stopps zu Halloween in Tampa, Florida, macht Swift eine Anspielung auf den Animationsfilm *Die Eiskönigin – Völlig unverfroren* und singt *Style*, während sie ein plüschiges Kostüm des Schneemanns Olaf trägt. Natürlich holt sie dann Idina Menzel (die Stimme von Elsa in dem Film) auf die Bühne, um den großen Hit aus dem Film *Let It Go* (Lass jetzt los) zu singen.

Noch wichtiger ist, dass diese Gastauftritte auf der »1989«-Welttournee Taylor auch die Möglichkeit geben, sich öffentlich bei einigen ihrer Idole und Unterstützer zu bedanken. Während eines Konzerts im August 2015 in Los Angeles stellt Taylor Swift Natalie Maines von der Country-Band The Chicks vor. Taylor sagt: »Ich kann mit Sicherheit und voller Überzeugung sagen, dass ich ohne diese Künstlerin keine Musikerin geworden wäre. Ich hätte nicht Country-Musikerin werden wollen. Wenn es diese Frau und ihre Band nicht gegeben hätte, hätte ich nicht gewusst, dass man gleichzeitig ungewöhnlich und lustig und man selbst sein kann, und unverblümt und mutig und echt.«

Links: Zu den Gästen von Taylor Swift auf der »1989«-Welttournee gehören Mitglieder der US-amerikanischen Frauenfußball-Nationalmannschaft (im Bild), die die Weltmeisterschaft gewonnen hat, sowie Musiker, Schauspieler und Models.

Rechte Seite: Taylor Swift tritt auf ihrer »1989«-Welttournee in Los Angeles auf.

06

DIE REPUTATION-ÄRA

Während Taylor Swift »1989« als ihren Einstieg in die Popmusik der 1980er-Jahre betrachtet, ist »Reputation« für sie »ein Gothic-Punk-Moment weiblicher Wut darüber, von einer ganzen Gesellschaft psychisch manipuliert zu werden.«[1] Das Album zeichnet sich durch düstere Outfits, dunkle elektronische Klänge, dröhnende Beats und die Darstellung von Schlangen aus. Es ist teilweise durch *Game of Thrones* (wirklich!) inspiriert, führt zu Taylors erster Stadiontour und wird in der Kategorie »Best Pop Vocal Album« für einen Grammy nominiert. Taylor sagt: »Dieses Album war ein echter kathartischer Prozess, und ich dachte, ich hätte schon früher eine solche Katharsis erlebt, aber das hatte ich bis zu diesem Album wohl noch nie.«[2]

… Ready for It?

{ **SINGLE** }

Erschienen am: 3. September 2017 (digitaler Download) / 17. September 2017 (offizielle Single) / 10. November 2017 (Album)
Songwriter: Max Martin, Ali Payami, Shellback, Taylor Swift
Produzenten: Max Martin, Ali Payami, Shellback
Alternative Version: BloodPop Remix

Es passt ganz gut, dass Taylor Swift eine Kostprobe von *… Ready for It?* während eines College-Football-Spiels zwischen den Spitzenteams Florida State und Alabama[3] präsentiert. Der donnernde Elektro-Song ist eine adrenalingeladene Hymne, die ein Sportler vor einem wichtigen Wettkampf hören könnte, um sich aufzuputschen. Mit seinen bedrohlichen, rasselnden Trap-Beats und einer Synthesizer-Programmierung, die wie ein Skorpionschwanz zuschlägt, ist *… Ready for It?* ein feuriger Eröffnungsschuss, der es auf Platz 4 der *Billboard Hot 100* schafft.

Passend zu den bedrohlichen Vibes verwendet der Text eine »›Schuld und Sühne‹-Metapher mit Themen wie Räubern, Dieben und Raubüberfällen«[4], so Taylor. Sie greift diese Idee im Verlauf des Albums auf unterschiedliche Weise auf. In *… Ready for It?* geht es um Verbundenheit – »im Grunde darum, seinen Komplizen zu finden«, erklärt sie und fährt fort: »Und dann denkt man: ›Oh mein Gott, wir sind genau gleich, wir sind gleich, oh mein Gott! Lass uns zusammen eine Bank ausrauben, das ist großartig!‹«[5]

Andererseits funktioniert *… Ready for It?* jedoch auch als eine kokette Aufforderung an einen potenziellen Beziehungskandidaten. (Nicht umsonst ist der allererste Ton im Song ein Räuspern von Taylor.) Mit selbstbewusster Stimme macht sie deutlich, dass sie eine würdige Sparringspartnerin ist. Passend zum Thema »Verbrecher« stellt sie den Vergleich an: Wenn die anderen Geister sind, die ihre Ex-Partner heimsuchen, ist sie ein Phantom, das die anderen mit einer kleinen Erpressung übertrumpfen wird.

Rechts: Jahre, bevor sie den Song *Mirrorball* veröffentlicht, erobert Taylor Swift den roten Teppich bei den *American Music Awards 2018* in einem Kleid von Balmain, das an eine Diskokugel erinnert.

Rechte Seite: Ed Sheeran und Taylor Swift treten 2017 beim *KIIS FM Jingle Ball* mit *End Game* auf.

End Game (featuring Future and Ed Sheeran)

{ SINGLE }

Erschienen am: 14. November 2017 (Single) / 10. November 2017 (Album)
Songwriter: Future, Max Martin, Shellback, Ed Sheeran, Taylor Swift
Produzenten: Max Martin, Shellback

Sein »Endgame« zu finden bedeutet, seine wahre Liebe zu finden – die Person, mit der man eine märchenhafte Liebesgeschichte erlebt. In Taylor Swifts vom Hip-Hop beeinflussten, selbstbewussten Song *End Game* sieht das Happy End jedoch eher wie ein Märchen der Gebrüder Grimm aus: eine etwas düstere Variante einer skurrilen Kindergeschichte.

Sie hat ein Auge auf jemanden geworfen, ist sich aber bewusst, dass ihr angekratztes öffentliches Image die Beziehung zum Scheitern verurteilen könnte. Glücklicherweise ist diese andere Person ein selbsternannter »Bad Boy« mit einem Herzen aus Gold, sodass sich die beiden über ihren angeschlagenen Ruf näherkommen. Der Rapper Future übernimmt Taylors Gegenpart, sowohl in seinen eigenen Strophen als auch in den Refrains, die von Drums und Bass geprägt sind und einen Hauch von Gospel aufweisen. Ed Sheeran, der an »Red« mitgearbeitet hat, steuert eine Rap-Strophe bei, die ihm angeblich im Traum eingefallen ist und die er um 8 Uhr morgens in einem Hotelzimmer in New York geschrieben haben soll. Ein Verweis auf den Tom-Cruise-Film »Geboren am 4. Juli« aus dem Jahr 1989 ist auch eine Anspielung auf die Party zum Unabhängigkeitstag bei Taylor Swift, bei der Ed Sheeran seine jetzige Frau Cherry kennenlernt. Er sagt: »Ein Mädchen, mit dem ich zur Schule gegangen bin und das ziemlich cool ist, ist hier in Rhode Island gelandet. Ich fragte: ›Taylor, kann sie auch kommen?‹ Und da sind wir.«[6]

I Did Something Bad

{ ALBUMTRACK }

Erschienen am: 10. November 2017
Songwriter: Max Martin, Shellback, Taylor Swift
Produzenten: Max Martin, Shellback

Wie schon in *Blank Space* auf »1989« genießt Taylor Swift auch in *I Did Something Bad* scherzhaft ihren schlechten Ruf. Zu filigran gezupften Saiten schwelgt sie in Übertreibungen und stellt sich vor, eine böse Karikatur zu sein: ein teuflisch böses Mädchen, das Narzissten und Playboys manipuliert und es liebt, sich an ihren Feinden zu rächen. In der Bridge des Songs wird der Gesang mit einem Vocoder bearbeitet, um die Sündenbock-Thematik zu kritisieren, mit der sich Taylor Swift sicherlich identifizieren kann: Hexen werden willkürlich gejagt und auf dem Scheiterhaufen verbrannt. Ursprünglich auf dem Klavier geschrieben, hat *I Did Something Bad* auch einen der explosivsten Chorus-Hooks auf »Reputation« – dank gigantischer EDM-Beat-Drops, einem Trap-Rhythmus und einer einzigartigen Gesangslinie, die ihr in einem »seltsamen Traum« eingefallen ist, wie sie sagt. »Ich bin mit diesem Sound im Kopf aufgewacht, der so eingängig und so mitreißend war, dass ich wusste, dass er in einen Song gehört, gerade weil er so aufdringlich war und nicht aufhören wollte, in meinem Kopf herumzuspuken.«[7] In einer Sprachnachricht an den Co-Autor Max Martin fragt sie, wie sie diesen Sound, der an Scat-Gesang in einer über mehrere Oktaven reichenden Abwärtsspirale erinnert, nachahmen könnten. Max Martin erklärt Taylor, dass die Lösung kompliziert sei: »Es gibt kein Instrument, das das kann, aber wir können deine Stimme nehmen und sie so tief stimmen, dass sie wie eine Hexe/ein Kerl klingt.«[8]

Don't Blame Me

{ ALBUMTRACK }

Erschienen am: 10. November 2017
Songwriter: Max Martin, Shellback, Taylor Swift
Produzenten: Max Martin, Shellback

Im Nachhinein betrachtet, entsteht die Spannung auf »Reputation« oft aus dem Gegensatz von emotionaler Verletzlichkeit und emotionaler Zurückhaltung. Taylor sagt: »Draußen spielten sich all diese kriegerischen Metall-Hymnen ab. Dieser Kampf tobte vor meinen Fenstern, und dann gab es das, was in meiner Welt passierte – meiner jetzt ruhigen, gemütlichen Welt, die zum ersten Mal nach meinen eigenen Regeln funktionierte.«[9]

Die besagte Gemütlichkeit bezieht sich zweifellos auf ihre Beziehung mit dem Schauspieler Joe Alwyn, die während der »Reputation«-Ära beginnt. Doch *Don't Blame Me* steht für eine eher allgemeine Veränderung der Perspektive: Die Protagonistin lässt alte, ungesunde Beziehungsmuster hinter sich und findet stattdessen eine Liebe, die so berauschend ist, dass sie sich wie eine Droge anfühlt. Als sie den Song am Klavier und dann den Gesang ausarbeitet, sagt Taylor, sie wolle, dass *Don't Blame Me* »religiös klingt«[10]. Daher ist die fertige Musik mit Gospel- und R-&-B-Gesangseinlagen, majestätischen Keyboards sowie einem textlichen Verweis auf den »Sündenfall« durchsetzt. Auf der »Eras-Tour« verstärkt Taylor diese Stimmung noch, indem sie *Don't Blame Me* wie eine spirituelle Erweckung mit Feuer und Schwefel darstellt, dank eines brillanten neuen Arrangements, das die Ernsthaftigkeit des Songs betont und mit einem kraftvollen Ausbruch majestätischer E-Gitarrenklänge in *Look What You Made Me Do* übergeht.

Rechte Seite: Taylor Swift tritt am 6. Oktober 2018 im Rahmen der »Reputation-Stadion-Tour« im AT&T-Stadion in Arlington, Texas, auf.

Delicate

{ SINGLE }

Erschienen am: 12. März 2018 (Single) / 10. November 2017 (Album)
Songwriter: Max Martin, Shellback, Taylor Swift
Produzenten: Max Martin, Shellback
Alternative Versionen: Seeb Remix, Sawyr & Ryan Tedder Mix, aufgenommen im Tracking Room Nashville

Delicate **ist einer von mehreren Songs auf »Reputation«, die Taylor Swift als »Augenblicke meiner wahren Geschichte«[11] bezeichnet. Angetrieben von Gesang, der durch Vocoder-Effekte weicher gemacht wird, und lässigen House-Musik-Beats mit einem fließenden Groove, beschreibt der entspannte Synthie-Pop-Song die ersten Schwärmereien einer neuen Beziehung.**

Zwischen den unauffälligen Treffen in Kneipen und den unvergesslichen nächtlichen Verabredungen fühlt sich die Erzählerin zutiefst unsicher. Sie hat diesem Schwarm nicht nur ihre wahren Gefühle gestanden – was immer ein beängstigender Schritt ist –, sie macht sich auch Sorgen darüber, was er über sie gehört haben könnte.

Kein Wunder, dass Taylor *Delicate* auch als »den ersten Hinweis auf Verletzlichkeit auf dem Album« bezeichnet, bei dem das Problem mit dem schlechten Ruf komplizierter wird.[12] Sie erklärt: »Der Anfang des Albums ist viel bombastischer … es klingt eher so: ›Oh, mir ist egal, was ihr über mich sagt, mir ist egal, was ihr über meinen Ruf sagt, es spielt keine Rolle.‹«[13] In *Delicate* erkennt sie jedoch die Konsequenzen falscher, negativer Darstellungen von ihr, die im Umlauf sind. Taylor fährt fort: »Was passiert, wenn du jemanden triffst, mit dem du wirklich dein Leben verbringen willst, und dann musst du dir Gedanken darüber machen, was derjenige vorher über dich gehört haben mag? Dann fragst du dich: ›Könnte etwas Irreales wie dein Ruf etwas Reales wie ein Kennenlernen beeinflussen?‹«[14]

In den USA wird *Delicate* ein gigantischer Radio-Hit, der mehrere *Billboard Charts* anführt und in den *Hot 100* auf Platz 12 landet. Die Live-Version des Songs enthält auch einen der größten Insider-Witze der Swifties. Kurz vor der ersten Strophe schreit das gesamte Publikum »1, 2, 3, let's go, bitch!«. Damit soll Taylor nicht beleidigt werden. Es geht um eine spontane, ausgelassene Bemerkung des begeisterten Fans Emily Valencia, die inzwischen zu einem weltweiten Konzertritual geworden ist, das Taylor Swift selbst angenommen hat.[15]

Oben: »1, 2, 3 … Let's go, Bitch!«
Rechte Seite: Bei der »Reputation Stadium Tour« taucht während des Songs *Look What You Made Me Do* eine riesige Schlange namens Karyn auf der Bühne auf.

Look What You Made Me Do

{ SINGLE }

Erschienen am: 25. August 2017 (Single) / 10. November 2017 (Album)
Songwriter: Jack Antonoff, Fred Fairbrass, Richard Fairbrass, Rob Manzoli, Taylor Swift
Produzenten: Jack Antonoff, Taylor Swift
Alternative Version: Taylor's Version

In den Jahren vor »Reputation« erschüttern zwei große öffentliche Skandale Taylor Swift bis ins Mark. 2016 wird bekannt, dass sie unter dem Pseudonym Nils Sjöberg heimlich den Calvin-Harris-Rihanna-Pop-Hit *This Is What You Came for* mitgeschrieben hat. (Zum Zeitpunkt der Entstehung des Songs sind sie und der DJ und Produzent Harris ein Paar.) Als ihre Beteiligung am Songwriting bekannt wird, setzt Harris einige sehr deutliche Tweets ab, in denen er seinen Unmut ausdrückt, was eine Flut von Schlangen-Emojis in Taylors Social-Media-Kanälen auslöst.[16]

Im selben Jahr veröffentlicht der Rapper Kanye West den Song *Famous*, in dem er über Taylor mit abfälligen Ausdrücken herzieht. Obwohl er behauptet, er habe ihr den Text vorab vorgelegt – in einem Telefonat, das später von Wests damaliger Frau Kim Kardashian online geteilt wird – weist Taylor Swift darauf hin, dass sie nie in alle Texte eingeweiht war, vor allem nicht die Beleidigungen.[17] Als die Aufnahme des Anrufs bekannt wird, twittert Kim Kardashian: »Moment, ist heute wirklich nationaler Schlangentag?« und löst damit eine weitere Flut von Schlangen-Emojis aus.[18]

Taylor Swift spricht diese schwierigen Momente an, als sie 2018 ihre »Reputation Stadium Tour« startet, und sagt dem Publikum: »Ich habe eine Weile wirklich schwere Zeiten durchgemacht. Ich habe eine Zeit lang wirklich nicht gewusst, ob ich noch weitermachen würde.«[19] Zum Glück hat sie innere Stärke gezeigt und ist mit *Look What You Made Me Do* aus der Situation hervorgegangen. Der Synth-Punk-Song kombiniert Electroclash-Beats, Keyboards, Klavier und einen ausdruckslosen Gesang mit einem bösartigen Unterton. (Bemerkenswert ist, dass *Look What You Made Me Do* auch einen Einschub von *I'm Too Sexy*, Right Said Freds Hit aus dem Jahr 1991, enthält.[20])

Der Text beschreibt Taylor als Phönix, der aus der Asche aufersteht. Sie hat sich neu erfunden und ist bereit, die Rufschändung zu rächen, indem sie ihre Feinde in Schutt und Asche legt – und der Welt verkündet, dass ihr früheres Ich gestorben sei. Der Song »begann mit einem Gedicht, das ich über meine Gefühle geschrieben habe«, sagt sie, »und es geht im Grunde darum, dass man erkennt, dass man bestimmten Menschen nicht trauen kann, aber dass man die Menschen, denen man trauen kann, zu schätzen weiß.«[21] Der Text ist von der Serie *Game of Thrones* beeinflusst. »*Look What You Made Me Do* ist praktisch Arya Starks Tötungsliste«, sagt Taylor und fügt später hinzu: »Meine gesamte Einstellung zum Geschichtenerzählen wurde von [*Game of Thrones*] geprägt – die Fähigkeit, Geschichten im Vorhinein bereits anzudeuten und sorgfältig kryptische Handlungsstränge zu entwickeln. Also habe ich Wege gefunden, Informationen noch kryptischer zu gestalten und trotzdem Botschaften an die Fans zu übermitteln.«[22]

Am Ende erhält Taylor Swift ihre Bestätigung. Sie nimmt den Schlangen-Spitznamen auf der »Reputation Stadium Tour« mit der Bühnenrequisite zu *Look What You Made Me Do* – einer riesigen Schlange namens Karyn – für sich in Anspruch, während die Single drei Wochen lang auf Platz 1 der *Billboard Hot 100* steht. Außerdem entschuldigt sich Harris später für seinen Ausbruch[23], während die vollständige Audioaufzeichnung des West-Anrufs bestätigt, dass Taylor Swift die Wahrheit gesagt hat.[24]

So It Goes …

{ ALBUMTRACK }

Erschienen am: 10. November 2017
Songwriter: Oscar Görres, Max Martin, Shellback, Taylor Swift
Produzenten: Oscar Görres, Max Martin, Shellback

Einer der am meisten unterschätzten Songs auf »Reputation« ist *So It Goes …* Der Song mit seinen Trap-Beats und der eher kühlen Produktion, die dem gothicbeeinflussten Elektrosound der späten 1990er-Jahre ähnelt, handelt von einer heißen Verführung. Er enthält musikalische Beiträge des schwedischen Produzenten und Songwriters Oscar Görres, der zuvor bereits mit Britney Spears, Adam Lambert, Maroon 5 und DNCE zusammengearbeitet hat. Görres selbst ist zwar nicht an der Ausarbeitung von Text und Melodie beteiligt, hat aber zuvor einen interessanten Instrumental-Track geschrieben. Er erzählt: »Shellback hat seinen Computer durchstöbert, sich diesen Track angehört, und Taylor hat darauf reagiert.« Sie soll gesagt haben: »Oh, was ist das? Das ist etwas Besonderes. So etwas in der Art habe ich noch nie gemacht. Können wir das machen?«[25] Shellback ruft ihn um 6:30 Uhr morgens über FaceTime an – ein eher unpassender Zeitpunkt, da Görres gerade eine schlaflose Nacht wegen seines Babys hinter sich hat. Er holt Taylor ans Telefon. Görres sagt: »Das war eine sehr merkwürdige Songwriting-Session für mich, aber ich bin sehr dankbar dafür. Es ist der eine FaceTime-Anruf, an den ich mich für den Rest meines Lebens erinnern werde.«[26]

Gorgeous

{ SINGLE }

Erschienen am: 20. Oktober 2017 (Promo-Single) / 10. November 2017 (Album)
Songwriter: Max Martin, Shellback, Taylor Swift
Produzenten: Max Martin, Shellback

Der Song beginnt mit einem Kleinkind, das das Wort »gorgeous« (wunderschön) gurrt – die junge Sängerin ist James Reynolds, die Tochter von Swifts guten Freunden Blake Lively und Ryan Reynolds.[27] *Gorgeous* ist ein lebhafter, eigenwilliger Elektro-Pop-Song, der von Rhythmen angetrieben wird, die wie eine tickende Uhr klingen. Der Text beschreibt die Sehnsucht nach einer unerreichbaren Person. Es ist immer eine frustrierende Erfahrung, aber hier wird sie durch die Tatsache verstärkt, dass diese Person atemberaubend schön ist – so schön, dass die Erzählerin kaum mit ihr sprechen kann und wütend darüber ist, wie sehr sie sich verliebt hat. Taylor teilt ihren Fans mit, dass sie *Gorgeous* über ihren damaligen Freund Joe Alwyn geschrieben habe[28], was vielleicht den flirtenden Ton der Refrains erklärt. Die Erzählerin beschreibt, wie sie das Objekt ihrer Begierde sanft verspottet oder ignoriert, als wäre sie ein verliebter Teenager. Aber *Gorgeous* ist auch ein Song, in dem Taylor das ausspricht, was sie will. An einer Stelle seufzt und schimpft sie, dass sie allein nach Hause zu ihren Katzen gehen muss – es sei denn (sie zwinkert), ihr potenzieller Partner möchte mit ihr gehen.

Linke Seite: Swift tritt im Rahmen der »Reputation Stadium Tour« im Croke Park in Dublin, Irland, auf.

Getaway Car

{ *SINGLE* }

Erschienen am: 7. September 2018 (Single in Australien/Neuseeland) / 10. November 2017 (Album)
Songwriter: Jack Antonoff, Taylor Swift
Produzenten: Jack Antonoff, Taylor Swift

Der Synthie-Pop-Song *Getaway Car* ist reicher und komplexer, als zu erwarten war. Wie der Titel andeutet, greift der Song die kriminelle Bildsprache von *... Ready for It?* auf, dank eines Textes, der sich auf das Stehlen von Autoschlüsseln, einen Gefängnisausbruch und das berüchtigte Verbrecherpaar Bonnie und Clyde bezieht. Wie *... Ready for It?* behandelt auch *Getaway Car* diese Bilder als Metaphern für Liebe und Romantik.

Hier ist die Erzählerin die Beifahrerin in einem Fluchtauto, das die Strecke nicht ganz schafft. Dies ist eine Metapher für eine Beziehung, die zum Scheitern verurteilt ist. Dass die Beifahrerin den Fahrer verlässt – nachdem sie Geld und Schlüssel an sich genommen hat –, stützt diese Theorie.

Man kann den Song als Beschreibung einer neuen Beziehung interpretieren, die sabotiert wird, sei es durch jemanden, vor dem man davonläuft, oder durch einen Ex, den man nicht loswird. Laura Sisk, die Toningenieurin des Songs, sagt: »Ich habe Jack [Antonoff] angerufen, während ich den Track bearbeitete, und gesagt: ›Hier geht es um eine Beziehung mit einem Lückenbüßer, oder?‹ Jede einzelne Zeile ist so smart und interessant.«[29] Doch am Ende des Songs weint der Fahrer des Fluchtautos und nimmt Abschied. Und wieder lässt der Text verschiedene Interpretationen zu. Verabschiedet sich die Beifahrerin von ihrem Partner? Oder von der anderen Person? Oder ist es ein Abschied von beiden – eine Fahrt in den Sonnenuntergang für einen Neuanfang?

Oben: Auch während der herausfordernden Zeit der »Reputation«-Ära bleiben die Fans Taylor Swift treu.

King of My Heart

{ ALBUMTRACK }

Erschienen am: 10. November 2017
Songwriter: Max Martin, Shellback, Taylor Swift
Produzenten: Max Martin, Shellback

King of My Heart ist von der Serie *Game of Thrones* beeinflusst, insbesondere von dem Paar Khal Drogo und Daenerys. »[Der Song] hat sogar dieses Schlagzeug am Ende des Hook – ich wollte, dass es wie das Trommeln der Dothraki klingt«[30], verrät Swift. Das Geständnis überrascht angesichts der donnernden Trommelpassagen des Songs während der »Reputation Stadium Tour« nicht. Trotz seines dramatischen, kraftvollen Ursprungs ist *King of My Heart* überraschend zart. Taylor sagt: »Jeder erlebt anders, wie man mit jemandem anderen in Kontakt kommt, und was ich interessant finde, sind die Momente, in denen sich das ändert.«[31] In *King of My Heart* stellt sie klar, dass diese Veränderung positiv ist. Sie fährt fort: »Man hofft immer, dass diese Veränderung einen vorwärts und nicht rückwärts bringt, denn beides kann passieren. Ich wollte immer schon jeden Song so strukturieren, dass jeder einzelne Abschnitt wie ein Vorwärtskommen in der Beziehung klingt, er aber trotzdem noch gut anzuhören ist.«[32] Taylors Gesang, der mit einem Vocoder bearbeitet worden ist, klingt so melodisch und makellos wie ein Kirchenchor, während der Text die heilende Kraft einer positiven Liebe preist und den Wunsch thematisiert, eine Beziehung privat zu halten.

Dancing with Our Hands Tied

{ ALBUMTRACK }

Erschienen am: 10. November 2017
Songwriter: Oscar Holter, Max Martin, Shellback, Taylor Swift
Produzenten: Oscar Holter, Max Martin, Shellback

Der schwedische Musiker Oscar Holter ist Co-Autor und Co-Produzent des 2020er-Hits *Blinding Lights* von The Weeknd, einer eindringlichen Hommage an den Synthie-Wave der 1980er-Jahre, die sich wie eine aufregende nächtliche Autofahrt anfühlt. Einige Jahre zuvor vermittelt Oscar Holter mit *Dancing with Our Hands Tied* die gleiche Stimmung. In den Strophen kreisen einsame Klavierakkorde um Beats, die an Hüpfspiele erinnern, und nachtschwarze Keyboard-Sounds, während die Refrains pulsierender House-Musik entlehnt sind. Textlich spricht *Dancing with Our Hands Tied* die quälende Unvermeidbarkeit einer zurückhaltenden Beziehung an, die turbulenten äußeren Einflüssen ausgesetzt ist. Taylor Swift beschreibt ihren Partner als Rettungsanker bei Katastrophen wie Bränden und Überschwemmungen und verwendet einfallsreiche Bilder, um die Bedeutung der Geheimhaltung ihrer Beziehung zu veranschaulichen (etwa ein unsichtbares Medaillon mit dem Foto des Geliebten). Beeindruckend ist, wie Taylors Gesangsdarbietung die Konturen der von Intrigen geprägten Musik nachzeichnet und zwischen Optimismus und Besorgnis wechselt. Am Ende landet sie sogar in qualvoll hohen Tönen, ein Move, der an Ariana Grande erinnert.

Dress

{ ALBUMTRACK }

Erschienen am: 10. November 2017
Songwriter: Jack Antonoff, Taylor Swift
Produzenten: Jack Antonoff, Taylor Swift

Dress drückt die Dankbarkeit für einen Partner aus, der Unterstützung gewährt, und preist die Intimität einer gesunden Beziehung. Der Titel des Songs bezieht sich auf jemanden, der ein Kleid für eine romantische Begegnung kauft. Der Witz dabei ist, dass das Kleidungsstück nur gekauft wird, damit es ausgezogen werden kann. Taylor sagt: »Ich war wirklich stolz auf die Hookline, weil sie wie eine Anmache klingt, und doch ist es ein Liebeslied über tiefe und zärtliche Gefühle.«[33] Auf der »Reputation Stadium Tour« fungiert *Dress* auch als Hinweis darauf, dass Taylor die Rechte an ihrer eigenen Kunst besitzt. Die Performance zeigt eine Tänzerin, die eine anmutige Choreografie in einem Kleid aufführt, das an Vogelflügel erinnert. Dies ist eine Hommage an den Serpentinentanz, der von der Amerikanerin Loie Fuller geschaffen worden ist, die in Frankreich gelebt hat und es (erfolglos) versucht hat, ihr Werk urheberrechtlich schützen zu lassen.[34]

Am Ende des Songs flackert auf den Videoleinwänden des Auftrittsortes eine Nachricht auf, die Fuller als »Pionierin in Kunst, Tanz und Design, die dafür gekämpft hat, dass Künstler ihre Werke besitzen dürfen«, bezeichnet.

Oben: Die Darbietung von *Dress* auf der »Reputation Stadium Tour« ist eine wunderschöne Hommage an den Serpentinentanz von Loie Fuller.

Rechte Seite: Auf der »Eras-Tour« ist der Abschnitt »Reputation« innerhalb des Konzerts eine Hommage an die Musik und die Themen des Albums.

This Is Why We Can't Have Nice Things

{ ALBUMTRACK }

Erschienen am: 10. November 2017
Songwriter: Jack Antonoff, Taylor Swift
Produzenten: Jack Antonoff, Taylor Swift

Sollte Taylor Swift jemals beschließen, ein Broadway-Musical zu schreiben, wäre *This Is Why We Can't Have Nice Things* einer der Schlusspunkte der Show. Der Song ist von einer fröhlichen Stimmung und einer Gesangsdarbietung geprägt, die an einen Schulhofsong erinnert. Der bissige Text scheint sich auf Kanye Wests Verrat an Swift zu beziehen – der Text spielt auf einen hinterhältigen Freund und einen hinterlistigen Anruf an – und auf Swifts Rückzug aus der Öffentlichkeit nach der Kritik an ihren im Gatsby-Stil gehaltenen, verschwenderischen Partys. Sie erklärt: »Es geht darum, dass Menschen schöne Dinge als selbstverständlich ansehen, wie Freundschaft, Vertrauen, Offenheit oder was auch immer. Menschen in sein Leben einzubeziehen, Menschen vertrauen, Respekt – das sind alles wirklich schöne Dinge.«[35] In dem Song dankt sie ihren Freunden, ihrem Lebensgefährten und ihrer Mutter und stößt in einem vernichtenden Tonfall bitter auf jemanden an, dem sie eindeutig nicht verzeiht. Musikalisch erinnert der Song mit seinem Fingerschnipsen und Sprechgesang an Lorde, eine von Taylors besten Freundinnen, während knisternde Beats und ein orchestrierter Refrain dem Ganzen einen Hauch von Bombast und Verspieltheit verleihen.

Call It What You Want

ALBUMTRACK

Erschienen am: 10. November 2017
Songwriter: Jack Antonoff, Taylor Swift
Produzenten: Jack Antonoff, Taylor Swift

Im Lauf der Zeit wird klar, dass es bei »Reputation« um wesentlich mehr geht als nur um Rache. Taylor Swift erklärt: »Was die Handlung angeht, beginnt [›Reputation‹] einfach nur mit irgendeiner Rebellion oder Wut oder Lebensangst oder was auch immer.«

Taylor fährt fort: »Und dann verliebt man sich und merkt, dass man allmählich andere Prioritäten setzt und sich das Leben verändert, aber man begrüßt das, weil es einem wichtig ist. Und dieser letzte Teil des Albums fühlt sich an, als wäre ich genau dort gerade angekommen.«[36]

Taylor ist offensichtlich bereits in einer viel besseren Verfassung, als »Reputation« den vorletzten Track erreicht, die entspannte Elektro-Pop-Nummer *Call It What You Want*. Zwar erwähnt sie ihre öffentlichen Traumata und Fehler, fühlt sich aber von ihrem Partner vor diesen Turbulenzen geschützt. Er ist verständnisvoll, liebevoll und fürsorglich. Geschickt bezieht sich Taylor auf andere Momente ihres musikalischen Werdegangs. Der Text enthält Bilder, die Taylor bereits benutzt hat (etwas, das brennt: in diesem Fall eine Brücke), und die auf ihren ehemaligen Vault-Track *Castles Crumbling* anspielen. Der Co-Autor und Co-Produzent Jack Antonoff findet *Call It What You Want* ebenfalls sehr aussagekräftig und weist darauf hin, dass eine Besonderheit die »Samples von Taylors Stimme als Intro und im gesamten Song« sind. Er meint: »Die Liebe macht ihre Stimme zu einem Instrument.«[37] Er hat auch einen weisen Rat, wie man den Song am besten genießen kann: »Hört ihn euch nachts auf einem Spaziergang über Kopfhörer an.«[38]

New Year's Day

{ *SINGLE* }

Erschienen am: 27. November 2017 (Country-Radio-Single) / 10. November 2017 (Album)
Songwriter: Jack Antonoff, Taylor Swift
Produzenten: Jack Antonoff, Taylor Swift

Angetrieben von einem intimen Klavier, das wie eine Kerze flackert, kommt mit *New Year's Day* am Ende des Albums ein weiterer Song, der von Taylor Swifts eigenem Leben inspiriert ist. Sie erklärt: »Jeder redet darüber und denkt darüber nach, wen man um Mitternacht zuerst küsst. Man hat diesen romantischen Gedanken: ›Wen wirst du um Mitternacht küssen, um das Neue Jahr einzuläuten?‹ Und ich halte das für sehr romantisch.«[39]

Der Titel *New Year's Day* bezieht sich auf den Tag nach der Party, der ihrer Meinung nach genauso wichtig ist. Sie erklärt: »Die viel romantischere Frage ist, wer sich am Neujahrstag um dich kümmert – wer dir Kopfschmerztabletten gibt und das Haus aufräumt. Ich denke, das drückt viel mehr eine gewisse Beständigkeit aus.«[40] Die Hauptfigur des Songs nutzt die Nachwirkungen einer Party als Ausgangspunkt, um ihre Zuneigung gegenüber einem Partner auszudrücken. Sie verspricht dieser Person, in guten wie in schlechten Zeiten zu ihr zu stehen. *New Year's Day* warnt die Hörer davor, bei einer Beziehung ans Ende des metaphorischen Buches zu springen. Vielmehr sollen sie die besonderen Momente genau dann genießen, wenn sie geschehen, und sich auf die Gegenwart konzentrieren. Am Ende des Tages fühlt sich *New Year's Day* wie eine Brücke zum nächsten Album »Lover« an, sowohl klanglich als auch thematisch. Taylor sagt: »Die Doppelschichtigkeit zwischen Täuschung und Rache auf ›Reputation‹ zeigt, dass es eigentlich eine Liebesgeschichte war. In all dem Chaos war es eine Liebesgeschichte.«[41]

I Don't Wanna Live Forever
(with Zayn Malik)

{ SINGLE }

Erschienen am: 9. Dezember 2016 (Single) / 10. Februar 2017 (Soundtrack Album)
Songwriter: Jack Antonoff, Sam Dew, Taylor Swift
Produzent: Jack Antonof

Die Fans haben Ende 2016 dank der überraschenden Veröffentlichung von *I Don't Wanna Live Forever*, einem Duett mit dem ehemaligen One-Direction-Mitglied Zayn Malik, bereits eine Vorahnung, dass Taylor Swift auf »Reputation« einen neuen Weg einschlagen könnte.

Der Pop-/R-&-B-Song, der auf dem Soundtrack des erotischen Films *Fifty Shades of Grey – Gefährliche Liebe* aus dem Jahr 2017 zu hören ist, kombiniert düstere, an Industrial erinnernde Beats und einen zähen Groove mit einem Text, der unterschiedliche Perspektiven auf eine Trennung bietet: Malik porträtiert einen unglücklichen Ex, der sich nach einer verlorenen Liebe sehnt, während Taylor Swift darüber nachdenkt, ob die Trennung vielleicht doch etwas Positives hat.

I Don't Wanna Live Forever kommt zustande, nachdem Zayn Malik sich direkt an Taylor Swift wendet. Er berichtet: »Ich habe mit ihr telefoniert, und sie hatte den Song gehört, weil Jack [Antonoff] ihn ihr vorgespielt hatte. Sie mochte ihn sehr und ging am nächsten Tag ins Studio.«[42] (Wie sich herausstellt, rechnet Zayn Malik mit einer Zusage von Taylor Swift, weil sie mit Maliks damaliger Freundin, dem Model Gigi Hadid, befreundet ist, und weil sie Zayn bereits gesagt hat, dass ihr der Song gefällt.) Der Titel *I Don't Wanna Live Forever* wird für den Grammy in der Kategorie Bester Filmsong nominiert und erreicht Platz 2 der *Billboard Hot 100*.

Linke Seite: Taylor Swifts Regen-Shows sind immer etwas Besonderes – und das Konzert im Rahmen der »Reputation-Stadion-Tour« am 2. Juni 2018 im Soldier Field in Chicago (hier im Bild) bildet keine Ausnahme.

Links: Im September 2016 werden Zayn Malik, seine damalige Freundin Gigi Hadid und Taylor Swift zusammen im Big Apple gesichtet.

07

DIE LOVER-ÄRA

Nach der stürmischen Atmosphäre von »Reputation« wirkt »Lover« wie ein heller Sonnenstrahl. Taylor Swift berichtet: »Dieses Album fühlt sich auf so viele verschiedene Arten wie ein Neuanfang an. Dieses Album ist ein Liebesbrief an die Liebe und ihren Wahnsinn, ihre Leidenschaft, ihre Aufregung, ihre Verzauberung, ihren Horror, ihre Tragödie, ihren wunderbaren Glanz.«[1] Auf »Lover«, das für einen Grammy als bestes Gesangsalbum nominiert wird, hat sie sich dazu angetrieben, Neues zu erforschen. Sie sagt: »Es ist definitiv eine kuriose Platte. Mit diesem Album hatte ich das Gefühl, mir selbst die Erlaubnis zu geben, ältere Themen, über die ich früher geschrieben hatte, noch einmal aufzugreifen und sie vielleicht mit neuen Augen zu betrachten.«[2]

I Forgot That You Existed

{ ALBUMTRACK }

Erschienen am: 23. August 2019.
Songwriter: Louis Bell, Adam King Feeney, Taylor Swift
Produzenten: Louis Bell, Frank Dukes, Taylor Swift
Alternative Version: Klavier/Gesang

***I Forgot That You Existed* ist wie ein wunderschöner doppelter Regenbogen, der nach einem plötzlichen Regenschauer hinter den Wolken hervorlugt. Taylor arbeitet mit Louis Bell und Adam King Feeney (der auch unter dem Namen Frank Dukes produziert) zusammen. Das Duo hat bereits mit Taylors Freundin Camila Cabello gearbeitet, und Taylor bewundert diese Musik. Zusammen erschaffen sie einen fröhlichen Bubblegum-Pop-/R-&-B-Song über einen Neuanfang und darüber, sich nicht mehr von jemandem die Stimmung verderben zu lassen.**

Taylor sagt: »*I Forgot That You Existed* handelt davon, die vielen Dinge, die man durchgemacht hat und die viel Kampf und Schmerz verursacht haben, mit einem Schulterzucken abzutun. Eines Tages wachst du auf und stellst fest, dass es dir egal ist, was dir diesen Schmerz zugefügt hat.«[3] Musikalisch umhüllt der Song den unbeschwerten Text über mentale Freiheit mit einem schwungvollen Klavier, einer dröhnenden Basslinie und einem Beat, der mit den Fingern geschnippt wird.

Wie hat Taylor es geschafft, ihren Optimismus zu entwickeln? Sie sagt: »[Die ›Reputation Stadium Tour‹ ist] das emotionalste Erlebnis meiner Karriere, das mich am meisten verändert hat.« Sie fügt hinzu: »Diese Tour hat mich in den gesündesten und ausgeglichensten Zustand versetzt, in dem ich je war. Irgendetwas an dieser Tour hat mich von einigen Aspekten der öffentlichen Wahrnehmung abgekoppelt, an die ich meine gesamte Identität gehängt hatte, was ich jetzt als unglaublich ungesund erkenne.«[4]

Cruel Summer

{ *SINGLE* }

Erschienen am: 20. Juni 2023 (Single) / 23. August 2019 (Album)
Songwriter: Jack Antonoff, Annie Clark, Taylor Swift
Produzenten: Jack Antonoff, Taylor Swift
Alternative Versionen: Live from TS / The Eras Tour, LP Giobbi Remix, LP Giobbi Remix – extended Version

Die Wiederbelebung von *Cruel Summer* ist eine der bemerkenswertesten Geschichten von Taylor Swift aus dem Jahr 2023. Der Elektro-Pop-Song erscheint fast vier Jahre nach der Veröffentlichung des Albums »Lover« als Single und wird dank eines massiven Erfolgs auf Streaming-Plattformen zu einem riesigen Radiohit. Er hält sich vier Wochen lang ununterbrochen auf Platz 1 der *Billboard Hot 100*.

Für Taylor ist der verspätete Erfolg sehr erfreulich. Der Song hatte zuvor nicht die Aufmerksamkeit bekommen, die er verdient, aber sie sagt: »*Cruel Summer* war mein ganzer Stolz und meine ganze Freude. Ich versuche das nicht auf die weltweite Pandemie zu schieben, aber sie hat verhindert, dass *Cruel Summer* damals eine Single wurde.«[5] Sie erklärt weiterhin: »[Wie der Titel vermuten lässt], handelt der Song davon, dass eine Sommer-Romanze oft dahinwelkt, weil sie von negativen Bedingungen oder manchmal sogar der Geheimhaltung überschattet wird. Es geht um eine Beziehung, in der es Verzweiflung und Schmerz gibt, in der man sich nach etwas sehnt, das man noch nicht erreicht hat.«[6] Die von Retro-Elementen geprägte Musik ist voller Melancholie, als wäre sie der Soundtrack eines Teenagerfilms voller Herzschmerz aus den 1980er-Jahren.

Die Bridge in *Cruel Summer* ist allerdings noch stärker. Taylor sagt: »Jack [Antonoff] und ich lieben es, uns in der Bridge richtig auszutoben. Wie in *Out of the Woods*, wo die Bridge der wichtigste Moment im Song ist – wir sind auf dieses Konzept zurückgekommen.«[7] Dieser Abschnitt mit Gänsehaut-Garantie, der zum Mitsingen einlädt, beschreibt Szenen, die jeder kennt: eine betrunkene Autofahrt von einer Bar nach Hause, heimliches Abhängen mit einem unwiderstehlichen Flirt und ein Liebesgeständnis, obwohl es wahrscheinlich keine gute Idee ist.

Linke Seite & rechts: Im Gegensatz zu den dunklen Bühnenoutfits der »Reputation«-Ära zeichnet sich die »Lover«-Ära durch Outfits in Regenbogenfarben aus – wie man 2019 auf dem *iHeartRadio Wango Tango* (links) und bei der Ankunft auf den *MTV Video Music Awards* (rechts) sehen kann.

Lover

Lover

{ SINGLE }

Erschienen am: 16. August 2019 (Single) / 23. August 2019 (Album)
Songwriter: Taylor Swift
Produzenten: Jack Antonoff, Taylor Swift
Alternative Versionen: First Dance Remix, Piano/Vocal, Lover (Live from Paris), Remix featuring Shawn Mendes

Es ist eine Untertreibung, Taylor Swift als produktive Songwriterin zu bezeichnen. Wie viele kreative Menschen stellt sie die Quelle ihrer Inspiration nicht infrage. Sie sagt: »Ich war noch nie wirklich in der Lage, das Songwriting vollständig zu erklären, außer dass es wie eine kleine glitzernde Wolke ist, die vor deinem Gesicht schwebt, und du schnappst sie dir im richtigen Moment. Und dann besinnst du dich darauf, wie ein Song strukturiert ist, und füllst die Lücken.«[8]

All das ist sicherlich eine treffende Beschreibung für die Entstehungsgeschichte von *Lover*. Der langsame Walzer wird in der Kategorie »Bester Song des Jahres« für einen Grammy nominiert. Eines Nachts, als Taylor in Nashville im Bett liegt, kommt ihr die Idee für den Song. Sie steht auf und »stolpert zum Klavier«[9], um eine Sprachnotiz aufzunehmen, damit sie den Text und die Melodie nicht vergisst. Schon in dieser frühen Phase hat sie eine klare Vorstellung von dem Konzept des Songs. Sie erklärt: »Ich wollte, dass der Refrain aus diesen wirklich einfachen, existenziellen Fragen besteht, die wir uns stellen, wenn wir verliebt sind. ›Kann ich immer bei dir sein?‹ Die Frage ist echt schwierig zu stellen.«[10] Der Rest des Textes fängt die vertraute Atmosphäre eines Paares ein, das gemeinsam ein Zuhause für die Ewigkeit baut. Diese Beständigkeit ermöglicht es ihnen, sich gegenseitig die schwierigen Fragen zu stellen.

Interessanterweise ist *Lover* für sie eine ziemliche Herausforderung. Taylor gibt zu: »Es war immer sehr schwer für mich, Liebeslieder zu schreiben, die nicht wirklich von der Liebe handeln, sondern von Sehnsucht, heimlicher Liebe, Liebe voller Angst.«[11] Das mag seltsam erscheinen, wenn man bedenkt, dass einer von Taylors Markenzeichen der romantische Song *Love Story* ist. Später bestätigt sie jedoch: »[In dem Song geht es um] Filme, die ich gesehen hatte, und Romeo und Julia. In nur einem kleinen Stück ging es um mein eigenes Leben. Aber ich konnte nie wirklich einen Love-Song schreiben, in dem es nur hieß: ›Oh mein Gott, ich liebe dich!‹«[12] *Lover* gibt Taylor auch die Möglichkeit, eine ihrer geliebten Bridges zu kreieren (»Ich liebe Bridges«, witzelt sie, »und ich konnte wirklich nach Bridge City fahren.«[13]) und quasi ein Eheversprechen mit charmanten Details zu schreiben, wie etwa, dass das Paar schmutzige Witze teilt und dem Partner einen Platz freihält. Sie erklärt: »Man weiß ja, wie das ist, wenn Leute ihre Eheversprechen schreiben und sie irgendwie für sich anpassen. Ich wollte [für diesen Song] so etwas machen.«[14]

Musikalisch fühlt sich *Lover* dagegen wie abgekoppelt von den Pop-Trends an. Sie sagt: »Ich wollte, dass [der Song] zeitlos ist und man nicht erraten kann, ob er auf einer Hochzeitsfeier im Jahr 1980, 1970 oder jetzt gespielt wird.«[15] Der Titel basiert auf einer einfachen Instrumentalbesetzung und erinnert an die Popmusik der 1960er-Jahre vor den Beatles und dem harmoniebetonten Glanz der Girlbands.

Linke Seite & unten: Taylor Swift singt *Lover* bei den *MTV Video Music Awards 2019* (links) und in ihrem Set auf dem *Alibaba 11.11 Global Shopping Festival 2019* in Shanghai, China (unten).

The Man

{ *SINGLE* }

Erschienen am: 27. Januar 2020 (Single) / 23. August 2019 (Album)
Songwriter: Joel Little, Taylor Swift
Produzenten: Joel Little, Taylor Swift
Alternative Versionen: »Lover (Live from Paris)«

Als Taylor Swift 2023 beginnt, die Spiele der NFL zu besuchen, um ihren Freund Travis Kelce zu sehen, sind einige Football-Fans irritiert, dass sie so oft im Fernsehen zu sehen ist. Sie antwortet: »Ich bin nur dort, um Travis zu unterstützen. Ich habe keine Ahnung, ob ich zu viel gezeigt werde und ein paar Väter, Jungs und Typen verärgere.«[16] Wie diese Bemerkung zeigt, hat Taylor viel Übung darin, die ungerechten Maßstäbe der Männer zu kritisieren, die bei Frauen angewendet werden, während sie, nun ja, so ziemlich alles tun.

Der Electro-Pop-Song *The Man* spielt mit dem Konzept der unterschiedlichen Wahrnehmungen: »Wenn ich alle Entscheidungen exakt gleich getroffen, dieselben Fehler gemacht und dieselben Erfolge erzielt hätte, wie würde man dann darüber denken?«[17] Diese Idee wird in einem Text aufgegriffen, der die Wahrheit über die Geschlechterungleichheit und die unfaire ständige Bewertung ihrer Handlungen anspricht.

Mit *The Man* stellt Taylor ihre persönlichen Erfahrungen als Mikrokosmos der Probleme dar, mit denen Frauen in der gesamten Musikindustrie konfrontiert sind – ganz zu schweigen von den Herausforderungen, denen sie bei der Arbeit oder in der Schule begegnen. Taylor Swift sagt: »Je mehr wir darüber in einem solchen Song reden, desto mehr sind wir in der Lage, die Dinge beim Namen zu nennen, wenn sie tatsächlich geschehen. Und ich wollte einen eingängigen Song machen – damit er den Leuten im Gedächtnis bleibt und sie [somit] am Ende einen Song über die Geschlechterungleichheit im Kopf haben. Das wäre für mich das Beste.«[18]

Unten & rechte Seite: Für den »Lover«-Abschnitt der Konzerte der »Eras-Tour« trägt Taylor Swift einen glitzernden Versace-Body (rechts) und darüber lässig eine ebenso glitzernde Anzugjacke, während sie *The Man* (unten) singt.

The Archer

{ *PROMO-SINGLE* }

Erschienen am: 23. Juni 2019 (Promo-Single) / 23. August 2019 (Album)
Songwriter: Jack Antonoff, Taylor Swift
Produzenten: Jack Antonoff, Taylor Swift
Alternative Versionen: »Lover (Live from Paris)«

Die Fans wissen, dass Taylor Swift auf ihren Alben normalerweise den fünften Track für ihren »ehrlichsten, emotionalsten, verletzlichsten und persönlichsten« Song reserviert.[19] *The Archer* ist da keine Ausnahme. Der Co-Autor und-Produzent Jack Antonoff berichtet, der Titel sei in knapp zwei Stunden entstanden. Der ernste Song handelt davon, dass man einige schlechte Lektionen, die man in der Vergangenheit erfahren hat, dann aber wieder vergessen muss – vor allem in der Liebe«[20], sagt Taylor Swift.

Wie Taylor erklärt, kann eine unglückliche Liebe es schwierig machen, negative Gedanken zu verdrängen. Sie sagt: »Manchmal muss man seine eigenen Dämonen aus der Zeit, als [eine Beziehung] nicht funktionierte, in Schach halten. Man muss aufhören, ständig zu denken, dass immer das Schlimmste passieren wird. Und dieser Song handelt von Ängsten und davon, wie man Muster und Abläufe durchbricht, die nicht gesund sind.«[21] Das ist nicht immer einfach. Allerdings erklärt *The Archer* auch, dass widersprüchliche Gefühle normal sind. Während man vielleicht nach den entscheidenden Fehlern des Partners sucht, fragt man sich im nächsten Atemzug, ob man sich in der Beziehung sicher fühlen kann. In einem Pre-Chorus wird die Figur Humpty Dumpty (eines zerbrochenen Eis) aus dem Kinderlied zitiert, um die Empfindungen eines zerbrochenen Herzens zu beschreiben, während in einer anderen Zeile die Sorge zum Ausdruck kommt, dass die Idole des Protagonisten am Ende allein dastehen.

Aber der Titel *The Archer* vermittelt letztendlich, dass es die wahre Liebe gibt – wie die beschwingte Musik beweist, die nur aus luftigen, zuckerwattenartigen Keyboardsounds und einem eindringlichen Schlagzeug-Beat besteht, der wie ein rasender Herzschlag klingt.

Miss Americana and the Heartbreak Prince

{ **ALBUMTRACK** }

Erschienen am: 23. August 2019.
Songwriter: Joel Little, Taylor Swift
Produzenten: Joel Little, Taylor Swift

In den Jahren nach der Wahl Donald Trumps zum Präsidenten der USA äußert sich Taylor Swift erstmals öffentlich zur Politik. Sie sagt: »Erst als ich auf die 30 zuging, fühlte ich mich ausreichend informiert, um zu meinen 114 Millionen Followern zu sprechen. Rassismus und Angst durch direkte Botschaften zu schüren ist etwas, das ich von unseren politischen Anführern nicht will, und mir wurde klar, dass es sogar meine Verantwortung ist, meinen Einfluss gegen diese widerliche Rhetorik einzusetzen.«[22] Sie ermutigt die Fans, sich für die Wahlen registrieren zu lassen – und schreibt mit *Miss Americana and the Heartbreak Prince* einen sehr politischen Synthie-Pop-Song.

Der Song entsteht 2018 einige Monate nach den Zwischenwahlen in den USA. Sie erklärt: »Ich wollte die Politik aufgreifen und einen metaphorischen Ort wählen, an dem sie existiert. Und so dachte ich an eine traditionelle amerikanische Highschool, wo es all diese gesellschaftlichen Veranstaltungen gibt, auf denen sich jemand völlig deplatziert fühlen könnte.«[23] Das Thema beschwört Bilder wie ein zerrissenes Ballkleid und das Gespött der Mitschüler herauf – das erste Bild steht für Desillusionierung, das zweite für das Gefühl, politisch geächtet zu sein.

In der zweiten Strophe wird eine Gruppe arroganter Nichtsnutze erwähnt, die das Team der Erzählerin besiegen und die amerikanische Geschichte in Flammen aufgehen lassen. Taylor Swift fragt sich, wo die klugen Leute sind – eine offensichtliche Anspielung auf die Republikaner, die seit Langem bestehende politische Normen untergraben. Paradoxerweise hat *Miss Americana and the Heartbreak Prince* eine positive musikalische Grundstimmung – nicht umsonst dient es als Auftakt für die Konzerte der »Eras-Tour« –, doch das Klavier klingt resigniert und die cheerleaderartigen Gesänge verheißen nichts Gutes.

I Think He Knows

{ **ALBUMTRACK** }

Erschienen am: 23. August 2019
Songwriter: Jack Antonoff, Taylor Swift
Produzenten: Jack Antonoff, Taylor Swift

Rechte Seite: Jeden Abend eröffnet Taylor Swift die Konzerte der »Eras-Tour« mit dem Song *Miss Americana and the Heartbreak Prince*. Dabei trägt sie einen Body von Versace mit verschiedenfarbigen Glitzersteinen.

Seien wir ehrlich: Selbstbewusstsein ist sexy – aber Selbstsicherheit ist noch viel sexyer. Das ist die Botschaft des funkigen Songs *I Think He Knows*, einer Hommage an Prince mit einem Text über die schwindelerregenden Nebenwirkungen absoluter Verliebtheit. Taylor Swift will über jemanden schreiben, der »stilles Selbstbewusstsein« besitzt. Sie erklärt: »Diese Menschen sind nicht arrogant, sie sind nicht eingebildet. Das wäre ja auch widerlich. Aber es gibt bestimmte Menschen, die einfach den Raum betreten und nicht arrogant sein müssen, weil sie etwas ausstrahlen, das sie wahrscheinlich nicht einmal kontrollieren.«[24] Sie fügt hinzu: »Diese Menschen haben eine magnetische Persönlichkeit, aber Extrovertiertheit ist nicht unbedingt eine Voraussetzung. Manche Menschen scheinen einfach zu wissen, wer sie sind, und müssen nicht damit angeben. Und ich denke, dass dies eine sehr interessante Eigenschaft ist, die ich nicht wirklich erklären kann. Und deshalb habe ich einen Song darüber geschrieben.«[25] Treffenderweise ist *I Think He Knows* ein ausgelassenes Stück, das das Kribbeln im Bauch bei einer aufregenden Beziehung einfängt. In einem schnell gesprochenen Pre-Chorus vergleicht sich Taylor Swift mit einer Architektin, die Pläne für ihren Mann entwirft – angeblich für ihre glückliche gemeinsame Zukunft – und sie preist die Freude über die ungebremste Anziehung.

Paper Rings

{ ALBUMTRACK }

Erschienen am: 23. August 2019.
Songwriter: Jack Antonoff, Taylor Swift
Produzenten: Jack Antonoff, Taylor Swift

Taylor Swift hat meist sehr konkrete Vorstellungen von ihren Songs. Nehmen wir zum Beispiel *Paper Rings*, einen unbeschwerten Song über eine Freundschaft, aus der mehr wird. Taylor sagt: »Ein Teil der Inspiration für einige der Songs [auf ›Lover‹] war die Vorstellung, dass ich eine Hochzeitsband auf einer Hochzeit bin und die Liebeslieder spiele, die das Brautpaar hören möchte, so als wären wir im Jahr 1978 oder so.«[26]

Dementsprechend ist die Musik auf *Paper Rings* von tanzpartytauglichen, stampfenden Beats, einem rauen, energiegeladenen Gesang und einer gebrüllten Bridge geprägt, die von einem dramatischen Tonartwechsel angetrieben wird. Swift erklärt: »[Die Bridge ist] von Punk-Girlgroups und deren Gesangsstil inspiriert, bei dem sie ihre Texte ohne Umschweife herausschreien.«[27] Diese Musik vermittelt, wie aufregend es ist, sich Hals über Kopf in jemanden zu verlieben – mit all seinen Ecken und Kanten, und dass man in guten wie in schlechten Zeiten für ihn da ist. Der Song philosophiert, dass man vielleicht davon träumt, welchen Ehering man später haben möchte, aber in einer starken Beziehung ist ein großer, glänzender Stein nicht notwendig. »Wenn man jemanden wirklich liebt, ist einem ein Ring egal«[28], sagt sie. Mit anderen Worten: Ein Papierring passt perfekt.

Oben: Das einzige vollständige Konzert, das Taylor Swift nach der Veröffentlichung von »Lover« gibt, ist ihr »City of Lover«-Auftritt im L'Olympia in Paris am 9. September 2019.

Rechte Seite: Taylor Swift tritt am 23. April 2019 bei der *TIME 100 Gala* des Jazz at Lincoln Centers auf – sie ist eine der Preisträgerinnen in jenem Jahr.

Cornelia Street

{ ALBUMTRACK }

Erschienen am: 23. August 2019.
Songwriter: Taylor Swift
Produzenten: Jack Antonoff, Taylor Swift
Alternative Versionen: »Lover (Live from Paris)«

Bei *Cornelia Street* besteht kein Zweifel daran, dass der Text auf Ereignissen aus Taylor Swifts Leben basiert. Sie berichtet sehr offen über ihre Erinnerungen an ein luxuriöses Stadthaus mit vier Schlaf- und sieben Badezimmern, das sie in eben dieser Straße im New Yorker West Village gemietet hat.[29]

Taylor erklärt: »Manchmal verbinden wir in unserem Leben unsere Erinnerungen mit den Orten, an denen diese Erinnerungen entstanden sind. Wir tun das einfach, wenn wir das Leben romantisieren, was ich gern mache.«[30]

Mit einem strahlenden Vibe und Rhythmen, die an Herzschläge erinnern, dokumentiert *Cornelia Street* die Entwicklung einer vielversprechenden Beziehung. Der Song beginnt damit, dass zwei Menschen ihre gegenseitige Anziehungskraft ausloten – Taylor beschreibt dies brillant als ein Gefühl, das von mehr als nur zu vielen Drinks herrührt – und verweist dann auf glückliche gemeinsame Momente.

Das Paar hat jedoch so gravierende Meinungsverschiedenheiten, dass die Erzählerin die Wohnung verlässt. Am Ende hat sie jedoch das Gefühl, dass der Streit eine Ausnahme bleibt und ihr Partner zuverlässig ist.

Im Refrain des Songs sagt die Erzählerin, dass sie das Haus in der Cornelia Street nie wieder wird besuchen können, wenn die Beziehung scheitern sollte. Taylor wechselt gezielt in einen gehauchten Gesangsstil, als sie die Unsicherheit und Ungewissheit dieser Beziehung beschreibt, was darauf hindeutet, dass die emotionale Belastung hoch ist, weil die Erzählerin so viel in sie investiert hat.

Death By a Thousand Cuts

{ **ALBUMTRACK** }

Erschienen am: 23. August 2019.
Songwriter: Jack Antonoff, Taylor Swift
Produzenten: Jack Antonoff, Taylor Swift
Alternative Versionen: »Lover (Live from Paris)«

Auf »Lover« ist Taylor in Bezug auf die Liebe eher positiv eingestellt, obwohl das nicht bedeutet, dass es keine Wolken am Himmel gibt. Das trügerisch fröhlich klingende *Death By a Thousand Cuts* ist ein Song, der das Elend nach einer Trennung beschreibt. Er dokumentiert die Art und Weise, wie das Ende einer Beziehung den leidenden Part langsam, aber sicher zerstört.

Taylor sagt: »Ich dachte: ›Dieser Song ist der Beweis dafür, dass ich nicht aufhören muss, Songs über Herzschmerz und Elend zu schreiben.‹ Was für mich eine unglaublich gute Nachricht ist.«[31] Aber wie ist sie überhaupt auf die Idee gekommen, über Trennungen zu schreiben? Zunächst einmal trennen sich einige ihrer Freunde von ihren Partnern, und Taylor wird zu einer Art Kummerkasten. Sie erklärt: »Bei solchen Trennungen muss man ständig mit seinen Freunden reden, weil sie selbst ständig darüber reden müssen. Ich habe also viele Gespräche über Trennungen geführt.«[32] Zufällig sieht sie sich 2019 den Film *Someone Great* an und lässt sich davon inspirieren. In dem Film durchlebt die Hauptfigur eine Trennung, die ihr Leben verändert.[33] (Der Zufall will es, dass sich die Regisseurin und Drehbuchautorin Jennifer Kaytin Robinson tatsächlich von Taylor Swifts Album »1989« für ihren Film inspirieren lässt. Sie beschreibt das Album als »eine Art beste Freundin, die eine Flasche Tequila mitbringt und dich fest umarmt«, als sie selbst eine Trennung durchmacht.[34]) Letztendlich wird Taylor von all dem angespornt. Sie sagt: »Das alles gipfelte darin, dass ich eines Tages mit diesem ganzen Herzschmerz-Text im Kopf aufwachte, und ich dachte: ›Es ist immer noch da! Jawohl!‹«[35]

Links: Am 13. Dezember 2019 feiert Taylor Swift ihren 30. Geburtstag mit einem Auftritt beim *Z100's iHeartRadio Jingle Ball.*
Rechte Seite: Taylor Swift mit ihrem damaligen Partner Joe Alwyn.

London Boy

{ ALBUMTRACK }

Erschienen am: 23. August 2019.
Songwriter: Jack Antonoff, Cautious Clay, Sounwave, Taylor Swift
Produzenten: Jack Antonoff, Taylor Swift

Für viele Amerikaner ist ein britischer Akzent absolut unwiderstehlich. Kombiniert man das mit einem hübschen Gesicht – sagen wir, mit Grübchen – dann gibt es keine Rettung mehr vor der Liebe. Das ist der Kern von *London Boy*, einem fröhlichen Reggae-Pop-Song über einen Umzug nach England und eine Romanze mit einem waschechten Briten.

Der Text beschreibt eine Beziehung, in der sich Gegensätze anziehen – der Londoner Junge ist mit einem weiblichen Springsteen-Fan zusammen, der auf Whiskey und Blue Jeans steht. Sie schlendern über den Camden Market und durch Soho, trinken High Tea und schauen in einem Pub Rugby an. »In diesem Song habe ich einfach darüber geschrieben, wie es ist, wenn man im Grunde genommen sagt: ›Tschüss, Leute! Ich werde für eine lange Zeit dort bleiben‹«, sagt Swift, denn wegen ihres Freunds Joe Alwyn verbringt sie viel Zeit auf der anderen Seite des Atlantiks.[36] Es geht um »einen Zeitraum von drei Jahren«. Sie erklärt: »Jemand hat mir gesagt: ›Die denken, dass du über einen einzigen Tag redest.‹ Und ich dachte: ›Oh nein, das würde man nie [in einem Tag] schaffen.‹«[37] *London Boy* enthält außerdem eine Interpolation des Songs *Cold War* von dem Multi-Instrumentalisten Cautious Clay und ein von Idris Elba gesprochenes Intro, das dem Song noch mehr interessante Facetten verleiht.

Soon You’ll Get Better (featuring the Chicks)

{ **ALBUMTRACK** }

Erschienen am: 23. August 2019.
Songwriter: Jack Antonoff, Taylor Swift
Produzenten: Jack Antonoff, Taylor Swift

Verständlicherweise schirmt Taylor Swift ihr Familienleben extrem ab. Doch Anfang 2019 verrät sie, dass ihre Mutter Andrea einen Krebsrückfall erlitten hat.[38] Sie sagt später: »Jeder liebt seine Mutter, für jeden ist die Mutter wichtig. Aber für mich ist sie wirklich mein innerer Kompass. Über fast jede Entscheidung, die ich treffe, spreche ich zuerst mit ihr. Daher war es für mich auch sehr schwierig, über ihre Krankheit zu sprechen.«[39]

Bei Taylors Mutter Andrea wird ein Hirntumor festgestellt. Taylor sagt: »Und die Symptome, die eine Person durchmacht, wenn sie einen Hirntumor hat, sind nicht mit dem vergleichbar, was wir zuvor mit ihrem Krebs durchgemacht haben. Daher ist es für uns als Familie wirklich eine sehr schwere Zeit.«[40]

Taylor verarbeitet diese Nachricht, indem sie einen Song mit dem Titel *Soon You’ll Get Better* schreibt. Der schlichte Country-Folk-Song ist einer der traurigsten und bewegendsten Momente in Taylor Swifts gesamtem Repertoire. Der Text ähnelt einem inbrünstigen Gebet. Taylor lässt ihren Schmerz, ihre Angst, ihre Sorge und ihre Liebe in einen brutal ehrlichen, emotionalen Song fließen, der sich anfühlt, als würde der fromme Wunsch des Songs der Mutter zur Genesung verhelfen. Fast so, als würde sie nach einer beschützenden Kuscheldecke greifen, heuert Taylor die Chicks, eine ihrer Lieblingsbands aus ihrer Kindheit, an, um an dem Song mitzuwirken. Der Backgroundgesang dieser Band fühlt sich an wie eine warme Umarmung, während Banjo und Geige die richtige Portion Trost und Anmut hinzufügen.

False God

{ ALBUMTRACK }

Erschienen am: 23. August 2019.
Songwriter: Jack Antonoff, Taylor Swift
Produzenten: Jack Antonoff, Taylor Swift

Die Honeymoon-Phase einer Beziehung hält nicht ewig an. Bühne frei für *False God,* einen komplexen Song, der religiöse Metaphern verwendet, um die Höhen und Tiefen der Liebe zu ergründen. Die Worte sind geschickt gewählt: In der zweiten Strophe merkt Taylor an, dass Zuneigung etwas Himmlisches ist, dass ein Streit die Hölle sein kann und dass sich hinterher zu vertragen nur über Geständnisse und Vergebung funktioniert.

Der Song liefert ein abschreckendes Beispiel dafür, wie gefährlich es ist, eine Beziehung wie eine Religion zu behandeln. Man kann Schönheit verehren, sie sollte jedoch nicht das Wichtigste in einer Beziehung sein. Auch für eine Beziehung gilt: Wenn man etwas glaubt, ohne es zu hinterfragen, kann es Schwierigkeiten geben. Schließlich stellt *False God* fest, dass die Liebe zwar nicht bis zur Götzenverehrung reichen sollte, was schon einmal eine gute Sache ist, sie ist aber auf jeden Fall einen Versuch wert. Passend zu dem ernsten Thema ist die Musik nüchtern und introspektiv, ein langsamer R-&-B-Jam, der mit dem meditativen, jazzigen Saxofonspiel von Evan Smith durchsetzt ist, der auch bereits mit St. Vincent (aka Annie Clark, der Co-Autorin von *Cruel Summer*) gearbeitet hat.

Linke Seite: Taylor Swift und ihre Mutter Andrea 2015 bei der Entgegennahme eines Milestone Awards auf der Verleihung der *ACM Awards*.
Oben: Taylor Swift bei einem ihrer legendären Regen-Konzerte auf ihrer »Eras-Tour« am 19. November 2023 in Rio de Janeiro (Brasilien).

You Need to Calm Down

{ *SINGLE* }

Erschienen am: 14. Juni 2019 (Single) / 23. August 2019 (Album)
Songwriter: Joel Little, Taylor Swift
Produzenten: Joel Little, Taylor Swift
Alternative Versionen: Clean Bandit Remix, »Lover (Live from Paris)«

Wie viele Prominente ist Taylor Swift ein Magnet für Kritik und Protest. Doch neben ihrer Auseinandersetzung mit Sexismus und Schlangen [als Personifikation des Bösen] hat sie sich auch mit dem miesen Verhalten verschiedener Gruppierungen auseinandergesetzt. So bezeichnet die homophobe Westboro Baptist Church sie 2013 als »hurenhaftes Gesicht des dem Untergang geweihten Amerikas«. Sie kündigt an, dass sie Taylors Konzert in Kansas City mit einer Mahnwache stören wird.[41]

Als das Album »Lover« endlich auf dem Markt ist, hat Taylor schließlich genug, wie man in *You Need to Calm Down* hören kann. Auf einem Groove, der sich anfühlt wie ein Gummiball, der auf einer Oberfläche hin und her springt, nimmt sie es mit ignoranten Menschen und nervigen Hatern auf. Sie sagt ihnen unmissverständlich, dass sie sich hinsetzen, den Mund halten und Beruhigungspillen nehmen sollen: »Die erste Strophe handelt von [Internet-]Trollen und der Cancel-Kultur. Die zweite Strophe handelt von Schwulenhassern und den Leuten, die vor unseren Konzerten demonstrieren. Die dritte Strophe handelt von erfolgreichen Frauen, die gegeneinander antreten.«[42]

Einige dieser Sticheleien sind sehr lustig. Sie vergleicht einen »Shot« (eine Beleidigung) mit einem »Tequila-Shot« (Schnaps) und wundert sich mit einem Augenrollen darüber, dass ein Fremder sie um 7 Uhr morgens im Internet verspottet. Der Refrain ist ebenfalls ein Genuss, da der Spott in farbenfrohen Harmonien verhüllt wird – ein klassischer Fall von »dem Gegner lächelnd die Zähne zu zeigen«. Aber ihr Text hat auch eine sehr deutliche Botschaft. Sie erwähnt die gemeinnützige Organisation GLAAD, die sich für die Unterstützung der LGBTQ-Gemeinschaft einsetzt, und fordert die Menschen auf, in Bezug auf queere Menschen nicht mehr in der Vergangenheit zu leben.

Als i-Tüpfelchen teilt Taylor am Ende des Videos von *You Need to Calm Down* eine Petition, in der der US-Senat aufgefordert wird, den US Equality Act zu unterstützen, ein Bundesgesetz, das darauf abzielt, das US-amerikanische Grundgesetz zu erweitern, um Diskriminierung aufgrund der Geschlechtsidentität und der sexuellen Orientierung zu verbieten.

In einem Interview wird Taylor Swift gefragt, warum sie sich für die Rechte der LGBTQ-Gemeinschaft einsetzt. Sie antwortet: »Rechte werden im Grunde genommen jedem entzogen, der kein heterosexueller, weißer, nicht-transgender Mann ist. Ich habe erst vor Kurzem erkannt, dass ich mich auch für eine Gemeinschaft einsetzen kann, der ich nicht angehöre. Man weiß nicht so recht, wie man das anstellen soll, ohne vor lauter Angst vor Fehlern zu erstarren.«[43] Sie fährt fort: »Meine Fehler machen immer viel Lärm. Wenn ich einen Fehler mache, ist das Echo immer auf der ganzen Welt zu hören. Das bringt Klicks und das ist Teil meiner Lebensgeschichte und meiner Karriere.«[44] *You Need to Calm Down* erreicht Platz 2 der *Billboard Hot 100* und wird für einen Grammy in der Kategorie »Best Pop Solo Performance« nominiert.

Linke Seite: Taylor Swift singt 2019 *You Need to Calm Down* bei den *MTV Video Music Awards*. Später erhält das Musikvideo des Songs zu Recht die Auszeichnung Video des Jahres.

Rechts: Taylor Swift tritt am 10. Juli 2019 beim *Prime Day Concert* von Amazon Music auf.

Afterglow

{ **ALBUMTRACK** }

Erschienen am: 23. August 2019.
Songwriter: Louis Bell, Adam King Feeney, Taylor Swift
Produzenten: Louis Bell, Frank Dukes, Taylor Swift

Back to December ist wahrscheinlich Swifts bekanntester Entschuldigungs-Song, vielleicht weil sie den Hit auf »Speak Now« nach ihrer Trennung vom Schauspieler Taylor Lautner geschrieben hat. Der düstere R-&-B-/Pop-Song *Afterglow* ist jedoch ein hervorragendes Beispiel dafür, wie kompliziert Entschuldigungen werden können, wenn man in einer festen Langzeitbeziehung lebt. Zu Beginn des Songs ist die Erzählerin zerknirscht: Sie hat ihrem Partner furchtbar wehgetan, als sie wegen eines Missverständnisses die Beherrschung verloren hat. Dieser Streit löst jedoch auch intensive Überlegungen aus. Sie will sich nicht trennen, aber sie versucht auch herauszufinden, warum sie eine gute Sache sabotiert. Wie bei vielen Taylor-Swift-Songs wird die Bridge dann komplexer: Die Unsicherheit der Erzählerin tritt zutage, und sie fleht ihren Partner an, ihr zu versichern, dass die Beziehung wieder in Ordnung kommt, auch wenn sie sich wie ein Idiot aufgeführt hat. Es stellt sich uns die Frage, ob diese Beziehung all die Meinungsverschiedenheiten überstehen wird. Am Ende hofft die Erzählerin, dass sie sich im »Abendrot« (afterglow) treffen – eine Metapher für einen glücklichen Ort, die die Themen Licht und Wiedergeburt des Albums aufgreift.

ME! (featuring Brendon Urie)

{ **SINGLE** }

Erschienen am: 26. April 2019 (Single) / 23. August 2019 (Album)
Songwriter: Joel Little, Taylor Swift, Brendon Urie
Produzenten: Joel Little, Taylor Swift
Alternative Versionen: »Lover (Live from Paris)«

Swift adoptiert auf dem Set für das Video von *ME!* ihre dritte Katze und nennt sie Benjamin Button Swift. Man kennt die Katze von einem der Fotos aus dem Jahr 2023 für das *Time Magazine* im Rahmen der Auszeichnung »Mensch des Jahres«. Die Katze liegt auf dem Bild über Taylors Schulter.[45] Die Adoption des Tiers ist ein gutes Omen für den quirligen Song gewesen, der es auf Platz 2 der *Billboard Hot 100* schafft und die erste Single-Auskopplung von »Lover« wird. Taylor sagt: »Der Song handelt davon, seine Individualität zu akzeptieren und sie wirklich zu feiern und zu leben. Ich denke, dass wir mit einem Popsong die Möglichkeit haben, den Menschen eine Melodie in den Kopf zu pflanzen, und ich möchte, dass sie sich dadurch besser fühlen.«[46] Ein weiterer Punkt ist Taylor sehr wichtig: »Es gibt natürlich viele Songs, die man unter der Überschrift ›Ich bin etwas Besonders‹ zusammenfassen kann, aber ich habe noch keinen Song gehört, der sagt: ›Ich bin etwas Besonderes, weil ich so bin, wie ich bin!‹«[47] Die Zusammenarbeit mit Brendon Urie, dem Frontmann von Panic! at the Disco, ist sehr hilfreich. Taylor sagt: »Ich kann nicht genügend tolle Dinge über Brendon sagen. Ich würde mir wünschen, Brendon wäre der Anführer einer wunderschönen neuen Welt, in der wir alle leben. Er ist so eine wunderbare Person.«[48]

Rechte Seite: Brendon Urie (links) und Taylor Swift treten 2019 bei den *Billboard Music Awards* mit *ME!* auf.

It's Nice to Have a Friend

{ ALBUMTRACK }

Erschienen am: 23. August 2019.
Songwriter: Louis Bell, Adam King Feeney, Taylor Swift
Produzenten: Louis Bell, Frank Dukes, Taylor Swift

Im Nachhinein scheint es, als hätte Taylor Swift mit *It's Nice to Have a Friend* bereits die Richtung vorgezeichnet, in die sie sich mit »Folklore« und »Evermore« weiterentwickeln wird. Der Song basiert auf einem Sample von *Summer in the South* – einem Stück, das der Co-Produzent Frank Dukes mit Schülern der Regent Park School of Music in Toronto aufgenommen hat[49]. Er wird vom Backgroundgesang, von einer Harfe und Steelpans beherrscht. Ein einsames Trompetensolo verstärkt die unwirkliche Atmosphäre.

It's Nice to Have a Friend ist auch deshalb bemerkenswert, weil der Song keinen Hook und keine Bridge enthält. Taylor gesteht: »Es hat Spaß gemacht, einen Song zu schreiben, der nur aus Strophen besteht, weil ich automatisch immer einen Refrain schreiben möchte – jedes Mal, wenn ich mich hinsetze, um einen Song zu schreiben, denke ich: ›Okay, jetzt kommt der Refrain, lass uns den Refrain schreiben.‹«[50] Der Song erzählt eine süße Geschichte über die Suche nach einem idealen Partner. Taylor erklärt: »Ich liebe Metaphern, die irgendwie mehrere Bedeutungen haben. Außerdem mochte ich die Vorstellung, dass wir auf einem Album namens ›Lover‹ alle Liebe wollen, wir alle wollen jemanden finden, mit dem wir unsere Ansichten teilen, mit dem wir Dinge hören und erleben können.«[51] Dieser perfekte Partner könnte ein enger Freund aus Kindertagen sein – jemand, mit dem man eine unkomplizierte Beziehung hat. Sie fügt hinzu: »Als Erwachsene suchen wir danach und warten auf den Funkenregen.«[52]

Daylight

{ ALBUMTRACK }

Erschienen am: 23. August 2019.
Songwriter: Taylor Swift
Produzenten: Jack Antonoff, Taylor Swift
Alternative Versionen: »Lover (Live from Paris)«

Taylor beendet »Lover« mit dem heiteren Stück *Daylight*, einem sanften Song, der sich anhört, als würde ein strahlender Sonnenaufgang den Himmel erhellen. Passenderweise denkt Taylor im Text über Neuanfänge nach und darüber, wie viel sie in den vergangenen Jahren über sich selbst gelernt habe. Geschickt illustriert *Daylight* diese Entwicklung. So zitiert Taylor ihren eigenen Song *Red* und merkt an, dass sie erkannt habe, dass die Liebe goldfarben und nicht rot sei. Aber Taylor denkt auch darüber nach, wie weit sie seit »Reputation« gekommen ist. Sie sagt: »Ich habe *Daylight* geschrieben, weil ‚Reputation' ästhetisch und thematisch wie eine sehr, sehr lange Nacht voller Stürme und Vulkanausbrüche, Überschwemmungen, Hurrikane, Hagel, Tornados und Feuersbrünste, oder ein Asteroideneinschlag, für mich war.«[53] Ihr Fazit ist jedoch: »Sich selbst zu ermahnen, Dinge geschehen zu lassen, wenn sie passieren, auch wenn man noch nicht bereit ist loszulassen, ist eine hilfreiche Übung.«[54] Mit anderen Worten: Selbst dunkle Tage haben einen Silberstreifen am Horizont. Sie sagt: »Du kannst buchstäblich in der schlimmsten Zeit deines Lebens die Liebe finden. Du kannst Freundschaften in den schlimmsten Zeiten deines Lebens finden. Du kannst die besten Dinge in deinem Leben, die für immer bleiben werden, in manchmal wirklich schrecklichen Zeiten finden, die aber vorbeigehen werden.«[55]

Linke Seite: Die Setlist von Taylor Swift beim »City of Lover«-Konzert im L'Olympia in Paris umfasst ihre gesamte Karriere.

Christmas Tree Farm

{ SINGLE }

Erschienen am: 6. Dezember 2019
Songwriter: Taylor Swift
Produzenten: Jimmy Napes, Taylor Swift
Alternative Versionen: Old Timey Version, 2019 Live-Version

Da Taylor Swift im Dezember geboren ist, ist es ganz klar, dass sie ein großer Weihnachtsfan ist. Aber sie hat noch einen weiteren Grund, diese Jahreszeit zu lieben: Als Kind lebt sie auf einer Weihnachtsbaumplantage im ländlichen Pennsylvania, die von ihrem Vater Scott geleitet wird. Sie sagt: »Die Farm war sein Hobby. Er stand vier Stunden früher auf, um mit seinem Traktor die Felder zu mähen.«[56] (Swift pflückt währenddessen die Kokons der Gottesanbeterinnen von den Bäumen, um zu verhindern, dass diese schlüpfen.)

Diese wundervollen Kindheitserinnerungen tauchen schließlich in *Christmas Tree Farm* auf, einem jazzigen Song, der das Gefühl der Verliebtheit in der Weihnachtszeit einfängt. Zu Beginn tanzen die Streicher wie Schneeflocken, bevor sie winterlichen Klängen und einem kräftigen Chor weichen. Taylor singt den Song mit Begeisterung und ganz offensichtlich in Weihnachtsstimmung: »Es geht darum, dass man in der Stadt ist, gestresst ist und sich das Leben schlecht anfühlt, aber in deinem Herzen ist eine Weihnachtsbaumplantage.«[57]

Beautiful Ghosts

{ PROMO-SINGLE }

Erschienen am: 15. November 2019 (Promo-Single) / 20. Dezember 2019 (Soundtrack Album)
Songwriter: Taylor Swift, Andrew Lloyd Webber
Produzenten: Tom Hooper, Andrew Lloyd Webber, Greg Wells

Es ist nicht überraschend, dass Taylor Swift eine Rolle in der Neuverfilmung von *Cats* aus dem Jahr 2019 ergattert – schließlich liebt sie Katzen. Und obwohl der Film keine guten Kritiken erhält, wird Taylors Soundtrack-Song *Beautiful Ghosts* für einen Golden Globe (Bester Originalsong) und einen Grammy (Bester Song für visuelle Medien) nominiert. Das vollständig orchestrierte Stück ist aus der Perspektive »einer jungen Stimme, die sich fragt, ob sie jemals ruhmreiche Tage erleben wird« geschrieben, so Swift. Sie führt fort: »Sie sehnt sich nach dem Gefühl der Zugehörigkeit, das alle anderen bereits gefunden haben.«[58]

Taylor schreibt ihren Text zur Musik von Andrew Lloyd Webber, der auch die Musik für das Original-Broadway-Musical *Cats* von 1981 geschrieben hat. Er sagt: »Es war eine der wenigen angenehmen Erfahrungen [bei den Dreharbeiten]. Es war wahrscheinlich die einzige erfreuliche Erfahrung.«[59] Unter anderem bezeichnet Andrew Lloyd Webber sie als »einen echten Profi«

und ist beeindruckt von Swifts akribischer Recherche: Sie hat sich mit T. S. Eliots Gedichtsammlung *Old Possum's Book of Practical Cats* befasst, die als Inspiration für *Cats* gedient hat. Andrew Lloyd Webber sagt: »Sie hat verstanden, worum es T. S. Eliot ging. Es war nicht nur ein zusammengewürfelter Text.«[60]

Only the Young

{ *PROMO-SINGLE* }

Erschienen am: 31. Januar 2020
Songwriter: Joel Little, Taylor Swift
Produzenten: Joel Little, Taylor Swift

Wie bei *Miss Americana and the Heartbreak Prince* schreibt Taylor Swift auch den Synthie-Pop-Song *Only the Young* nach den US-Zwischenwahlen von 2018.

Zunächst einmal ist Taylor unglücklich darüber, dass Marsha Blackburn in den US-Senat von Tennessee gewählt worden ist. Taylor Swift hatte eigentlich den Demokraten Phil Bredesen unterstützt. Aber sie ist auch aus einem anderen Grund enttäuscht: »Es gab so viele junge Leute, die sich für ihren Kandidaten eingesetzt haben, egal ob es sich um einen Senator oder einen Abgeordneten handelte. Es war hart zu sehen, dass so viele Menschen das Gefühl hatten, alles getan und sich so sehr bemüht zu haben. Ich habe gesehen, wie die Hoffnungen vieler junger Menschen zunichte gemacht wurden.«[61] Dies sei besonders tragisch, fügt Taylor hinzu, und sagt: »Das ist die Bevölkerungsgruppe, die die schlimmsten Auswirkungen von Waffengewalt, Studienkrediten und dem Versuch, ihr Leben zu beginnen und ihre Rechnungen zu bezahlen, sowie des Klimawandels und des Krieges am eigenen Leib erfährt – all diese schrecklichen Situationen, mit denen wir uns derzeit konfrontiert sehen.«[62] Der Text spricht diese Enttäuschung direkt an, indem er sich in die Enttäuschung hineinversetzt und junge Menschen dazu ermutigt, sich zu mobilisieren. Passenderweise stammt der Backgroundgesang von den jungen Töchtern des Co-Autors und Co-Produzenten Joel Little – ein bisschen jugendlicher Optimismus zur Ermutigung.

Linke Seite: Taylor Swift verwandelt sich 2019 für eine Rolle im Film-Remake des Broadway-Musicals *Cats* in eine Katze.

Oben: Taylor Swifts Dokumentarfilm *Miss Americana* aus dem Jahr 2020 bietet einen intimen Einblick in ihr Leben abseits der Bühne.

08

DIE FOLKLORE-ÄRA

Taylor Swift liebt es, ihre Fans mit Rätseln auf Trab zu halten – aber Mitte 2020 übertrifft sie sich selbst, als sie überraschend ihr achtes Studioalbum »Folklore« veröffentlicht. Taylor schreibt nach der Veröffentlichung: »Vor diesem Jahr hätte ich wahrscheinlich darüber nachgedacht, wann der ›perfekte‹ Zeitpunkt für die Veröffentlichung dieser Musik wäre, aber die Zeiten, in denen wir leben, erinnern mich immer wieder daran, dass nichts sicher ist. Mein Bauchgefühl sagt mir, dass man etwas, das man liebt, einfach in die Welt hinausschicken sollte.«[1] Das Indie-lastige Album »Folklore«, das sie zusammen mit Jack Antonoff, Aaron Dessner von The National und ihrem damaligen Freund Joe Alwyn aufgenommen hat, erlangt bei den Grammys die Auszeichnung »Album des Jahres«.

The 1

SINGLE

Erschienen am: 9. Oktober 2020 (Single in Deutschland) / 24. Juli 2020 (Album)
Songwriter: Aaron Dessner, Taylor Swift
Produzent: Aaron Dessner
Alternative Version: »Folklore: The Long Pond Studio Sessions Live-Version«

Im April 2020 stellt Taylor Swift dem Multi-Instrumentalisten Aaron Dessner eine interessante Frage. Aaron Dessner berichtet: »Ich bekam eine Textnachricht und da stand: ›Hey, ich bin's, Taylor. Hättest du Lust, mit mir Songs zu schreiben?‹ Und ich antwortete: ›Wow, natürlich!‹«[2]

Swift und Dessner haben sich bereits Anfang 2014 bei *Saturday Night Live* kennengelernt und bewundern die Arbeit des jeweils anderen. Taylor ist ein Fan von The National, der Band von Aaron Dessner, während er überwältigt ist von ihrem Album »1989«. Er sagt: »Ich erinnere mich, dass ich einfach spürte, dass Taylor eine Art unglaublich seltenes Einhorn unter den Sängern und Songschreibern war.«[3]

Aaron Dessner ist noch mehr beeindruckt, als er beginnt, mit Taylor zu arbeiten. Am Ende schreibt das Duo neun Songs für das Album »Folklore«, einschließlich des nostalgischen Eröffnungssongs *The 1*. Als einer der letzten Songs, die für das Album aufgenommen werden, strahlt er eine geisterhafte Atmosphäre aus, die von einem feierlichen Klavier und einer filigranen Orchestrierung, komponiert von Dessners Bruder (und Bandkollegen bei The National) Bryce, erzeugt wird. *The 1* ist aus der Perspektive einer Person geschrieben, die einem Ex-Partner erzählt, was sie vorhat. Sie schwelgt in Erinnerungen daran, was hätte sein können. Taylor bestätigt diese Interpretation, obwohl sie anmerkt, dass *The 1* für sie auch eine »doppelte Bedeutung« hat: »Es ging auch um den Punkt, an dem ich mich in kreativer Hinsicht befand, an dem ich einfach nur ›Ja‹ sagen konnte.«[4]

Oben & rechte Seite: Das Album »Folklore«, das während der COVID-19-Pandemie veröffentlicht wird, erhält auf der »Eras-Tour« endlich die ihm gebührende Aufmerksamkeit. Taylor Swift trägt ein Alberta-Ferretti-Kleid in verschiedenen Farben. Bei manchen Auftritten steigt sie auf eine Nachbildung der Waldhütte, die Teil ihres Bühnenbilds bei ihrem Auftritt auf der Grammy-Verleihung von 2021 ist.

Cardigan

{ SINGLE }

Erschienen am: 27. Juli 2020 (Single) / 24. Oktober 2020 (Album)
Songwriter: Aaron Dessner, Taylor Swift
Produzent: Aaron Dessner
Alternative Version: Cabin in Candlelight Version, »Folklore: The Long Pond Studio Sessions Live-Version«

Nach Beginn ihrer Zusammenarbeit finden Taylor Swift und Aaron Dessner schnell einen kreativen Rhythmus und tauschen Dateien aus. Aaron Dessner stellt einen Ordner mit musikalischen Ideen zusammen, und Swift will »alles hören, was mich in diesem Moment interessiert, auch wirklich seltsame, experimentelle Geräusche«, wie Dessner sagt. Er merkt an, dass die erste Auswahl, die er ihr geschickt hat, »einige ziemlich verrückte Skizzen«[5] enthält.

Rund fünf Stunden später schickt Taylor Aaron eine fertige Tonaufnahme von *Cardigan*, die schließlich auf Platz 1 der *Billboard Hot 100* landet und bei den *Grammy Awards* als Song des Jahres und beste Pop-Solodarbietung nominiert wird. Aaron Dessner enthüllt später: »Ursprünglich hieß der Song *Maple*. Es war im Grunde so, wie er jetzt auf der Platte ist, außer dass wir später noch eine Orchestrierung hinzugefügt haben, die mein Bruder geschrieben hat.«[6]

Cardigan erinnert an ein flackerndes Super-8-Heimvideo und dient als klangliche Blaupause für die restlichen Songs auf »Folklore«. Ein nachdenkliches Klavier und eine unterschwellige Untermalung mit lang gezogenen Trip-Hop-Beats verleihen einem dicht gewebten Klangteppich aus Synthesizern, Cello, Violine und Posaune eine melancholische Atmosphäre. Taylor klingt wie eine einfühlsame Erzählerin – wenngleich sie keine Erinnerungen aus ihrem eigenen Leben wiedergibt, sondern eine reiche, fiktive Geschichte voller emotionaler Höhen und Tiefen. Sie enthüllt: »Dies ist ein Song über eine längst vergangene Liebe. Man blickt darauf zurück und erinnert sich, wie besonders sie sich angefühlt hat, wie gut man sich dabei gefühlt hat, aber auch wie schmerzhaft sie war.«[7] *Cardigan* fügt sich gut in die Themen auf »Folklore« ein. Taylor sagt: »Bei diesem Album habe ich bewusst nicht nur Ostereier in den Videos versteckt, sondern auch in den Texten. Ich habe Handlungsbögen und wiederkehrende Themen geschaffen, die aufzeigen, wer über wen singt.«[8] Einer der interessantesten Handlungsbögen taucht in einer »Sammlung von drei Songs auf, die ich als die Trilogie einer Dreiecksgeschichte bezeichne«, fügt Swift hinzu und merkt an, dass diese Trilogie »eine Dreiecksbeziehung aus der Perspektive aller drei Personen zu verschiedenen Zeiten ihres Lebens untersucht.«[9]

Die Fans finden jedoch schnell heraus, dass *Cardigan* neben *Betty* und *August* einer der drei Songs ist. Taylor Swift bestätigt später diesen Verdacht und erklärt, dass *Cardigan* von einer Person namens Betty erzählt wird: »In meinem Kopf spielte sich Folgendes ab: *Cardigan* ist Bettys Perspektive, 20 bis 30 Jahre später, wenn sie auf diese Liebe zurückblickt, die sehr turbulent war.«[10] Das ist sicherlich eine Untertreibung. In *Cardigan* vergleicht der Text das Selbstwertgefühl mit einem alten Pullover, der vom Boden des Schlafzimmers gerettet wird, berichtet aber auch über die Narben, die zurückbleiben, wenn der Partner geht. Am Ende des Tags kehrt der betreffende Partner jedoch zurück und bereitet den Weg für eine verworrene Liebesgeschichte und einige weitere Enthüllungen, die später auf dem Album näher erläutert werden.

The Last Great American Dynasty

{ ALBUMTRACK }

Erschienen am: 24. Juli 2020
Songwriter: Aaron Dessner, Taylor Swift
Produzent: Aaron Dessner
Alternative Version: »Folklore: The Long Pond Studio Sessions Live-Version«

Anfang der 2010er-Jahre überlegt Taylor, eine Villa in Rhode Island namens High Watch zu kaufen. Während sie das Anwesen am Meer besichtigt, erzählt ihr der Immobilienmakler von einer der früheren Besitzerinnen des Hauses: der unkonventionellen Erbin und Philanthropin Rebekah West Harkness.

Rebekah stammt aus St. Louis und zieht Ende der 1940er-Jahre mit ihrem Ehemann William »Bill« Hale Harkness in das Haus. Als Bill 1954 stirbt, behält Rebekah das Anwesen, das sie damals Holiday House nennt, und führt vielen Berichten zufolge ein wildes, faszinierendes Leben.[11]

Neugierig geworden, recherchiert Taylor nach dem Kauf von High Watch im Jahr 2013 über Rebekah – und wird eine Expertin, sodass sie bei Führungen für Freunde »verschiedene Anekdoten über jedes Zimmer«[12] des Hauses erzählen kann. In den folgenden Jahren führt Swift auch das Erbe von Rebekah fort und beginnt, hochkarätige Partys zu veranstalten. Taylor sagte: »Da sich immer mehr Parallelen zwischen unseren beiden Leben entwickelten – ich war die Frau, die in dem Haus auf dem Hügel lebte, über das alle tratschen – suchte ich nach einer Gelegenheit, über sie zu schreiben. Und schließlich fand ich diese.«[13]

Musikalisch ist *The Last Great American Dynasty* eine gelungene Kombination aus schrägen Beats und lebhaften Instrumentalstrukturen. Aaron Dessner sagt: »Es war ein Versuch, etwas Attraktives zu schreiben, etwas mit mehr Up-Tempo, das ein bisschen nach vorn drängt.« Er fügt hinzu, dass Radiohead ihn beeinflusst habe: »Ich war auch an diesem Gitterwerk aus E-Gitarren interessiert, das fast wie auf ›In Rainbows‹ gehalten ist.«[14] Textlich ist *The Last Great American Dynasty* einer von Taylor Swifts besten Songs, da er Rebekahs Geschichte erzählt und damit eine Frau feiert, die die Erwartungen der Gesellschaft missachtet. Obwohl der Text in einigen Punkten von den Tatsachen abweicht – Rebekah soll eine Katze grün gefärbt haben, nicht einen Hund, wie es im Song[15] heißt – sind die Details ihres extravaganten Lebens ansonsten wahrheitsgetreu. Zum Beispiel ist Rebekah schließlich eine Förderin des Balletts geworden. Ihr Ehemann Bill ist an einem Herzinfarkt gestorben. Ihre Freundinnen sind unter dem Namen »Bitch Pack« (Zicken-Truppe) bekannt geworden, und sie hat den Maler Salvador Dalí gekannt. Taylor sagt: »Es kann ein wahrhaft glanzvoller Moment für die Gesellschaft sein, wenn eine Frau ihre Wünsche besitzt und ihre Leidenschaft auslebt. Und ich liebe die Vorstellung, dass die betreffende Frau so glücklich über ihre Freiheit ist, dass es ihr sogar egal ist, wenn sie für Aufsehen sorgt, wenn man die Augenbrauen hochzieht oder sie zum Stadtgespräch wird. Sie wusste, dass es wunderbare Zeiten zu erleben galt, und das war ihr wichtiger.«[16]

Gegen Ende des Songs beendet Taylor die Erzählung in der dritten Person und verrät, dass sie das Haus gekauft hat. Die Änderung der Perspektive gibt dem Ganzen eine köstliche Wendung, insbesondere da Taylor dann die Textpassage über Rebekah wiederholt, in der diese berichtet, es genossen zu haben, Chaos zu stiften, und dabei die erste Person verwendet. Das ist nicht die einzige Parallele zwischen den beiden Frauen. 1955 fängt Rebekah an, sechs Stunden pro Tag Klavier zu üben und Lieder zu komponieren. Im selben Jahr findet die Premiere eines vertonten Gedichts namens *Safari* in der Carnegie Hall statt. Rebekah ist unheimlich stolz. Später sagt sie: »Ich denke, ich arbeite genauso hart an meiner Musik wie eine Karrierefrau in ihrem Job. Seit ich vor fünf Jahren angefangen haben, mich ernsthaft der Musik zu widmen, habe ich ein Ziel vor Augen. Ich möchte etwas schreiben, das von Dauer ist, etwas, an das man sich erinnert.«[17]

Linke Seite: Taylor Swift singt *Will You Love Me Tomorrow*, einen Song, den sie zusammen mit Carole King als Eröffnungsnummer der Einführungszeremonie von 2021 in die *Rock and Roll Hall of Fame* geschrieben hat.
Oben: Rebekah Harkness, fotografiert im Jahr 1966.

Exile (featuring Bon Iver)

{ SINGLE }

Erschienen am: 3. August 2020 (Single) / 24. Juli 2020 (Album)
Songwriter: William Bowery, Taylor Swift, Justin Vernon
Produzenten: Joe Alwyn, Aaron Dessner
Alternative Version: »Folklore: The Long Pond Studio Sessions Live-Version«

Da sich viele Paare während der Pandemie gemeinsam zurückgezogen haben, ist es nicht verwunderlich, dass Taylor Swift mit ihrem damaligen Freund Joe Alwyn an »Folklore« zusammengearbeitet hat. Er hat den Namen »William Bowery« als Künstlernamen für das Songwriting gewählt.

Zu den Kompositionen von Swift und Alwyn gehört der düstere, von Klavierklängen geprägte Song *Exile*. Das Duett mit Bon Iver (dem Künstlernamen von Justin Vernon) wird für einen Grammy nominiert. In der ersten Strophe singt Vernon aus der Perspektive eines Manns, der zutiefst verletzt ist, nachdem er seine Ex in der Öffentlichkeit mit einem anderen Mann gesehen hat. In der zweiten Strophe liefert Taylor die Perspektive der Ex-Partnerin. Unter anderem verteidigt sie ihre Handlungen und bekräftigt, dass die Beziehung vorbei sei. Taylor erklärt: »[*Exile* handelt von] Kommunikationsproblemen in Beziehungen, und in diesem Fall habe ich mir vorgestellt, dass die Kommunikationsprobleme die Beziehung beenden. Und selbst am Ende, selbst nachdem sie sich getrennt haben, hören sie einander immer noch nicht zu.«[18] Als der Song zu einem Streicher-Crescendo anschwillt, beklagen Swift und Vernon die gescheiterte Beziehung, wobei sich ihre Stimmen überlagern, aber nie ganz synchron sind.

My Tears Ricochet

{ *ALBUMTRACK* }

Erschienen am: 24. Juli 2020
Songwriter: Taylor Swift
Produzenten: Joe Alwyn, Jack Antonoff, Taylor Swift
Alternative Version: »Folklore: The Long Pond Studio Sessions Live-Version«

Auf »Folklore« schreibt Taylor nur selten über ihr eigenes Leben. Obwohl einige Textzeilen von *My Tears Ricochet* durch den erschütternden Film *Marriage Story* aus dem Jahr 2019, der eine zerbrechende Ehe beschreibt, inspiriert worden sind, ist der Song offenbar auch von einer schmerzlichen persönlichen Erfahrung beeinflusst: Scott Borchetta, der Gründer ihres ehemaligen Plattenlabels Big Machine Records, verkauft die Masterbänder ihrer ersten sechs Alben an den Musikmanager Scooter Braun.

Der erste Song, den Taylor Swift für ihr Album »Folklore« geschrieben hat, ist *My Tears Ricochet*. Er befasst sich mit den emotionalen Folgen eines Verrats, wobei der Text zwischen Wut, Verwirrung, Rache und Traurigkeit schwankt. Taylor berichtet: »Ich habe festgestellt, dass mich Geschichten, Filme oder Erzählungen, die sich um Scheidungen drehen, sehr mitnehmen, was seltsam ist, weil ich das ja gar nicht selbst erlebt habe. Es gibt eigentlich keinen Grund, warum es mir so viel Leid bereiten sollte, aber plötzlich fühlt es sich an, als hätte ich es selbst durchgemacht.«[19] Entsprechend klingt *My Tears Ricochet* wie eine feierliche Trauerhymne. Eine prächtige Orgel und die Harmonien eines Kirchchors steigern sich in vor Trauer triefende Passagen, die von Klagelauten und pulsierenden Beats angetrieben werden.

Linke Seite: Während der »Folklore«- und »Evermore«-Ära arbeitet Taylor Swift mit Justin Vernon von Bon Iver zusammen, der hier als Headliner auf der North Stage beim *Londoner All Points East Festival 2019* im Victoria Park zu sehen ist.

Rechts: 2021 ehrt Taylor Swift eins ihrer Idole, Carole King, mit einer herzlichen Rede bei Kings Aufnahme in die *Rock and Roll Hall of Fame*.

Mirrorball

{ ALBUMTRACK }

Erschienen am: 24. Juli 2020
Songwriter: Jack Antonoff, Taylor Swift
Produzenten: Jack Antonoff, Taylor Swift
Alternative Version: »Folklore: The Long Pond Studio Sessions Live-Version«

Bevor die Pandemie die Konzertbranche zum Erliegen bringt, plant Taylor Swift eine kurze Welttournee namens »Lover Fest«, die eine Mischung aus Festivalauftritten und Stadionkonzerten vorsieht. Als sie gezwungen ist, diese Konzerte im Jahr 2020 abzusagen, widmet sie sich dem Songwriting und schreibt den nachdenklichen Song *Mirrorball*. Verständlicherweise geht der Text indirekt auf die Ausgangssperre ein – in der Bridge schreibt Taylor über Pferde und Clowns, die nach Hause gehen, weil der Zirkus abgesagt wird –, obwohl der Song viel komplexer ist. Mit einer reflektierenden Spiegelkugel, die durch die Lichtreflexionen schwindelerregende Muster erzeugt, thematisiert Taylors Text den ständigen Wechsel zwischen der öffentlichen und der privaten Person. Taylor sagt: »Die Metapher stand für Berühmtheit, aber es war auch eine Metapher für so viele Menschen, die das Gefühl haben, dass … Jeder hat das Gefühl, dass man für bestimmte Leute präsent sein muss. Verschiedenen Menschen gegenüber muss man verschiedene Versionen von sich selbst präsentieren.«[20]

Als Taylor den instrumentalen Track *Mirrorball* hört, hat sie sofort eine bestimmte Szene vor Augen: »Eine einsame Discokugel, glitzernde Lichter, Neonreklamen, Menschen, die an der Bar Bier trinken, ein paar Nachtschwärmer auf der Tanzfläche – eine traurige, einsame Erfahrung im Mondlicht mitten in einer Stadt, in der man noch nie war.« Passend dazu vermittelt die Musik des Songs Isolation, mit Gitarrenklängen in Graustufen und einer einsamen Orgel, die eine nachdenkliche Grundlage bilden.

Seven

{ ALBUMTRACK }

Erschienen am: 24. Juli 2020
Songwriter: Aaron Dessner, Taylor Swift
Produzent: Aaron Dessner
Alternative Version: »Folklore: The Long Pond Studio Sessions Live-Version«

Taylor erklärt: »Im Kern ist ›Folklore‹ wehmütig und voller Realitätsflucht. Es ist traurig, wunderschön, tragisch. Wie ein Fotoalbum voller Bilder mit all den Geschichten, die sich dahinter verbergen.«[21] Nur wenige Songs verkörpern diese Beschreibung mehr als der herzzerreißende Song *Seven*. Es ist der zweite Song, den Dessner und Swift gemeinsam geschrieben haben.

Der wunderschöne Titel erinnert an die Arbeit von Tori Amos aus den frühen 2000er-Jahren. *Seven* spricht zärtlich über eine Kindheit, in der die Kinder noch unschuldig und unverdorben sind. Taylor singt zuweilen mit einer gehauchten, höheren Stimme, die sehr kindlich klingt, als hätte der Song sie in der Zeit zurückversetzt. Aber trotz der Hinweise auf glückliche Erinnerungen ist *Seven* nicht unbedingt fröhlich. Die Bridge ist aus der Perspektive eines Kinds geschrieben, das versucht, einen Freund zu retten, der immerzu weint oder sich aufgrund seines schwierigen Familienlebens in einem Schrank versteckt. Erschütternd ist, dass dieses Kind glaubt, dass das andere Kind in einem Haus lebt, das verhext ist, und dass sein Vater deshalb so wütend ist. Es schlägt vor, zusammenzuziehen und gemeinsam Piraten zu spielen.

Noch ergreifender sind die Zusicherungen von Taylor, dass die Liebe viel aushält, so wie es in Folksongs über Generationen hinweg überliefert worden ist. Aaron Dessner sagt: »Genau das macht dieses Album aus. Es überliefert. Es hält die Liebe, die Kindheit und die Erinnerungen für immer fest. ›Folklore‹ ist eine Art Verarbeitung.«[22]

Linke Seite: Der »Folklore«-Abschnitt der »Eras-Tour« beginnt mit einem gesprochenen Gedicht von Taylor Swift, das Textzeilen aus dem Song *Wildest Dreams* von dem Album »1989« und *Seven* von »Folklore« enthält.

August

{ **ALBUMTRACK** }

Erschienen am: 24. Juli 2020
Songwriter: Jack Antonoff, Taylor Swift
Produzenten: Joe Alwyn, Jack Antonoff, Taylor Swift
Alternative Version: »Folklore: The Long Pond Studio Sessions Live-Version«

August ist der zweite Song einer Trilogie auf dem Album »Folklore«. Er ergänzt weitere Details, die im ersten Teil *Cardigan* angedeutet werden. Die sprunghafte Person, die in diesem Song vorgestellt wird – und die James heißt, nach der Tochter von Taylors Freunden Ryan Reynolds und Blake Lively – hatte eine Sommeraffäre mit Augustine oder Augusta.[23] Obwohl James total verliebt ist, weiß er, dass die Romanze nur von kurzer Dauer ist. Tatsächlich kehrt James zu Betty zurück und bereitet so den Weg für den letzten Song (*Betty*) und die Auflösung der Story vor.

Taylor hat den Song *August* jedoch vor den anderen beiden Songs der Triologie geschrieben. Sie berichtet: »Von dem Song hatte Jack mir den Instrumentalpart geschickt, und ich habe den Song dazu quasi im selben Moment geschrieben, als ich die Musik gehört habe. Das war ganz intuitiv.«[24] Der filigrane Dream-Pop-Song beschwört die Atmosphäre der Musik der Cocteau Twins herauf. *August* ist aus der Perspektive von Augustine geschrieben. Taylor erklärt: »Sie wirkt wie ein böses Mädchen, aber in Wirklichkeit ist sie das nicht. Sie ist eine sensible Person, die sich wirklich in ihn verliebt hat, und sie hat versucht, cool zu bleiben und so zu tun, als wäre es ihr egal, weil Mädchen das eben so machen müssen.«[25]

Für jeden, der sich schon einmal unsicher war, wo er in einer Beziehung steht, ist es herzzerreißend, ihr zuzuhören, denn Augustine gibt zu, dass sie ihre eigenen Bedürfnisse und Wünsche für die Affäre geopfert hat. Sie fragt fast zögerlich, ob sie mit James in Kontakt bleiben kann. Taylor fügt hinzu: »Die Vorstellung, dass es ein böses, hinterhältiges Mädchen gibt, das einem in jeder Situation den Mann ausspannen kann, ist eigentlich ein totaler Mythos, denn das ist normalerweise überhaupt nicht der Fall. Jeder hat Gefühle, jeder möchte gesehen und geliebt werden, und Augustine will einfach nur Liebe.«[26]

This Is Me Trying

{ **ALBUMTRACK** }

Erschienen am: 24. Juli 2020
Songwriter: Jack Antonoff, Taylor Swift
Produzenten: Joe Alwyn, Jack Antonoff, Taylor Swift
Alternative Version: »Folklore: The Long Pond Studio Sessions Live-Version«

Einfühlsam und sanft, fühlt sich der sanfte Rocksong *This Is Me Trying* wie ein Überbleibsel aus der »Reputation«-Ära an. In den Strophen treten Charaktere auf, die um Gnade bitten, während sie darum kämpfen, ziemlich ernste Dinge zu überwinden. Die erste Strophe beschreibt eine Person, die sich in einer Lebenskrise befindet, weil sie denkt, dass sie »alle im Stich gelassen hat«[27], sagt Taylor. Diese Person zieht in Betracht, ihrem Leben ein Ende zu setzen, gibt den Plan jedoch auf und wendet sich an jemanden, von dem sie hofft, dass er ihr helfen kann. In der zweiten Strophe geht es um jemanden, der mit einer Sucht lebt und hart daran arbeitet, nüchtern zu bleiben und sein früheres Verhalten wiedergutzumachen. Taylor sagt: »Jede Sekunde des Tages versucht man, nicht in alte Muster zu verfallen und niemand um einen herum kann das sehen, und niemand erkennt das an.«[28] Außerdem gibt es die Bridge, in der jemand versucht, aus dem Haus zu gehen, obwohl er Angst hat, auf den Ex zu treffen. Taylor erklärt: »Ich dachte: ›Was würde The National machen? Welchen Text würde Matt Berninger schreiben? Welche Akkorde würde The National spielen?‹«[29] Obwohl ihre Stimme hier ernster wird, scheint ihr Individualismus immer noch durch. Taylor sagt: »Ich habe diesen Song Aaron vorgespielt, und er meinte: ›Das hätten wir überhaupt nicht so gemacht.‹ Dann sagt er: ›Ich liebe diesen Song, aber wir hätten das ganz anders gemacht.‹«[30]

Linke Seite: Taylor Swift während des »Folklore«-Sets der »Eras-Tour« auf der Bühne.

Illicit Affairs

{ ALBUMTRACK }

Erschienen am: 24. Juli 2020
Songwriter: Jack Antonoff, Taylor Swift
Produzenten: Jack Antonoff, Taylor Swift
Alternative Version: »Folklore: The Long Pond Studio Sessions Live-Version«

»Dies war das erste Album, bei dem ich nicht mehr den Anspruch hatte, dass es zu 100 Prozent autobiografisch sein musste«, sagt Swift über »Folklore« und fügt hinzu, dass sie sich freue, dass das Album »für sich selbst stehen darf, ohne dass die Leute es hören, weil es ihnen etwas erzählt, das sie ebenso gut in einer Boulevardzeitung lesen könnten.«[31] Es ist bezeichnend, dass Taylor diesen Kommentar abgibt, bevor sie *Illicit Affairs* singt. Der schlichte Song, der die durch Untreue hervorgerufenen Gefühle untersucht, klingt allerdings eher wie eine fesselnde Kurzgeschichte. Aus der Perspektive derjenigen geschrieben, die betrügt, stellt der Song fest, dass der Reiz einer verbotenen Affäre verflogen ist. Die Erzählerin gibt jedoch zu, dass sie ihren verbotenen Partner immer noch unwiderstehlich findet, was alle möglichen frustrierenden und verwirrenden Gefühle in ihr weckt. Aaron Dessner sagt: »Das fühlt sich an wie einer der echten Folksongs auf der Platte, ein scharfsinniger, erzählerischer Folksong. Das zeigt einfach [Taylors] Vielseitigkeit und ihre Fähigkeiten als Songwriterin, die Schärfe ihrer Texte.«[32]

Invisible String

{ ALBUMTRACK }

Erschienen am: 24. Juli 2020
Songwriter: Jack Antonoff, Taylor Swift
Produzenten: Jack Antonoff, Taylor Swift
Alternative Version: »Folklore: The Long Pond Studio Sessions Live-Version«

Das Liebeslied *Invisible String* klingt wie eine gut gepflegte, alte Schallplatte, die auf einem Grammofon abgespielt wird. Das ist der Musik zu verdanken: ein sehr einfaches Arrangement, das von der Fingerpicking-Spieltechnik und Taylors Gesang dominiert wird. Dessner meint: »Dadurch, dass [das Stück] nur auf einer Gitarre gespielt wird, hat es eine emotionale Dynamik, ein meditatives Fingerpicking-Pattern, das mich wirklich anspricht. Es wird mit diesem Gummi-Steg gespielt, den mein Freund auf [die Gitarre] gesetzt hat, und er dämpft die Saiten, sodass sie alt klingen. Im Prinzip klingt es wie ein Folksong.«[33] Im Text verwendet Taylor das Bild einer unsichtbaren Schnur, um die Geschichte von zwei Menschen zu erzählen, die sich gegenseitig unbewusst umkreisen, bis sich ihre Lebenswege kreuzen und sie von dieser Schnur zusammengeführt werden. So entsteht ein Song, der Dessner zufolge »ein so schöner und direkter Bericht über die Entstehung einer Beziehung«[34] ist. Besonders schön ist, wie Taylor ihre persönliche Weiterentwicklung beschreibt: In der dritten Strophe merkt sie an, dass sie ihre Einstellung geändert habe und, statt ihren Ex-Partnern eisigen Groll entgegenzubringen, nun Geschenke an die Kinder dieser Ex-Partner schicke.

Mad Woman

{ ALBUMTRACK }

Erschienen am: 24. Juli 2020
Songwriter: Aaron Dessner, Taylor Swift
Produzent: Aaron Dessner
Alternative Version: »Folklore: The Long Pond Studio Sessions Live-Version«

Wie der Titel schon sagt, brodelt die »verrückte Frau« vor Wut über persönliche Kränkungen und weist auf das Dilemma hin, das entsteht, wenn man versucht, sich gegen solche Angriffe zu verteidigen. Taylor sagt: »Der Aspekt des Frauseins, der am meisten Wut in mir hervorruft, sind diese Psychospielchen, von denen man seit Jahrhunderten erwartet, dass wir sie seitens der Männer stillschweigend hinnehmen.«[35] Darauf einzugehen sei nicht die Lösung, fügt sie hinzu und fährt fort: »Oft, wenn wir in unserem aufgeklärten Zeitalter, in dem wir uns jetzt trauen, auf schlechtes männliches Verhalten zu reagieren – oder darauf, dass jemand etwas tut, das absolut unangebracht ist –, [...] wird diese Reaktion so behandelt, als wäre sie die Beleidigung.«[36] *Mad Woman* ist wegen des Texts bemerkenswert. Taylor verwendet zum ersten Mal das F-Wort. Taylor sagt: »Das war einer der Momente, in denen ich das Gefühl hatte, dass man die Sprache und die Handlung beachten muss. Und wenn du am Ende das F-Wort sagen musst, damit die Handlung und die Sprache zusammenpassen, dann tu es einfach.«[37] Im Gegensatz zu dem kämpferischen Text ist die Musik sanft. Das Klavier klingt melancholisch, als käme es aus einer Spieldose.

Epiphany

{ ALBUMTRACK }

Erschienen am: 24. Juli 2020
Songwriter: Aaron Dessner, Taylor Swift
Produzent: Aaron Dessner
Alternative Version: »Folklore: The Long Pond Studio Sessions Live-Version«

Taylor Swift schreibt *Epiphany* ursprünglich über Dean, ihren Großvater väterlicherseits. Der Veteran des Zweiten Weltkriegs hat »in Schlachten viel Feindbeschuss und viele Opfer« gesehen, was sein Leben nachhaltig prägt. Taylor erklärt: »Mein Vater hat mir immer erzählt, dass sein Vater niemals über den Krieg gesprochen hat. Außer, wenn man ihn gefragt hat: ›Warum hast du so eine positive Einstellung zum Leben?‹, dann hat mein Großvater geantwortet: ›Nun, eigentlich sollte ich gar nicht hier sein. Es sollte mich gar nicht geben.‹«[38] In *Epiphany* zieht Taylor Parallelen zwischen seinem Einsatz im Zweiten Weltkrieg und den lebensgefährlichen Erfahrungen, die medizinische Fachkräfte während der COVID-19-Pandemie gemacht haben. Sie meint: »Wenn sie das überstehen, wenn sie das alles sehen müssen, dann erleben sie eine Menge Traumata. Sie werden Dinge zu sehen bekommen, die sie nie wieder vergessen können.«[39] Passenderweise klingt *Epiphany* so trostlos wie eine gefrorene Tundra, mit einsamen Bläsern und Streichern, die eine ehrfürchtige Schwere vermitteln.

Betty

{ SINGLE }

Erschienen am: 17. August 2020 (Single) / 24. Juli 2020 (Album)
Songwriter: William Bowery, Taylor Swift
Produzenten: Joe Alwyn, Jack Antonoff, Aaron Dessner, Taylor Swift
Alternative Versionen: Live-Version von den 55. Country-Music-Awards, »Folklore: The Long Pond Studio Sessions Live-Version«

Der letzte Teil der »Folklore«-Trilogie wird aus der Perspektive des 17-jährigen James erzählt, der nach seinem Sommerflirt wieder in der Schule ist und sich rechtfertigt. Betty hat von seinem Betrug erfahren und ist nicht glücklich darüber.

James versucht, Bettys Zuneigung mit ungeschickten Geständnissen zurückzugewinnen. Er sagt, er habe den ganzen Sommer an Betty gedacht, obwohl er mit jemand anderem zusammen gewesen sei. Er behauptet, er habe nicht gewusst, was er tat. Theatralisch taucht er auf einer Party auf und fragt, ob sie ihn zurücknimmt. Und am Ende kommen sie wieder zusammen.

Taylor schreibt den Song zusammen mit Joe Alwyn. Sie erklärt: »Ich hörte nur, wie Joe den gesamten, vollständig ausgearbeiteten Refrain von *Betty* in einem anderen Raum sang.«[40] Ihr gefällt, das der Song aus einer »männlichen Perspektive« gesungen wird. Sie fährt fort: »Ich habe so viele Songs aus der weiblichen Perspektive geschrieben, in denen man von einem Mann eine Entschuldigung bekommen möchte. Deshalb haben wir uns entschieden, einen Song aus der Perspektive eines männlichen Teenagers zu schreiben, der sich entschuldigt, nachdem er die Liebe seines Lebens verloren hat, weil er dumm gewesen ist.«[41]

Musikalisch erinnert *Betty* an Taylors Country-Tage. Laut Dessner will Taylor den Klang der frühen Bob-Dylan-LPs nachahmen. Er nennt das Album »The Freewheelin' Bob Dylan« von 1963 als Referenz. Und obwohl *Betty* schließlich vom Klang her dort landet, meint Aaron Dessner: »Wir haben [das Stück] ein wenig mehr in Richtung von ›John Wesley Harding‹ [Dylans Album von 1967] verschoben, da dieser Song einige Schlagzeug-Elemente enthält.«[42]

Peace

ALBUMTRACK

Erschienen am: 24. Juli 2020
Songwriter: Aaron Dessner, Taylor Swift
Produzent: Aaron Dessner
Alternative Version: »Folklore: The Long Pond Studio Sessions Live-Version«

Nach ihrer Arbeit an *Peace* lobt Aaron Dessner Taylor in den höchsten Tönen. Der minimalistische Song bestehe nur »aus einer harmonisierten Basslinie mit einem Beat und einem Bordun.«[43] Sie habe auf dieser eindringlichen musikalischen Grundlage eigentlich einen Joni-Mitchell-Lovesong geschrieben, so Dessner, und den Gesang in einem einzigen Durchgang perfekt hinbekommen.[44] Und genau diese Performance ist auf »Folklore« gelandet.

Es ist vielleicht nicht überraschend, dass *Peace* »stärker in meinem persönlichen Leben verwurzelt ist«, sagt Swift – und meint damit ihre unauffällige, nicht in der Öffentlichkeit stehende Liebesbeziehung mit Joe Alwyn. Sie sagt: »In der Beziehung, in der ich jetzt bin, habe ich auf jeden Fall Entscheidungen getroffen, durch die sich mein Leben mehr wie ein echtes Leben anfühlt und weniger wie eine Geschichte, die in Boulevardzeitungen kommentiert wird. Ob es darum geht, wo man leben möchte, mit wem man Zeit verbringen möchte oder wann man kein Foto machen möchte – die Vorstellung von Privatsphäre ist so schwer zu erklären, aber es geht eigentlich nur darum, ein Stück Normalität zu finden.«[45]

In gewisser Weise beschreibt *Peace* die gewöhnlichen Grundbausteine, die zusammen eine erfolgreiche Beziehung ausmachen. Gräbt man jedoch etwas tiefer, wird klar, dass der Text von *Peace* nicht gerade Ruhe ausstrahlt. Taylor sagt: »Man hat diesen sehr widersprüchlichen, sehr dramatischen, konfliktreichen Text, gepaart mit diesem sehr, sehr beruhigenden instrumentalen Sound.«[46] Die Erzählerin des Songs hat die schreckliche Erkenntnis gewonnen, dass sie ihrem Partner keinen Frieden geben kann. Metaphorisch gesehen, wird sie vom Regen verfolgt. Sie befürchtet, dass dies ein Beziehungskiller sein könnte.

Linke Seite: Taylor Swift kehrt 2020 zu ihren Country-Wurzeln zurück und tritt bei den *Academy of Country Music Awards* im Grand Ole Opry in Nashville mit dem Song *Betty* auf.

Rechts: Die Outfits von Taylor Swifts »Eras-Tour« gibt es in verschiedenen Farben und Variationen – darunter dieses moosgrüne Alberta-Ferretti-Kleid für das »Folklore«-Set.

Hoax

ALBUMTRACK

Erschienen am: 24. Juli 2020
Songwriter: Aaron Dessner, Taylor Swift
Produzent: Aaron Dessner
Alternative Version: »Folklore: The Long Pond Studio Sessions Live-Version«

Über *Hoax*, einen der letzten beiden Songs, die für »Folklore« geschrieben werden, sagt Dessner: »Er ist ein großer Aufbruch. Ich glaube, [Taylor] sagte zu mir: ›Versuche nicht, dem Ganzen einen anderen Raum zu geben als den, der sich für dich natürlich anfühlt.‹ Wenn man mich mit einem Klavier in einem Raum allein lässt, spiele ich vielleicht etwas in der Art.«[47] Das Ergebnis ist ein zerbrechlicher Song, dessen Arrangements von einem sanft perlenden Klavier und subtilen Streichern dominiert werden.

Trotz seines markanten Sounds betrachtet Taylor *Hoax* als einen Song, der »all das verkörpert, was [»Folklore«] thematisch ausmacht«, darunter (unter anderem) »Geständnisse, die Einbeziehung der Natur, emotionale Unbeständigkeit und Ambiguität zugleich«[48]. Der Text ist impressionistisch und bezieht sich darauf, dass man durch die Handlungen eines anderen auf seinem Weg aufgehalten wird und durch Täuschung tief verletzt wird.

Taylor warnt jedoch, dass es nicht um eine bestimmte Situation ginge: »Ich habe wohl gesagt: ›Was ist, wenn nicht alle diese Gefühle dieselbe Person betreffen?‹ Was ist, wenn ich über mehrere verschiedene, sehr unterschiedliche Situationen schreibe? Zum Beispiel über eine Liebesgeschichte, über eine geschäftliche Angelegenheit, die wirklich wehgetan hat, und über eine besondere familiäre Beziehung, die auch wirklich wehgetan hat.'«[49] Aaron Dessner erkennt jedoch einen Hoffnungsschimmer: »[In dem Song] steckt Traurigkeit, aber es ist eine Art hoffnungsvolle Traurigkeit. [Der Song verleiht] Anerkennung, dass man die Last seiner Partner, seiner Lieben und ihrer Höhen und Tiefen auf sich nimmt.«[50]

Rechte Seite: Ein Poster, das für Taylor Swifts Film *Folklore: The Long Pond Studio Sessions* aus dem Jahr 2020 wirbt.

The Lakes

BONUSTRACK

Erschienen am: 24. Juli 2020
Songwriter: Jack Antonoff, Taylor Swift
Produzenten: Jack Antonoff, Taylor Swift
Alternative Versionen: Originalversion, »Folklore: The Long Pond Studio Sessions Live-Version«

Nachdem Taylor Swift ohne Vorankündigung das Album »Folklore« veröffentlicht hat, überrascht sie ihre Fans mit einem weiteren Geniestreich. Ursprünglich hat das Album 16 Titel und endet mit dem Song *Hoax*. Als »Folklore« jedoch einige Wochen später erscheint, enthält das Album »den wahren letzten Song des Albums«, so Taylor. Es ist der opulente, mit Streichern versehene Song *The Lakes*.

Taylor schreibt den Text nach einem Besuch im Lake District in England. Diese Gegend, in der Dichter wie William Wordsworth und John Keats gelebt haben, inspiriert sie. Taylor sagt: »[Die Dichter] wurden dafür kritisiert und verspottet, weil sie als Exzentriker und seltsame Künstler galten, die einfach beschlossen hatten, dort zu leben.«[52] Sie versteht jedoch genau, warum die beiden in eine abgelegene Gemeinde voller gleichgesinnter Kreativer gezogen sind. Auch Taylor träumt davon, sich eines Tages in ein abgelegenes Haus zurückziehen zu können.

The Lakes ist ihre Art, den Mut dieser Menschen zu würdigen. Taylor berichtet: »Ich fuhr zum Grab von William Wordsworth, setzte mich einfach hin und dachte: ›Wow, du hast es gemacht, du hast es einfach gemacht. Du bist einfach weggegangen und hast weitergeschrieben, aber du hast dich nicht auf die Dinge eingelassen, die dich fertiggemacht haben.‹« Während Taylor an »Folklore« schreibt, wird sie von der Idee getragen, dass dies auch ihr Leben sein könnte. Sie sagt: »Vielleicht kann ich gerade nicht ins [Lake District] ziehen oder sonst wohin, aber in meinem Kopf gehe ich dorthin, und dieser Fluchtplan funktioniert.«[53]

taylor swift
folklore
the long pond studio sessions
Disney+
Original Film Streaming Nov. 25
© 2020 Taylor Swift

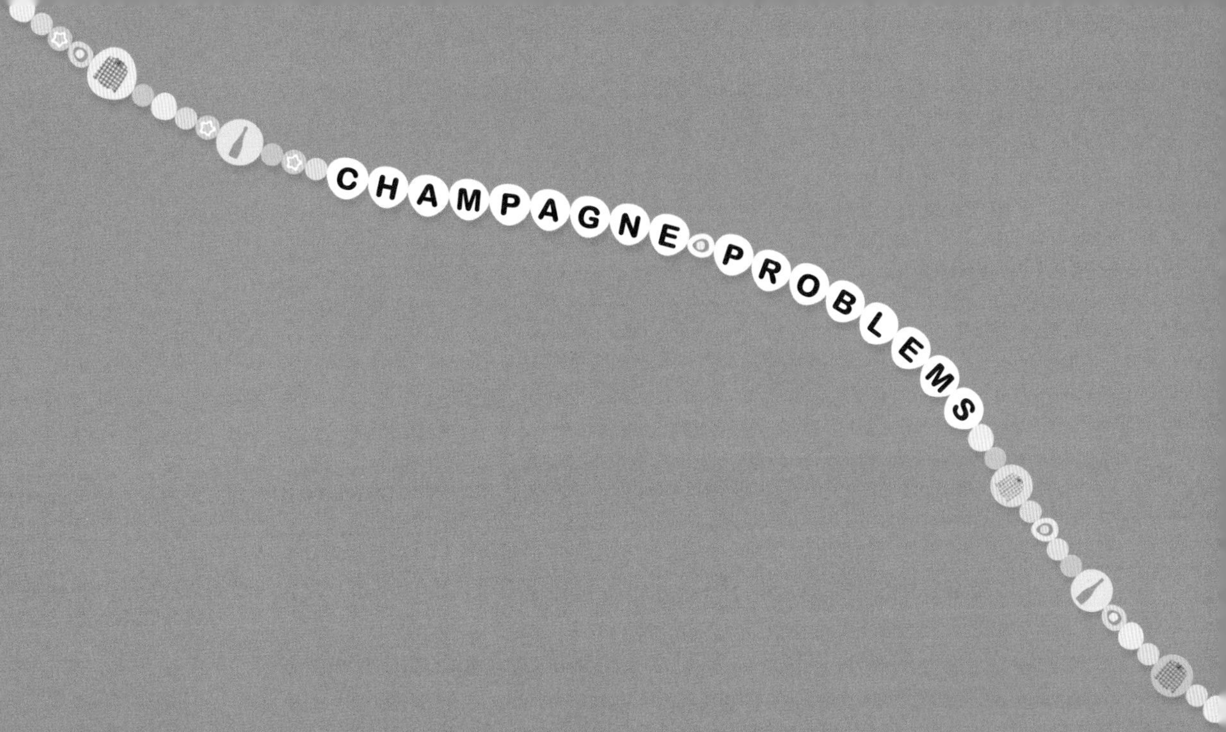

09

DIE EVERMORE-ÄRA

Manche Menschen behaupten, dass ein Blitz nicht zweimal in dasselbe Ziel einschlagen kann. Taylor Swift gehört nicht dazu. Im Jahr 2020 folgt auf die überraschende Veröffentlichung von »Folklore« im Sommer im Dezember ein zweites Überraschungsalbum mit dem Titel »Evermore«. Beide Alben werden bei den Grammys als Album des Jahres nominiert. Musiker wie Aaron Dessner und Joe Alwyn haben an beiden mitgewirkt. Dennoch sieht Dessner einige Unterschiede: »Von der Ästhetik her ist ›Evermore‹ für mich wilder und hat manchmal mehr Banddynamik. Man merkt, dass [Taylor] ihr Songwriting noch weiter verfeinert hat. Das gilt für das Geschichtenerzählen, aber auch für die Freiheit, die Art von Songs zu machen, die dabei herausgekommen sind.«[1]

Willow

{ SINGLE }

Erschienen am: 11. Dezember 2020 (Single) / 11. Dezember 2020 (Album)
Songwriter: Aaron Dessner, Taylor Swift
Produzent: Aaron Dessner
Alternative Versionen: 90's Trend Remix, Dancing Witch Version (Elvira Remix), Lonely Witch Version, Moonlit Witch Version, Instrumental Version, Songwriting Demo

»Evermore« ähnelt dem Vorgänger »Folklore«, da Swift auch bei diesem Album eng mit ihrem Songwriter-Kollegen Aaron Dessner zusammenarbeitet. Auch die kreative Chemie stimmt wie beim letzten Mal. Als Aaron Dessner Taylor Swift eine musikalische Idee für *Willow* schickt – damals nennt er den Song noch *Westerly* –, ist sie sofort Feuer und Flamme. Aaron sagt: »Ich glaube, sie hat den ganzen Song vom Anfang bis zum Ende in zehn Minuten geschrieben und mir zurückgeschickt. Das war wie ein Erdbeben. Dann hat Taylor gesagt: ›Ich denke, wir machen noch ein Album.‹«[2]

Mit seiner Folk-Atmosphäre hätte *Willow* auch auf »Folklore« gepasst. Der Song ist jedoch mit einer übernatürlichen Stimmung versehen – eine Stimmung, die zum Text passt, der mit poetischen Bildern die Magie beschreibt, die entsteht, wenn man mit jemandem auf romantischer Ebene harmoniert.

Taylor fühlt sich vom mystischen Aspekt der Musik angezogen und sinniert, dass der Song »wie ein Zauber klingt, der jemanden dazu bringt, sich in dich zu verlieben«[3], und in einem anderen Interview beschreibt sie ihn als »hexenartig«. Sie sagt: »Es fühlte sich an, als würde man an einem Zauberkessel stehen und einen Liebestrank brauen. Dann stellt man sich die Person vor, die man haben möchte, und die Person, die man begehrt, und versucht herauszufinden, wie man diese Person in sein Leben bekommt.«[4] In Anerkennung seiner bezaubernden Natur bleibt *Willow* eine Woche lang auf Platz 1 der *Billboard Hot 100*.

Unten: Bei den *American Music Awards* von 2021 nimmt Taylor Swift für »Evermore« den Preis für das beliebteste Popalbum virtuell entgegen.

Rechte Seite: Bei den *BRIT Awards* von 2021 erhält Taylor Swift den Global Icon Award.

Champagne Problems

{ ALBUMTRACK }

Erschienen am: 11. Dezember 2020
Songwriter: William Bowery, Taylor Swift
Produzenten: Aaron Dessner, Taylor Swift

Liebespaare sind oft kreative Partner. Man frage einfach Taylor Swift, die mit ihrem damaligen Freund Joe Alwyn (der das Pseudonym William Bowery verwendet) Songs für die Alben »Folklore« und »Evermore« geschrieben hat. Swift sagt: »Einerseits war es eine Überraschung, dass wir angefangen haben, gemeinsam [Songs] zu schreiben, andererseits aber auch nicht. Wir haben uns immer über Musik verbunden gefühlt und hatten den gleichen Musikgeschmack. Außerdem ist er immer derjenige, der mir Songs von anderen Künstlern vorspielt, und dann werden sie zu meinen Lieblingssongs oder so.«[5]

Der Titel *Champagne Problems* ist einer von drei Songs, die Taylor und Alwyn gemeinsam für »Evermore« geschrieben haben. Die Midtempo-Klavierballade sei trotz ihres Titels »nicht prickelnd«[6], sagt Swift. Stattdessen sei es ein Song über eine Frau, die ihren Freund schockiert, als sie seinen Heiratsantrag ablehnt und ihn verzweifelt zurücklässt. Der Song beginnt mit den Nachwirkungen (er sitzt in einem Zug, scheinbar weit weg vom Schauplatz) und erklärt dann allmählich, was passiert ist, wobei Taylor das Ganze mit mitfühlender Stimme erzählt.

Der Freund ist so aufgeregt und zuversichtlich gewesen, dass alles gut gehen würde, dass er es seiner Familie erzählt hat, die sich einen teuren Champagner gönnt und eine Rede geschrieben hat. Der Text deutet später darauf hin, dass er zuvor einige Warnsignale ignoriert hat. Die Freundin kann gar nicht genau sagen, warum sie ihn abgewiesen hat. Die Bridge, die eine Mini-Story innerhalb einer Story ist, füllt einige Wissenslücken: Wir erfahren, dass seine Freunde (verständlicherweise) keine Fans der Ex sind und denken, dass sie an sich arbeiten muss. Sie bereut alles und gesteht, dass sie nicht vorhatte, nein zu sagen, bis der Antrag kam. Am Ende hofft sie, dass sie vielleicht jemanden finden wird, der besser zu ihr passt.

Wenn man zwischen den Zeilen liest, könnte zwischen den beiden ein Klassenunterschied bestanden haben – er ist reich, sie nicht – und das hat die Frau verunsichert. Eine andere Lesart wäre, dass sie sich einfach nicht verstehen und ihnen aber nicht bewusst ist, wie ernst die Beziehung ist. In beiden Fällen verschlimmern die Details die »Champagnerprobleme«: Es ist nicht nur ein Ring in seiner Tasche – es ist der Ring seiner Mutter – und der teure Champagner der Marke Dom Pérignon, den seine Schwester gekauft hat. *Champagne Problems* ist auch ein Beispiel für die übergreifenden Themen von »Evermore«. Taylor sagt:

»Eins der Hauptthemen auf [»Folklore«] war die Lösung von Konflikten. Entweder galt es zu versuchen, mit jemandem etwas durchzustehen, oder Geständnisse abzulegen oder zu versuchen, dem anderen etwas zu sagen, miteinander zu kommunizieren. ›Evermore‹ befasst sich viel mit allen möglichen Trennungen – mit jeder Art und Weise, wie wir eine Beziehung, eine Freundschaft, etwas Toxisches beenden können, mit dem Schmerz, der damit einhergeht, und den Phasen, die man durchläuft.«[7] Taylor betont allerdings, dass die Verzweiflung und Traurigkeit in *Champagne Problems* nicht mit ihrer Beziehung zu Alwyn in Verbindung gebracht werden sollten. Sie sagt: »Wir lieben einfach traurige Songs. Was soll ich sagen?«[8]

Gold Rush

{ ALBUMTRACK }

Erschienen am: 11. Dezember 2020
Songwriter: Jack Antonoff, Taylor Swift
Produzenten: Jack Antonoff, Taylor Swift

Der Song »spielt in einem Tagtraum, in dem man sich für eine Minute in Gedanken verliert und dann wieder aufwacht«[9], sagt Taylor. *Gold Rush* entführt die Hörer zunächst mit schwebenden Streichern und einem Refrain mit engelhaften Stimmen in diese Traumwelt, bevor die Musik bizarr wird und in einem verspielten Rhythmus, der an Hüpfspiele auf dem Spielplatz erinnert, mit lebhafter Percussion aufblüht. Taylor selbst ähnelt Tori Amos in der Art, wie sie singt und artikuliert, besonders im Refrain.

Das Thema dieses Tagtraums ist eine wunderschöne Person. Tatsächlich bezieht sich der Titel des Songs auf den Herzensbrecher-Status dieser Person. Taylor gibt zu, dass sie manchmal ein wenig vor sich hin fantasiert – zum Beispiel stellt sie sich vor, wie ihr Eagles-T-Shirt an einer Tür hängt, vermutlich nach einem One-Night-Stand – aber sie sagt immer wieder, dass sie jemanden vorzieht, der etwas zurückhaltender ist. Mit anderen Worten: Die Verlockung einer Promi-Romanze ist nicht das Edelmetall, hinter dem sie her ist. *Gold Rush* nimmt eine Wendung, als Taylor in Gedanken sagt, dass sie das Leben dieses goldenen Idols wie eine »Folklore« sieht – eine Anspielung auf ihr vorheriges Album, aber auch eine clevere Art zu sagen, dass sie für diese Person schwärmt. Diese Erkenntnis holt sie aus ihrer Fantasiewelt zurück, und sie erkennt, dass die Anbetung von Götzen nicht das ist, was sie braucht. (Möglicherweise eine Verbindung zu *False God* auf »Lover«?) Und obwohl sie versucht ist, den Tagtraum Wirklichkeit werden zu lassen, erkennt sie, dass dies nicht das Beste für sie ist.

Oben & linke Seite: Auf der »Eras-Tour« trägt Taylor Swift beim »Evermore«-Set häufig ein goldfarbenes, bodenlanges Etro-Kleid mit Korsett-Oberteil und zarten Applikationen.

’Tis the Damn Season

{ ALBUMTRACK }

Erschienen am: 11. Dezember 2020
Songwriter: Aaron Dessner, Taylor Swift
Produzent: Aaron Dessner

Wenn man nicht mehr im Elternhaus wohnt, kann ein Besuch in den Ferien eine seltsame Erfahrung sein. Es fühlt sich nicht nur merkwürdig an, sondern es kann auch kompliziert werden, wenn man auf einen ehemaligen Partner trifft. Das ist die Geschichte von *’Tis the Damn Season*, in der die Erzählerin – die Titelfigur von *Dorothea*, wie Taylor verraten hat[1] – darüber nachdenkt, eine Beziehung wieder aufleben zu lassen.

Das Paar hat sich auseinandergelebt, weil einer der beiden weggezogen ist, um seine Träume an einem anderen Ort zu verwirklichen. Die Erzählerin fragt sich jedoch, ob es richtig gewesen ist, diese Heimat-Romanze zu beenden. Deshalb bittet sie um ein letztes gemeinsames Wochenende. Zum einen, um vorzugeben, alles könnte so sein wie immer. Zum anderen, um zu sehen, ob es noch funkt zwischen den beiden.

Musikalisch ist *’Tis the Damn Season* herzzerreißend. Aaron Dessner sagt: »Ich erinnere mich, dass ich dachte, dass dies eins meiner Lieblingsstücke ist, die ich je gemacht habe, obwohl es ein unglaublich einfacher musikalischer Entwurf ist. Aber es hat diesen besonderen Bogen, und es gibt diese Simplizität im Minimalismus und diese besondere Drum-Programmierung darin.«[11] Er mag auch den Klang seiner Gitarre, gibt aber zu, dass sie nach seiner Band The National klingt: »Wenn du mir eine Gitarre gibst, klingt das so, wenn ich anfange, darauf zu spielen.«[12]

Taylor hat *’Tis the Damn Season* ziemlich zu Anfang der Aufnahmen zu »Evermore« geschrieben. Den Text hat sie mitten in der Nacht eilig auf einem Stück Papier notiert. Sie singt schließlich das, was ihr in Dessners Küche eingefallen ist, und er nennt diese Erfahrung einen »Höhepunkt der gesamten Zusammenarbeit«. Er sagt: »Dieser Titel fühlte sich an wie etwas, das ich schon immer geliebt habe, und es hätte einfach Musik bleiben können. Stattdessen hat jemand mit ihren unglaublichen Fähigkeiten als Geschichtenerzählerin und Musikerin es genommen und etwas viel Größeres daraus gemacht. Und es ist etwas, das wir alle nachempfinden können.«[13]

Rechts: In der zweiten Nacht der »Eras-Tour« im Gillette Stadium in Foxborough, Massachusetts, im Mai 2023 ist es ziemlich nass.
Rechte Seite: Aaron Dessner, Taylor Swift und Jack Antonoff (von links) am 14. März 2021 im Presseraum der Grammy-Verleihung.

Tolerate It

{ ALBUMTRACK }

Erschienen am: 11. Dezember 2020
Songwriter: Aaron Dessner, Taylor Swift
Produzent: Aaron Dessner

***Tolerate It*, der fünfte Titel auf »Evermore«, ist ein weiterer typischer emotionaler Überraschungsangriff. Der Song handelt von dem »Versuch, jemanden zu lieben, der ambivalent ist«[14], wie Swift sagt. Die unruhige Musik wird von einer rasanten Schlagzeugprogrammierung, einer wehklagenden Instrumentierung von Bryce Dessner und einem düsteren Klavier getragen.**

Als Aaron Dessner, der Bruder von Bryce, den ernsthaften Klavierpart zu *Tolerate It* schreibt, zögert er, bevor er ihn an Taylor Swift weitergibt. Aaron Dessner sagt: »Ich dachte: ›Dieser Song ist intensiv.‹ Er ist im 10/8-Takt geschrieben, was eine ungewöhnliche Taktart ist. Und ich dachte kurz: ›Vielleicht sollte ich es ihr nicht schicken, sie wird es nicht mögen.‹« Taylor hat jedoch sofort eine Vorstellung von dem Song im Kopf und schickt Dessner einen »umwerfend schönen Song« zurück, wie er sagt. Er gesteht: »Ich glaube, ich habe geweint, als ich ihn zum ersten Mal gehört habe.«

Zufällig liest Taylor zu dieser Zeit Daphne Du Mauriers Roman *Rebecca* aus dem Jahr 1938, der sie inspiriert. In dem Roman heiratet eine Frau in den 20-ern den Witwer Maxim de Winter, muss jedoch feststellen, dass sie es nie mit der verstorbenen Rebecca, der früheren Frau ihres Manns, aufnehmen kann. Taylor sagt: »Ich dachte: ›Wow, ihr Mann erträgt sie einfach nur. Sie tut all diese Dinge und sie strengt sich so sehr an und sie versucht, ihn zu beeindrucken, und er erträgt sie die ganze Zeit nur.‹ Ein Teil von mir konnte das nachvollziehen, weil ich mich irgendwann in meinem Leben genauso gefühlt habe.«[15]

No Body, No crime (featuring HAIM)

{ SINGLE }

Erschienen am: 11. Januar 2021 (Single) / 11. Dezember 2020 (Album)
Songwriter: Taylor Swift
Produzenten: Aaron Dessner, Taylor Swift

Nach den Themen der ersten fünf Songs wird es mit einer guten alten Ballade über Mord, dem giftigen *No Body, No Crime,* etwas weniger düster. Swift ist schon lang ein Fan dieses Musikgenres. Ein Beispiel dafür ist die energiegeladene Live-Version von *Goodbye Earl* der Chicks, die sie 2015 zusammen mit Natalie Maines singt. *No Body, No Crime* ist besonders von »meiner Besessenheit für True-Crime-Podcasts und -Dokumentationen inspiriert«[16], sagt Taylor. Der Song enthält den vorahnungsvollen Gesang ihrer langjährigen Freundinnen aus dem Rock-Trio HAIM.

Die Hauptfigur Este (nach Este Haim, der Bassistin/Sängerin von HAIM) entdeckt ungewöhnliche Juwelenkäufe auf einem gemeinsamen Bankkonto und ungewohnten Wein im Atem ihres Manns. Fremdgehen ist die offensichtliche Erklärung – aber Este verschwindet, bevor sie diesen Verdacht bestätigen kann, und wird sofort durch die Geliebte des Ehemanns ersetzt. Taylor Swift und Estes Schwester wollen das nicht hinnehmen und planen einen Mord. Da die Geliebte jedoch auch eine Lebensversicherung für den Betrüger abgeschlossen hat, ist nicht ganz klar, wer das perfekte Verbrechen begangen hat.

No Body, No Crime ist nicht nur ein hervorragender Einstieg in die Welt der Balladen über Mord, sondern auch eine eindeutige Anspielung auf Taylor Swifts frühere Country-Karriere, wobei die Lap-Steel-Gitarre eine besonders unheilvolle Atmosphäre schafft. Als HAIM mehrere Termine der »Eras-Tour« eröffnet, fügt Taylor Swift den Song gern in den »Evermore«-Abschnitt des Sets ein, sodass sie ihn gemeinsam singen können. Das Ergebnis ist eine Furcht einflößende Live-Version mit unheilverkündendem Gesang und einem scharfen E-Gitarrensolo von Danielle Haim.

Happiness

{ ALBUMTRACK }

Erschienen am: 11. Dezember 2020
Songwriter: Aaron Dessner, Taylor Swift
Produzent: Aaron Dessner

Für Taylor Swift ist es nichts Neues, die Songs für ihre Alben in letzter Minute zu schreiben. Dessner verrät, dass der hymnenartige Song *Happiness* für »Evermore« buchstäblich nur Tage vor der Aufnahme der Masterbänder fertig gewesen sei.[17] Das ist keine Übertreibung: Bei der Premiere des Musikvideos zu *Willow* am 11. Dezember 2020 sagt Taylor, dass sie den Song – der einen »sehr irreführenden Titel« habe – in der Woche zuvor geschrieben habe.[18]

Fairerweise muss man sagen, dass Taylor einen kleinen Vorsprung hat, als sie sich in den Song vertieft. Dessner arbeitet seit 2019 an der Musik und hat den Song ursprünglich für sein Nebenprojekt Big Red Machine vorgesehen. Er sagt später: »Aber dann mochte sie das Instrumentalstück und schrieb schließlich [ihren Text] dazu. […] Das ist ein bisschen ihre Arbeitsweise – sie schreibt viele Songs, und ganz am Ende schreibt sie manchmal noch ein oder zwei mehr, und das sind oft die wichtigen Songs.«[19]

In *Happiness* beschreibt Taylor den Moment, in dem jemand erkennt, dass eine langjährige Beziehung nun doch vorbei ist. Die Erzählerin ist ein Nervenbündel: Sie ist sich ihrer Identität außerhalb der Beziehung nicht sicher (und wer sie sein wird, wenn sich der Staub der Trennung gelegt hat). Sie versucht herauszufinden, wann und warum die Dinge schiefgelaufen sind. So beschuldigt sie ihren Ex-Partner des Betrugs, was nicht wahr zu sein scheint. In der Tat beklagt sie dann in der Bridge, dass es schwierig sei, sich von jemandem zu trennen, der ein gutes Herz hat.

Linke Seite: Auf der »Eras-Tour« singt Swift gelegentlich den Song *No Body, No Crime* zusammen mit ihren langjährigen besten Freundinnen von der Band HAIM.

Unten: Als Anspielung auf die naturverbundene Atmosphäre von »Evermore« spielt Taylor Swift einige Songs auf einem moosbewachsenen Flügel.

Dorothea

{ ALBUMTRACK }

Erschienen am: 11. Dezember 2020
Songwriter: Aaron Dessner, Taylor Swift
Produzent: Aaron Dessner

Nach der Veröffentlichung von »Folklore« arbeiten Taylor Swift und Aaron Dessner weiterhin zusammen. Sie schreibt die Songs *Closure* und *Dorothea*, die er zunächst für sein eigenes Projekt Big Red Machine verwenden möchte. Dessner gesteht: »Je öfter ich die Songs hörte, desto mehr spürte ich, dass es interessante, aufregende Taylor-Songs sein könnten, auch wenn sie auch gut zu Big Red Machine passen würden.«[20] Seine Instinkte trügen ihn nicht. Die unbeschwerte, von einem Klavier getragene Folk-Nummer *Dorothea* enthält klassische Swift-Stilmittel. Die ehrgeizige Protagonistin verlässt ihre Heimatstadt, um Ruhm und Reichtum zu erlangen. Allerdings ist der Song aus der Perspektive einer Person geschrieben, die mit Dorothea zusammen aufgewachsen ist, immer noch in der Heimatstadt der beiden lebt und Dorotheas Erfolge aus der Ferne betrachtet.

Dorothea erinnert an die Beziehung zwischen Betty, Augustine und James, über die Taylor auf »Folklore« schreibt. Es überrascht nicht, dass sie Verbindungen zwischen den beiden Geschichten herstellt. Taylor scherzt: »In meiner Vorstellung ging Dorothea auf dieselbe Schule wie Betty, James und Inez.«[21] Wie sie später erklärt, ist Dorothea ein »Mädchen, das ihre Kleinstadt verlassen hat, um ihre Träume in Hollywood zu verwirklichen«, und dann »eine alte Flamme wiederentdeckt«, als sie über die Feiertage nach Hause kommt – sicher eine Anspielung auf *'Tis the Damn Season*. Ist der Protagonist von *Dorothea* diese alte Flamme?

Rechte Seite: Taylor Swift und ihr Ex-Freund, der Schauspieler Joe Alwyn (hier 2019 in New York City), haben während der »Folklore«-/»Evermore«-Ära einige Songs gemeinsam geschrieben.

Coney Island (featuring The National)

{ SINGLE }

Erschienen am: 18. Januar 2021 (Single) / 11. Dezember 2020 (Album)
Songwriter: William Bowery, Aaron Dessner, Bryce Dessner, Taylor Swift
Produzenten: Aaron Dessner und Bryce Dessner

Beim Album »Folklore« arbeitet Taylor Swift eng mit Aaron Dessner zusammen. Das führt natürlich dazu, dass mehrere seiner Bandkollegen von The National, darunter sein Bruder, der Multiinstrumentalist Bryce Dessner, und der Schlagzeuger Bryan Devendorf, ebenfalls etwas beisteuern. Dass die gesamte Band mit Taylor zusammenarbeitet, ist der logische nächste Schritt. Bei dem nostalgischen Song *Coney Island* werden diese Pläne dann in die Tat umgesetzt. Der Song geht aus einem stürmischen Indie-Rock-Song hervor, den Taylor Swift und Joe Alwyn zur Musik von Aaron und Bryce Dessner geschrieben haben.

Aaron Dessner sagt: »[Der Song] hat diese wirklich schöne Verbindung zur Geschichte, und ich denke, er ist einer der stärksten, sowohl textlich als auch musikalisch. Aber als wir den Text hörten, wurde uns allen klar, dass dieser Song am dichtesten an The National herankommt. Er fühlt sich fast wie eine Geschichte an, die [Sänger] Matt [Berninger] erzählen könnte. Ich konnte mir auch vorstellen, dass Bryan [Devendorf] den Schlagzeugpart spielt.«[22] Die übrigen Mitglieder von The National sind sofort bereit, bei *Coney Island* mitzumachen, und so steuert Bryan Devendorf das Schlagzeug bei, während Scott Devendorf den Bass und ein Pocket Piano spielt. Berningers düsterer Gesang bildet einen perfekten Kontrast zu Taylors Stimme. Dessner sagt: »Es ist seltsam, weil es sich wirklich wie Taylor anfühlt, weil sie und William Bowery alle Texte geschrieben haben, aber es fühlt sich auch wie ein The-National-Song an, und das meine ich im positiven Sinne. Ich liebe es, wie Matt und Taylor zusammen klingen.«[23]

LT

Ivy

{ ALBUMTRACK }

Erschienen am: 11. Dezember 2020
Songwriter: Jack Antonoff, Aaron Dessner, Taylor Swift
Produzent: Aaron Dessner

Es ist keine Einbildung, dass »Evermore« eine eisigere Atmosphäre hat als »Folklore«. Aaron Dessner gibt zu: »Viele der Stücke haben eine winterliche Stimmung, was von mir beabsichtigt war. Ich war der Meinung, dass es sich um Herbst und Winter handelt – und [Taylor hat] auch darüber gesprochen, dass »Folklore« für sie nach Frühling und Sommer klingt und »Evermore« nach Herbst und Winter.«[24] Er fügt hinzu, dass dies die leisen Schlittenglocken bei *Ivy* erklärt, einem Folksong mit federleichten Gitarrenriffs, in dem es um eine verheiratete Person geht, die sich in jemanden verliebt, der nicht ihr Ehepartner ist. Der Text zeigt auf subtile Weise, dass sich die verbotene Beziehung weiterentwickelt und vertieft. Es gibt Hinweise auf den Wechsel der Jahreszeiten vom Winter zum Frühling sowie eine grüne Bildersprache. Der nicht verheiratete Partner wird mit Efeu verglichen, das sich um den betrügenden Partner windet und ihn umhüllt, eine Metapher dafür, dass sich ihre Leben immer mehr ineinander verflechten. Am Ende des Songs leidet die Ehe jedoch aufgrund der Affäre unter einem heftigen Konflikt – vielleicht eine Anspielung auf die Art unbeständiger Beziehung, die Taylor auch in *The Great War* beschreibt.

Cowboy Like Me

{ ALBUMTRACK }

Erschienen am: 11. Dezember 2020
Songwriter: Aaron Dessner, Taylor Swift
Produzent: Aaron Dessner

Als Taylor Swift das Album »Evermore« veröffentlicht, teilt sie einen begleitenden Essay, in dem sie jeden einzelnen Song des Albums kommentiert. Die Americana-Ballade *Cowboy Like Me*, die von Marcus Mumford gesungen wird, handelt von »zwei jungen Betrügern, die sich verlieben, während sie in schicken Resorts abhängen und versuchen, reiche Liebespaare zu finden, die ihre Opfer werden«.[25] Das Paar versteht sich unglaublich gut, was keiner der beiden erwartet hat. Dementsprechend haben beide auch nicht erwartet, auf jemanden zu treffen, der ihre jeweilige Vergangenheit akzeptiert. Am Ende steht die Beziehung vielleicht unter keinem guten Stern – immerhin geht zumindest einer der Beteiligten davon aus, dass sie bald zu Ende sein könnte – aber für den Moment scheint sie zu funktionieren.

Long Story Short

{ *ALBUMTRACK* }

Erschienen am: 11. Dezember 2020
Songwriter: Aaron Dessner, Taylor Swift
Produzent: Aaron Dessner

Long Story Short kann man als einen Song von »Reputation« ansehen, der durch die magische, von Folk und Elektronik geprägte Stimmung von »Evermore« gefiltert worden ist. Getragen von holprigen Beats und einem treibenden Tempo, erinnert sich Taylor an die schlechten Zeiten in ihrem Leben, in der sie sich von geringem Selbstwertgefühl geplagt fühlt, was zu falschen Beziehungsentscheidungen geführt hat. Dann überträgt sie den Song in die Gegenwart und verkündet erleichtert, dass sie sich nun in einer gesunden Beziehung befindet. Ihr Gesang klingt fast durchgehend fröhlich, als ob sie dieses Kapitel ihres Lebens endlich abschließen und mit einem reinen Gewissen nach vorn blicken kann.

Marjorie

{ *ALBUMTRACK* }

Erschienen am: 11. Dezember 2020
Songwriter: Aaron Dessner, Taylor Swift
Produzent: Aaron Dessner

Nachdem sie einen Song über ihren Großvater väterlicherseits für das Album »Folklore« geschrieben hat, beschließt Taylor, ihre Großmutter mütterlicherseits auf »Evermore« zu ehren. Diese Großmutter ist die Sängerin Marjorie Finlay. Sie stirbt, als Taylor 13 Jahre alt ist. *Marjorie* ist ein absolut atemberaubender Song mit erhabener Rhythmik und einem strahlenden Klavier. Die Musik ist eine perfekte Ergänzung zum Text, der sowohl von der Sehnsucht nach Menschen, die wir verloren haben, als auch von dem Wunsch, ihre Erinnerung lebendig zu halten, geprägt ist. Taylor Swift sagt: »Am schwierigsten ist es, wenn man verarbeiten muss, dass man jemanden verloren hat und man nicht die Möglichkeit hatte, denjenigen kennen- und schätzen zu lernen. Meine Mutter schaut mich häufig an und sagt: ›Gott, du bist genau wie sie‹. Aber für mich kommen diese Eigenarten, die sie an mir sieht, von niemandem anderen als mir selbst.«[26] Marjorie Finlay wird sogar als Backgroundsängerin bei *Marjorie* genannt. Taylors Mutter hat alte Aufnahmen von Marjorie Finlay gefunden, auf denen sie Opern singt. Aaron Dessner baut sie in die Abmischung ein. Taylor sagt: »Die Erfahrung, diesen Song zu schreiben, war wirklich surreal. Ich habe mich beim Schreiben manchmal völlig fertig gefühlt. Ab und zu bin ich sogar fast zusammengebrochen. Es war wirklich schwer, in der Gesangskabine zu singen, ohne dass es so klang, als würde meine Stimme brechen, weil ich einfach sehr emotional war.«[27]

Closure

{ ALBUMTRACK }

Erschienen am: 11. Dezember 2020
Songwriter: Aaron Dessner, Taylor Swift
Produzenten: James McAlister, BJ Burton, Aaron Dessner

Laut Aaron Dessner ist Justin Vernon, der unter dem Pseudonym Bon Iver aufnimmt, bei »Evermore« noch stärker involviert als bei »Folklore«[28]. Das hat sicher auch einen Einfluss auf den Sound von »Evermore«. Tatsächlich braucht man sich nur den avantgardistischen Song *Closure* anzuhören, einen von Taylors abenteuerlichsten Tracks.

Der Song *Closure* verwendet einen komplizierten 5/4-Takt, und seine blechernen, nach Industrial klingenden Drums verleihen der Musik ein Gefühl, das dem Erlebnis einer schwindelerregenden Achterbahnfahrt ähnelt. Außerdem verwenden Dessner und Vernon für den Song einzigartige Effekte (»Wir haben Taylors Gesang durch seine Messina-Kette [verschiedene Geräte, um den Messina-Effekt zu erzeugen] geschickt«[29], sagt Dessner). Die Produktion übernimmt BJ Burton, der auch schon mit Bon Iver zusammengearbeitet hat. Dessner erklärt: »Es gab keine Grenzen für den Prozess. Und an den Stellen, an denen wir experimentellere Klänge oder ungewöhnliche Taktarten verwendeten, fühlte sich das wie ein normaler Teil der Arbeit an.«[30] Die Erzählerin von *Closure* ist verärgert über einen Ex-Partner, der sich bei ihr meldet. Sie empfindet diese Geste als herablassend. Obwohl sie immer noch wütend und traurig ist, ist sie auch stolz – und sie benötigt keinen Ex, der ihr erklärt, warum es zur Trennung gekommen ist, oder der ihr einen endgültigen Abschluss der Beziehung anbietet.

Evermore (featuring Bon Iver)

{ ALBUMTRACK }

Erschienen am: 11. Dezember 2020
Songwriter: William Bowery, Taylor Swift, Justin Vernon
Produzenten: Aaron Dessner, Taylor Swift

Aaron Dessner sagt, dass »Evermore« ein Schwesteralbum[31] zu »Folklore« sei. Der Schreibprozess sei identisch mit dem bei *Exile* auf »Folklore« gewesen. Taylor Swift und Joe Alwyn schreiben den Titeltrack des Albums und schicken die Musik dann an Justin Vernon, damit dieser eine Bridge hinzufügt. Der Song handelt davon, dass man sich durch graue November- und Dezembertage kämpft – im wörtlichen und im übertragenen Sinne. Am Ende wird jedoch klar, dass all der Schmerz und die Depression nicht von Dauer sind und dass bessere Zeiten vor uns liegen.

Taylor sagt: »[Der Song beginnt damit], dass man barfuß durch den Wald läuft, mitten im Winter, oder auf einem Balkon steht und sich den eisigen Wind um die Ohren wehen lässt und sich dabei den Tod holt. Und dann, im letzten Refrain, geht die Person ins Haus und ist endlich sicher im Warmen. Es geht darum, wieder Hoffnung haben zu können.«[32] Taylor sieht »eine doppelte Bedeutung in den Monaten und den Gefühlen, die erwähnt werden«. Einerseits kehrt sie in Gedanken zu den schwierigen Zeiten im Jahr 2016 zurück: »Damals ging es nur darum, jeden Tag zu überstehen.«[33] Andererseits bezieht sie sich auch auf die US-Wahlen von 2020. Sie sagt: »Ich hatte mich schon fast auf das Schlimmste eingestellt und versuchte irgendwie, Licht am Ende des Tunnels zu sehen.«[34]

Linke Seite: Jack Antonoff, Taylor Swift und Aaron Dessner singen am 14. März 2021 bei den *Grammys* gemeinsam *Willow*.

Oben: Taylor Swift spielt auf der »Eras-Tour« *'Tis the Damn Season*, *Willow*, *Marjorie*, *Champagne Problems* und *Tolerate It* von »Evermore«.

Right Where You Left Me

{ **BONUSTRACK** } **(DELUXE EDITION)**

Erschienen am: 18. Dezember 2020
Songwriter: Aaron Dessner, Taylor Swift
Produzent: Aaron Dessner

Ähnlich wie *Happiness* entsteht auch *Right Where You Left Me* erst gegen Ende der Aufnahmen zu »Evermore«. Aaron Dessner sagt: »Ich hatte ihn kurz vor meinem Besuch bei Justin [Vernon] geschrieben, weil ich dachte: ›Vielleicht können wir etwas zusammen machen, wenn wir uns treffen.‹ Und Taylor hat das gehört und diesen wunderbaren Song dazu geschrieben.«[35] Ihre Idee ist es, »einen Song über ein Mädchen zu schreiben, das für immer an exakt dem Ort geblieben ist, an dem ihr das Herz gebrochen worden ist, und das in der Zeit eingefroren ist.«[36] Textlich meint Taylor das durchaus wörtlich. Die 23-Jährige, um die es in *Right Where You Left Me* geht, sitzt immer noch am selben Tisch im selben Restaurant, an dem ihr Partner ihr gestanden hat, dass er eine andere Frau kennengelernt hat. (Es sammelt sich sogar Staub auf ihrer Frisur.) Das buchstäbliche Erstarren der Frau hat natürlich auch eine symbolische Bedeutung – sie kommt nicht über die Vergangenheit hinweg und ist deshalb nicht in der Lage, ihr Leben weiterzuleben und eine neue Liebe zu finden.

It's Time to Go

{ **BONUSTRACK** } **(DELUXE EDITION)**

Erschienen am: 18. Dezember 2020
Songwriter: Aaron Dessner, Taylor Swift
Produzent: Aaron Dessner

In *It's Time to Go* geht es darum, »auf sein Bauchgefühl zu hören, wenn dieses einem sagt, dass es Zeit ist zu gehen«[37], so Swift. Das könnte sich auf eine Ehe beziehen – die erste Strophe beschreibt einen Ehepartner, der beim Lügen erwischt wird, nachdem er bestritten hat, dass er fremdgegangen ist – oder auf einen Job, bei dem man bei einer Beförderung übergangen wird. Die dritte Strophe ist wohl eine Anspielung darauf, dass Taylor Swift die Masterbänder ihrer ersten sechs Alben nicht besitzt. Sie beschreibt eine gierige Person, die Taylors Vergangenheit gefangen hält. Sie ist jedoch zuversichtlich, weil sie sich auf sich selbst verlassen kann. Musikalisch beginnt *It's Time to Go* als meditativer Indie-Pop-Song mit Klavier und Streichern, bevor er am Ende mit einer selbstbewussten Slide-Gitarre und Schlagzeug an Fahrt aufnimmt. Taylor Swift erklärt, dass man manchmal etwas Besseres finden kann, indem man mutig aus einer Situation aussteigt oder vor einer Situation davonläuft, die nicht funktioniert. Aaron Dessner sagt: »Der gesamte Verlauf des Songs fühlt sich für mich wie ein so schönes, kathartisches Ende von ›Folklore‹ und ›Evermore‹ an.«[38]

Three Sad Virgins (SNL-Parodie)

{ *SATURDAY NIGHT LIVE* }

Erschienen am: 14. November 2021

Taylor Swift ist keine Unbekannte bei *Saturday Night Live*: Sie ist bereits Moderatorin und musikalischer Gast gewesen und hat Auftritte von Freunden wie Ice Spice angesagt. Im November 2021 ist sie in einem lustigen Hip-Hop-Musikvideo mit dem Titel *Three Sad Virgins* zu sehen, in dem die Comedy-Truppe Please Don't Destroy (die *Saturday-Night-Live*-Autoren Ben Marshall, John Higgins und Martin Herlihy) zusammen mit dem Comedian Pete Davidson verspottet wird. John Higgins meint: »Wir hätten nicht gedacht, dass sie es schafft. Wir haben ihr die Idee vorgeschlagen und gesagt: ›Es heißt *Three Sad Virgins.* Darin machen du und Pete sich über uns lustig.‹ Und sie war sofort einverstanden und hat Ja gesagt.«[39] Taylor erklärt in dem Sketch, dass ein Mitglied von Please Don't Destroy wie Bibo [der Vogel aus der Seesamstraße] ohne Federn aussehe und dass ein anderes Mitglied so viel Sexappeal habe wie eine Vogelscheuche. Swift verpackt diese Beleidigungen in süße Popmelodien – was den Humor noch verstärkt und die Sketche noch lustiger macht.

Linke Seite: Anfang 2023 erzielt eine von Taylor Swift signierte Epiphone-Akustikgitarre mit einer eigens angefertigten »Evermore«-Grafik bei einer Wohltätigkeitsauktion von MusiCares einen Erlös von 25.000 US-Dollar.

Oben: Taylor Swift strahlt am 31. März 2023 während des »Evermore«-Abschnitts ihres Auftritts im AT&T-Stadion in Arlington, Texas.

10

DIE MIDNIGHTS-ÄRA

»Midnights« ist ein lockeres Konzeptalbum, das laut Taylor »die Geschichten von 13 schlaflosen Nächten aus meinem Leben«[1] umfasst. Bei diesen nächtlichen Gedanken geht es um eine Vielzahl von Emotionen, darunter Bedauern, Begierde, Genugtuung, Wehmut und Selbstverachtung. Swift arbeitet für »Midnights« wieder eng mit Jack Antonoff zusammen. Sie berichtet: »Dies ist unser erstes Album, an dem wir nur zu zweit als hauptverantwortliche Mitwirkende gearbeitet haben. Wir haben eine Weile mit Ideen herumgespielt und ein paar Sachen geschrieben, die uns gefielen, aber ›Midnights‹ entwickelte sich erst richtig, als unsere beiden Partner (beides Schauspieler) in Panama einen Film zusammen drehten.«[2] Das Album debütiert weltweit auf Platz 1 und erhält mehrere Grammy-Nominierungen. Es gewinnt in den Kategorien »Bestes Pop-Gesangs-Album« und »Album des Jahres«.

Lavender Haze

{ SINGLE }

Erschienen am: 29. November 2022 (Single) / 21. Oktober 2022 (Album)
Songwriter: Jack Antonoff, Sam Dew, Zoë Kravitz, Sounwave, Jahaan Sweet, Taylor Swift
Produzenten: Jack Antonoff, Braxton Cook, Sounwave, Jahaan Sweet, Taylor Swift
Alternative Versionen: akustische Version, Tensnake Remix, Snakehips Remix, Jungle Remix, Felix Jaehn Remix

***Lavender Haze* ist nach einem Satz benannt, den Taylor Swift in der Serie *Mad Men* gehört hat, und ist von ihrer Beziehung zu Joe Alwyn inspiriert. Es handelt sich um einen romantischen Disco-Pop-Song. Taylor Swift sagt: »[*Lavender haze* ist] ein typischer Satz, den man in den 1950er-Jahren benutzte, um das Verliebtsein zu beschreiben. Wenn man sich im ›Lavendeldunst‹ befand, bedeutete das, dass man vor lauter Liebe die rosarote Brille trug.«[3]**

Taylor findet die Beschreibung *Lavender Haze* auch in der modernen Zeit noch sehr treffend. Zunächst einmal untersucht der Song den Druck, der entsteht, wenn man versucht, diese Art von Liebe zu schützen. Dazu gehört die Herausforderung, Klischees zu ignorieren. Geschickt weist Taylor darauf hin, wie sehr sie es verabscheut, wenn Menschen versuchen, die Denkweise der 1950er-Jahre auf ihr Liebesleben anzuwenden. Sie lehnt die engstirnige Vorstellung ab, dass Frauen nur in der Rolle der Ehefrau oder als One-Night-Stand existieren.

Das kritische Auge der Öffentlichkeit ist zudem ein Hindernis. Sie sagt: »Theoretisch gilt: Wenn man sich einmal im *Lavender Haze* befindet [die rosarote Brille trägt], tut man alles, damit das so bleibt, und lässt nicht zu, dass andere Menschen einen von dieser Wolke herunterholen. Und ich denke, dass viele Menschen jetzt damit zu tun haben, nicht nur ›öffentliche Personen‹, weil wir im Zeitalter der sozialen Medien leben. Und wenn die Welt herausfindet, dass du in jemanden verliebt bist, werden sie sich dazu äußern.«[4] Co-Autor Mark Anthony Spears (der unter dem Namen Sounwave produziert) merkt an, dass die Musik von *Lavender Haze* nicht explizit für Taylor geschrieben worden sei: »Ich habe 15 Minuten lang Sounds durchprobiert und schließlich aus Versehen auf einen Knopf gedrückt.«[5] Jack Antonoff ist begeistert. Der Saxofonist Braxton Cook aus Washington D. C. hat Jahaan Sweet, seinem Mitbewohner an der Juilliard School (gleichzeitig ein Produzent, mit dem Spears bereits zusammengearbeitet hat), eine Sprachnachricht geschickt und teilt ihm mit, dass er »an diesem Popsong arbeitet«. Braxton Cook sagt: »Ich singe da nur über ein paar Akkorde. [Jahaan] hat es neu interpretiert, und so klang es wie ein bearbeitetes Sample.«[6]

Spears und Antonoff arbeiten mit der Schauspielerin Zoë Kravitz und mit Sam Dew zusammen, der auch an *I Don't Wanna Live Forever*, Taylors Zusammenarbeit mit Zayn Malik, mitgeschrieben hat. Hierbei dient ihnen das wortlose Summen des Samples als klanglicher Anker. Gemeinsam entwickelt das Quartett einen opulenten Track mit flüssigem R-&-B-Groove, pulsierenden Beats und samtigen Keyboards. Spears erklärt: »Sam kümmerte sich um die Melodien, und Zoë ist ein kreatives Genie. Sie ist nicht nur eine fantastische Schauspielerin. Ihre Fähigkeit, verschiedene Sounds zu erzeugen und unterschiedliche Melodien zu entwickeln, ist auf einem viel höheren Niveau.«[7]

Antonoff gibt den Song schließlich an Taylor weiter, die sich sehr inspiriert fühlt. Ihre Stimme ist raffiniert und faszinierend. Spears sagt: »Als Jack uns reinholte, um den Song zum ersten Mal zu hören, ist uns allen die Kinnlade heruntergefallen. Sie hat [den Song] in ganz andere Sphären getragen und hat ihn sich angeeignet. Sie hat verschiedene Sound-Nischen geschaffen, die wir gar nicht gehört hatten.«[8] *Lavender Haze* wird ein fester Bestandteil der »Eras-Tour« und erreicht Platz 2 der *Billboard Hot 100.*

Rechte Seite: Taylor Swift beendet jedes Konzert der »Eras-Tour« in einem glitzernden Body und trägt (bei einigen Auftritten) eine Jacke mit Fransen.

Maroon

Erschienen am: 21. Oktober 2022
Songwriter: Jack Antonoff, Taylor Swift
Produzenten: Jack Antonoff, Taylor Swift

Bereits 2012 veröffentlicht Taylor Swift den Song *Red*, in dem sie die Erfahrung, jemanden zu lieben, mit einem leuchtenden Rotton vergleicht. Mit der Zeit entwickelt sich ihre Vorstellung weiter. In *Daylight* auf »Lover« denkt sie zum Beispiel, dass die Liebe eher goldfarben sei. Der zurückhaltende Song *Maroon*, der von langgezogenen Trap-Beats und einem großzügigen Arrangement dominiert wird, geht jedoch noch einen Schritt weiter und verwendet verschiedene Rottöne, um ein Bild mit mehr Nuancen zu zeichnen.

Der Refrain spricht von burgunderrotem Wein, der auf ein T-Shirt verschüttet wird – versehentlich oder während eines Streits – und außerdem von einer Reihe von Dingen, die Farbtöne von Scharlachrot bis zu Kastanienbraun (maroon) tragen: Jemand errötet, ein Knutschfleck, ein Paar Lippen. Es gibt jedoch auch eine rostige Telefonleitung. Dieses kastanienbraune Bild signalisiert einen Mangel an Kommunikation. Die Strophen spielen ebenfalls mit Rottönen. Die erste Strophe berichtet von Liebesglück. Man bleibt die ganze Nacht auf und macht es sich mit einem preiswerten Rosé-Wein gemütlich. Die zweite Strophe beschreibt einen erbitterten Streit, bei dem sich herausstellt, dass das Paar eher Nelken und nicht Rosen ähnelt, und ein Partner klagt, dass man Rubine geopfert habe. Der Verlust eines wertvollen roten Gegenstands deutet ebenfalls auf eine verlorene Beziehung hin.

Oben: Taylor Swift tritt 2022 bei den *NSAI Nashville Songwriter Awards* im Ryman Auditorium auf, nachdem sie von der *NSAI* zur Songwriterin des Jahrzehnts ernannt worden ist.
Rechte Seite: Taylor Swift nimmt 2022 während der *MTV Europe Music Awards* einen Preis entgegen.

Anti-Hero

{ *SINGLE* }

Erschienen am: 21. Oktober 2022 (Single) / 21. Oktober 2022 (Album)
Songwriter: Jack Antonoff, Taylor Swift
Produzenten: Jack Antonoff, Taylor Swift
Alternative Versionen: Akustikversion, ILLENIUM Remix, Roosevelt Remix, Kungs Remix, Jayda G. Remix, Featuring Bleachers

Der Synth-Pop-Rock-Song *Anti-Hero* ist inzwischen ein Klassiker. Taylor sagt: »Von all den Songs, die ich je geschrieben habe, ist er einer meiner Lieblingssongs. Und ich finde, er ist wirklich ehrlich.«

In der ersten Strophe des Songs spielt Taylor Swift auf Depressionen an, die sie nachts wachhalten. Sie spricht über die Gedanken an vergangene Fehler, die sie quälen. Im Refrain merkt sie an, dass sie diejenige mit einem Problem ist, vor allem, weil sie sich selbst behindert, indem sie in die Sonne schaut, anstatt ihre eigenen Fehler zu betrachten. Taylor sagt: »Ich glaube nicht, dass ich mich bisher so detailliert mit meinen Unsicherheiten auseinandergesetzt habe. Ich kämpfe sehr mit der Vorstellung, dass mein Leben außer Kontrolle geraten ist und … ich will nicht zu düster klingen, aber ich kämpfe einfach mit der Vorstellung, mich nicht wie eine Person zu fühlen.«[10] Dementsprechend vergleicht sie sich in der zweiten Strophe mit einem riesigen, unbeholfenen Monster aus einem Horrorfilm. Sie fügt hinzu: »Dieser Song ist ein echter begleiteter Rundgang an all den Dinge vorbei, die ich an mir hasse. Wir alle hassen Dinge an uns selbst. Und mit all diesen Dingen, die wir an uns selbst mögen oder auch nicht, müssen wir uns auseinandersetzen, wenn wir uns weiterentwickeln wollen.«[11] Ihre schonungslose Ehrlichkeit trifft offenbar den Nerv der Zeit, denn *Anti-Hero* bleibt acht Wochen lang auf Platz 1 der *Billboard Hot 100*.

Snow on the Beach (featuring Lana Del Rey)

{ ALBUMTRACK }

Erschienen am: 21. Oktober 2022
Songwriter: Jack Antonoff, Lana Del Rey, Taylor Swift
Produzenten: Jack Antonoff, Taylor Swift
Alternative Version: More Lana Del Rey

In der Liebe geht es oft um das richtige Timing. Manchmal bist du Single, aber das Objekt deiner Begierde ist es nicht. Ein anderes Mal gerät man in eine Beziehung, und dein idealer Partner hat eben erst Schluss gemacht mit der Beziehung davor. Natürlich ist immer der beste Zeitpunkt, wenn du und dein Schwarm zur selben Zeit interessiert und verfügbar sind.

Das ist dieser wunderbare, magische Moment, der im bezaubernden, verträumten Song *Snow on the Beach* eingefangen ist. Taylor sagt: »[Es geht darum,] sich in jemanden zu verlieben, während diese Person sich gleichzeitig in dich verliebt. Es geht um diesen Moment, in dem du merkst, dass der andere genau so empfindet wie du. Und man schaut sich um und denkt: ›Moment mal, ist das echt? Ist das ein Traum? Passiert das wirklich?‹ Es ist so ein Gefühl, als würdest du Schneeflocken sehen, die auf einen Strand herunterfallen.«[12]

Snow on the Beach ist auch wegen der Gastsängerin Lana Del Rey bemerkenswert. Den legendären Popstar bezeichnet Taylor als »eine der besten Musikerinnen aller Zeiten«.[13] Lana Del Rey steuert im gesamten Song ihre verträumte Stimme bei, die das romantische Glück besingt und Taylors eigene, wundervolle Stimme ergänzt. Aber sie ist nicht der einzige Star in diesem Song: Der Schauspieler Dylan O'Brien, der in Taylors Kurzfilm *All too Well: The Short Film* mitgespielt hat, spielt Schlagzeug, weil er zufällig gerade im Studio ist. Wie Taylor es ausdrückt: »Manchmal passiert so etwas einfach.«[14]

Rechts: Lana Del Rey und Taylor Swift arbeiten bei »Midnights« zusammen. Sie sind sich aber auch schon früher begegnet, hier 2012 bei den *MTV Europe Music Awards*.

Rechte Seite: Der Austausch von Freundschaftsbändern ist ein Ritual auf Taylor-Swift-Konzerten. Bei dem Song *22* schenkt Taylor einem glücklichen Fan sogar ihren Hut.

You're on Your Own, Kid

{ *ALBUMTRACK* }

Erschienen am: 21. Oktober 2022
Songwriter: Jack Antonoff, Taylor Swift
Produzenten: Jack Antonoff, Taylor Swift
Alternative Version: Strings Remix (Streicher-Remix)

Das von Synthesizer-Klängen geprägte Indie-Pop-Kleinod *You're on Your Own, Kid* ist ein wunderschöner Song, in dem Taylor Swift schmerzhafte Momente aus ihrer Vergangenheit untersucht. Die ersten Strophen erinnern an ihre Teenagerzeit, als sie davon träumt, von zu Hause wegzugehen und Musikerin zu werden. In den ersten Zeilen findet sich ein kaum verhüllter Hinweis auf die flüchtige Sommerliebe, die sie in ihrer Debütsingle *Tim McGraw* besingt.

In der Bridge von *You're on Your Own, Kid* ist ein besonders aussagekräftiger Text zu finden. Während die Musik lauter wird und an Intensität gewinnt, wendet sich ihre traurige Geschichte zum Positiven. Taylor vergleicht sich selbst indirekt mit der Titelfigur aus Stephen Kings Roman »Carrie«, die blutüberströmt auf dem Abschlussball landet und sich an ihren Mitschülern rächt. Dieser Vergleich hilft Taylor jedoch, sich zu orientieren. Sie lässt ihren Schmerz, toxische Beziehungen oder Situationen hinter sich und kann so endlich ihren Weg fortsetzen. Allein zu sein heißt jetzt nicht mehr einsam zu sein. Es ist auch ein Zeichen der Stärke und Unabhängigkeit.

Am Ende der Bridge ermutigt Taylor ihre Hörer, den Tag zu nutzen und Freundschaftsbänder zu basteln, ein schönes Bild, das gleichzeitig daran erinnert, immer ein offenes Herz zu bewahren. Die Swifties greifen diese Idee auf und machen sie zu einer Tradition. Auf den Konzerten der »Eras-Tour« tauschen die Fans massenhaft Freundschaftsarmbänder aus – eine Geste, die Taylor zeigt, dass sie nicht allein ist.

Midnight Rain

{ ALBUMTRACK }

Erschienen am: 21. Oktober 2022
Songwriter: Jack Antonoff, Taylor Swift
Produzenten: Jack Antonoff, Taylor Swift

Wenn du schon einmal um 2 Uhr morgens wach warst und durch die Fotos im Social-Media-Account deines Ex-Partners gescrollt hast, ist *Midnight Rain* der richtige Song für dich. Auf einem Fundament aus Trap-Elektro-Beats und Darkwave-Synths beschreibt Taylor, wie sie spätabends über eine längst vergangene Beziehung nachdenkt, die nicht funktioniert hat, weil sie und ihr Partner zu unterschiedlich gewesen sind. Er will heiraten und sucht ein einfaches Leben. Sie ist fokussiert auf ihre Karriere und will um den Erfolg kämpfen. Der Auslöser für diese Gedanken scheint eine Urlaubskarte mit einem Foto ihres Ex und seiner Familie zu sein. Als Reaktion darauf beginnt Taylor über den Weg nachzudenken, den sie nicht eingeschlagen hat, und über das nachzudenken, was hätte sein können. Am Ende kommt sie zu dem Schluss, dass es so für beide das Beste gewesen ist: Heute denkt er nur noch an Taylor, wenn er sie im Fernsehen sieht – und sie denkt nur noch gelegentlich spät in der Nacht an ihn.

Rechte Seite: Taylor Swift nimmt 2022 an den *MTV Video Music Awards* teil und erhält mehrere Auszeichnungen für *All too Well: The Short Film*, darunter den Preis für das Video des Jahres.

Question …?

{ ALBUMTRACK }

Erschienen am: 21. Oktober 2022
Songwriter: Jack Antonoff, Taylor Swift
Produzenten: Jack Antonoff, Taylor Swift
Altvernative Version: Instrumental-Version

Question …? ist musikalisch mit *Midnight Rain* verwandt – beide Songs sind minimalistische Elektro-Pop-Songs mit knackigen Beats. Der Song handelt von der Sehnsucht nach einem emotionalen Abschluss mit einem ehemaligen Partner, der inzwischen weitergezogen ist. Die Protagonistin fokussiert sich auf eine Beziehung, die (vermutlich) in einer harten Trennung enden wird. Der wütende Unterton ist nicht zu übersehen. Der Refrain besteht aus einer Reihe von Fragen, die auf ein verdächtiges Verhalten hinweisen. Warum verbringt man nicht die ganze Nacht mit jemandem? Warum kämpft man nicht genug für den andern? Es gibt aber auch noch eine spezifischere Frage: Fühlst du dich immer noch zu dieser Person hingezogen? Während *Question …?* auf den Höhepunkt zusteuert, nehmen die Lautstärke und die Intensität des Songs zu. Die Beats werden lauter, die Synthesizer prägnanter und der Gesang erhält mehr Ausdruck. Diese Veränderung signalisiert einen dringenderen Bedarf an Antworten, der von dem Bedürfnis getrieben wird, herauszufinden, ob dieser Ex tatsächlich mit einer neuen Partnerin glücklich ist.

Vigilante Shit

{ ALBUMTRACK }

Erschienen am: 21. Oktober 2022
Songwriter: Taylor Swift
Produzenten: Jack Antonoff, Taylor Swift

In dem an Billie Eilish erinnernden Song *Vigilante Shit* wird Rache eiskalt serviert. Pechschwarze Beats arbeiten wütend im Hintergrund, während Taylor eine Frau porträtiert, die wild entschlossen ist, das Leben eines Manns zu ruinieren, der dies sehr wohl verdient hat. (Ist es sein Drogenkonsum oder sind es seine kriminellen Machenschaften?) Sie freundet sich mit der zukünftigen Ex-Frau des Manns an und gibt ihr ein belastendes Dossier, um sicherzustellen, dass sie bei der unvermeidlichen Scheidung das Haus und das Sorgerecht für die Kinder erhält. Jemand, dessen Name nicht bekannt ist, meldet den Betrug des Manns auch dem FBI. Aber neben der teuflischen Dramatik ist das Hauptmotiv in *Vigilante Shit* die Tatsache, dass der Protagonist und seine Ex-Frau sich sogar für die Rache in Schale geworfen haben. Mit gestärktem Selbstbewusstsein befriedigen sie ihre persönliche Vendetta. *Vigilante Shit* erhält durch eine feurige Choreografie auf der »Eras-Tour« zusätzliche Tiefe. Taylor Swift und ihre Tänzer bringen hier den heißen *Cell Block Tango* aus dem Broadway-Musical »Chicago« auf die Bühne. Mandy Moore, die Choreografin dieses Songs, berichtet: »Sie sagte mir: ›Ich will nur, dass es heiß ist, es muss dramatisch sein. Wir werden diese Stühle brauchen.‹ Und ich dachte mir: ›Damit kann ich etwas anfangen. Lass uns loslegen.‹«[15]

Bejeweled

{ **ALBUMTRACK** }

Erschienen am: 21. Oktober 2022
Songwriter: Jack Antonoff, Taylor Swift
Produzenten: Jack Antonoff, Taylor Swift
Altvernative Version: Instrumental-Version

Wenn man sich unsicher oder unattraktiv fühlt, lautet die gängige Empfehlung, dem Motto »Fake it 'til you make it« zu folgen. Das ist auch die Botschaft des glamourösen Pop-Songs *Bejeweled*. Taylor erklärt: »[Bei dem Song] geht es darum, Selbstvertrauen zu entwickeln, wenn es einem aus irgendeinem (egal welchem) Grund genommen worden ist. Du fühlst dich unsicher und denkst, man kann alles mit dir machen.«[16] Während eine von der New-Wave-Bewegung der 1980er-Jahre inspirierte Synthesizer-Melodie im Hintergrund erklingt, beschreibt der Song, wie jemand seine Persönlichkeit zurückerlangt – wie er in einer Beziehung für sich selbst einsteht, sich zum Ausgehen in ein fabelhaftes Outfit wirft und die Tanzfläche beherrscht. Währenddessen wiederholt die Erzählerin ein Mantra, mit dem sie sich einredet, dass sie schick aussieht. Taylor sieht Parallelen zwischen *Bejeweled* und dem Verlauf ihrer eigenen Karriere: »Ich feuere mich selbst ein wenig an, zur Popmusik zurückzukehren, nachdem ich diese glorreichen Jahre damit verbracht habe, Folk-Songs zu schreiben und mich in diesem metaphorischen Wald, den ich selbst erschaffen habe, aufzuhalten.«[17] Swift betont, dass sie diese Zeit und diesen Ort »geliebt« habe, gibt aber zu: »Es ist ein bisschen so, als würde ich mich selbst motivieren und sagen: ›Du kannst es schaffen, du hast es immer noch drauf!‹«[18]

Labyrinth

{ **ALBUMTRACK** }

Erschienen am: 21. Oktober 2022
Songwriter: Jack Antonoff, Taylor Swift
Produzenten: Jack Antonoff, Taylor Swift

Labyrinth ist ein Studium der Gegensätze. Einerseits ist die Musik schlicht und transparent, mit watteweichen Synthesizer-Sounds, kaum wahrnehmbaren Beats, flatterhaften Keyboard-Figuren und gehauchten Falsett-Gesängen. Der Text beginnt jedoch mit einer verstörenden Szene – der Agonie einer schmerzhaften Trennung –, bevor er den nachfolgenden Absturz mit beunruhigenden Bildern vergleicht, wie dem Abwenden eines Flugzeugabsturzes und dem Misstrauen gegenüber einem schnellen Personenaufzug. Bald darauf findet *Labyrinth* jedoch zu einem ausgewogeneren Rhythmus, als die Erzählerin akzeptiert, dass man sein Leben ändern und wieder eine neue Liebe finden kann. Taylors Gesang wird wieder bodenständiger und weniger panisch, und sie wird von einer beruhigenden zweiten Stimme begleitet, die ihre Gefühle unterstützt – ein ergreifendes Zeichen dafür, dass sie auf dieser Reise nicht allein ist.

Rechte Seite: Die »Eras-Tour« endet mit dem Höhepunkt, dass Taylor Swift mehrere Songs von »Midnights« zum Besten gibt.

MPIONS
AFC CHAMPI
CHIEFS AR
ALL
KC
KC

Karma

{ SINGLE }

Erschienen am: 1. Mai 2023 (Single) / 21. Oktober 2022 (Album)
Songwriter: Jack Antonoff, Keanu Beats, Mark Anthony Spears, Jahaan Sweet, Taylor Swift
Produzenten: Jack Antonoff, Keanu Beats, Sounwave, Jahaan Sweet, Taylor Swift
Alternative Version: Ice Spice Remix

Der eingängigste Moment auf »Midnights« ist *Karma*, ein Song zum Mitsingen mit verträumten Synthesizer-Sounds, einer strahlenden Produktion und entspannten Beats. Nachdem sie gemeinsam an *Lavender Haze* gearbeitet haben, fragt Jack Antonoff Mark Anthony Spears, ob er noch weitere Musikstücke habe, die zu »Midnights« passen könnten.

Anthony Spears erzählt: »*Karma* war so ein kurzentschlossenes Ding. Ich erinnere mich, dass ich mit meinem Kollegen Keanu [Beats] arbeitete, und wir hatten etwas gemacht, das einfach zu perfekt war, um es ihr nicht zu schicken.«[19] Jack Antonoff ist sofort begeistert. Spears fährt fort: »Jack meinte sofort: ›Das ist es. Ich spiele das sofort Taylor vor. Das nehmen wir rein.‹ Am nächsten Tag hörte ich das Endergebnis mit ihrer Stimme drauf.«[20]

Die Hater haben wohl schon erwartet, dass Swift mal einen Song über Karma schreiben würde. Es passt zum Klischee, dass sie nur Texte über Rache an Ex-Freunden schreibt. Außerdem hat sie das Konzept Karma bereits in anderen Songs erwähnt, vor allem in *Look What You Made Me Do*. Aber im Song *Karma* feiert Taylor die Tatsache, dass sich endlich alles zum Guten wendet. Sie sagt: »[Der Song ist] aus einem Gefühl des Glücks und des Stolzes auf das eigene Leben geschrieben worden, und zwar in dem Gedanken, dass dies eine Belohnung dafür sein muss, dass man alles richtig gemacht hat. Ich liebe diesen Song sehr, denn ich glaube, dass wir alle solche Momente brauchen. Wir können uns nicht die ganze Zeit über selbst fertigmachen. Man muss auch diese Momente haben, in denen man denkt: ›Weißt du was? Karma ist mein Freund.‹ Und mehr nicht.«[21]

Um diese positive Entwicklung zu veranschaulichen, stellt Taylor ihre Erfahrungen denen einiger skrupelloser Menschen gegenüber. Die Strophen beschreiben Menschen, die kurz davorstehen, die Konsequenzen ihres Verhaltens zu erfahren. Gleichzeitig wird dargestellt, was passiert, wenn das Karma sie schließlich einholt. Man kann sich Karma wie einen Jäger vorstellen, der eine Spur verfolgt. Am Ende dieses Abschnitts stellt Swift jedoch fest, dass ihr das Karma Gutes beschert – weil sie den richtigen Weg eingeschlagen hat. Diese Stimmung führt direkt zurück zum unwiderstehlichen Refrain, der Karma mit einer schnurrenden Katze, einer kühlen Brise im Haar an einem kalten Tag, einem Freund und Gott verbindet. *Karma* bildet traditionell den Abschluss der Marathon-Konzerte der »Eras-Tour«. Taylor Swift bringt auch einen Remix mit der Rapperin Ice Spice heraus (der es auf Platz 2 der *Billboard Hot 100* schafft) und passt den Text an manchen Stellen an. Während eines Konzerts im November 2023 in Argentinien ändert Taylor Swift eine Zeile, um auf ihren Freund Travis Kelce Bezug zu nehmen, der unter den Zuschauern des Konzerts ist. An diesem Abend ist »Karma« jemand, der für das Footballteam der Chiefs spielt – und der geradewegs nach Hause zu ihr läuft.

Linke Seite: Taylor Swift umarmt ihren Freund Travis Kelce, den sie in *Karma* namentlich erwähnt, nachdem sein Team, die Kansas City Chiefs, am 28. Januar 2024 die AFC-Meisterschaft gewonnen hat.

Unten: Taylor Swift und die Rapperin Ice Spice stellen am 26. Mai 2023 im MetLife Stadion in East Rutherford, New Jersey, einen neuen Remix von *Karma* vor.

Sweet Nothing

{ **ALBUMTRACK** }

Erschienen am: 21. Oktober 2022
Songwriter: William Bowery, Taylor Swift
Produzenten: Jack Antonoff, Taylor Swift
Alternative Version: Piano Remix

Taylor Swift setzt ihre Zusammenarbeit mit ihrem damaligen Freund Joe Alwyn beim Songwriting für das 1970er-Softrock-Meisterwerk *Sweet Nothing* fort. (Taylor Swift und Alwyn trennen sich Anfang 2023 freundschaftlich, weil »die Beziehung einfach ausgereizt war«[22].) Umhüllt von warmen Orgelklängen und gewürzt mit jazzigen Trompeten wirkt der Song wie ein Versuch, zu der gemütlichen Stimmung von »Evermore« und »Folklore« zurückzukehren. In *Sweet Nothing* bietet die Beziehung Schutz vor einem metaphorischen Sturm: vor schmierigen Geschäftsleuten, dem Trubel der Außenwelt und kritischen inneren Stimmen. Das Paar im Song findet auch Trost in Erinnerungen – zum Beispiel an einen kleinen Stein, der als Souvenir aufgehoben worden ist – und in der Geborgenheit eines Zuhauses, das sie gemeinsam geschaffen haben. Die Erzählerin ist dankbar dafür, dass sie akzeptiert wird und verletzlich sein darf – und für die »Sweet Nothings« (dt. süße Kleinigkeiten), die die Beziehung festigen.

Rechte Seite: Taylor Swift steigt in ein Flugzeug und fliegt über den Atlantik, um im November 2023 ihre Freundin Beyoncé bei der Premiere von *Renaissance: A Film by Beyoncé* in London zu unterstützen.

Mastermind

{ **ALBUMTRACK** }

Erschienen am: 21. Oktober 2022
Songwriter: Jack Antonoff, Taylor Swift
Produzenten: Jack Antonoff, Taylor Swift

Als Taylor Swift das Album »Reputation« veröffentlicht, gesteht sie, dass sie sich hohe Ziele gesetzt habe. Sie sagt: »Ich möchte mindestens so viele Hinweise [in meinen Songs] geben, wie die Macher von *Game of Thrones* [in der Serie].«[23] In den darauffolgenden Jahren erreicht Taylor dieses Ziel zweifellos, da sie zur Königin der »Easter Eggs« (Ostereier) und kryptischen Hinweise wird, die sie neben dem Album-Promo-Material veröffentlicht.

Der Song *Mastermind*, den sie schreibt, nachdem sie den Film *Der seidene Faden* von Paul Thomas Anderson gesehen hat, feiert ihren scharfsinnigen Verstand, insbesondere in Liebesangelegenheiten. Taylor fragt: »Ich dachte: ›Wäre es nicht lustig, einen Text darüber zu haben, berechnend zu sein?‹ Das ist etwas, das mir wie ein Dolch in den Rücken gestoßen wurde, aber jetzt nehme ich es als Kompliment.«[24] Die Bridge betont, dass Kalkül nichts Negatives ist. Taylor verrät auch, warum sie sich gezwungen fühlt, berechnend zu sein: Es hat alles mit ihrer einsamen Kindheit und ihrem angeborenen Verlangen nach Akzeptanz und Liebe zu tun.

Auch die Musik von *Mastermind* ist sehr durchdacht. Obwohl der Song durchgehend von einem rasanten Synthie-Pop geprägt ist, wird im Refrain auf sehr subtile Weise eine dramatische Orchestrierung eingesetzt, die sich von den Strophen unterscheidet. Taylor erklärt: »Wir wollten, dass die Strophe wie eine Romanze und wie ein Soundtrack für Helden klingt, und dann wollten wir, dass der Refrain so klingt, als wäre gerade ein Bösewicht in den Raum gekommen. Es geht darum, dass man die Erzählung umdreht, Dinge plant und in die Wege leitet und sie dann wie einen Zufall aussehen lässt. Das ist eine Art Insider-Witz zwischen mir und meinen Fans, denn ich mache so etwas oft. Und der Song ist quasi die romantische Version davon.«[25]

Hits Different

{ **BONUSTRACK** } **(MIDNIGHTS LAVENDER EDITION)**

Erschienen am: 21. Oktober 2022
Songwriter: Jack Antonoff, Aaron Dessner, Taylor Swift
Produzenten: Aaron Dessner, Taylor Swift

Wahre Liebe verändert einen Menschen grundlegend. Wenn man sich von jemandem trennt, der einem wichtig ist, verhält man sich nicht unbedingt wie sonst üblich. *Hits Different* ist ein beschwingter Pop-Rock-Song, der sich klanglich wie eine anspruchsvollere Rückbesinnung auf »Speak Now« oder »Fearless« anfühlt. Er beschreibt, wie jemand nach dem Ende einer Beziehung völlig am Boden zerstört ist. Unter anderem wird die Erzählerin von Schwindel (und Traurigkeit) überwältigt, wenn sie daran denkt, dass ihr Ex mit jemand anderem zusammen ist. Sie erträgt es nicht, einen »ihrer Songs« in der Öffentlichkeit zu hören. Am Ende erkennt die Erzählerin jedoch, dass alles sich zum Besseren gewendet hat. Sie ist jetzt wesentlich einfühlsamer und zerbrechlicher – auch wenn sie in der Bar in Tränen ausbricht – und nicht mehr so abgestumpft, was die Liebe angeht.

Bigger than the Whole Sky

{ **BONUSTRACK** } **(MIDNIGHTS 3AM EDITION)**

Erschienen am: 21. Oktober 2022
Songwriter: Taylor Swift
Produzenten: Jack Antonoff, Taylor Swift

Der traurige Song *Bigger than the Whole Sky* repräsentiert die Art von Musik, die man bei einer Gedenkfeier spielen würde. Ein Song über den Abschied von jemandem, der nur allzu kurz auf dieser Erde existiert hat. Das Stück beginnt mit einem üppigen Fundament aus feierlichen, schwermütigen Keyboards, bevor wogende Beats und akustische Gitarrenklänge einen elegischen Akzent setzen. Die Refrains von *Bigger than the Whole Sky* verweisen auch direkt auf den Titel und die Stimmung von *Would've, Could've, Should've*, insbesondere auf die Erkenntnis, dass es kein Zurück zu den Dingen gibt, die früher einmal waren. Der Titel bietet Trost in einer schweren Zeit, in der wir eine Person (oder Sache) sehr vermissen, weil sie für uns so bedeutend und wichtig ist, dass sie alle räumlichen Grenzen überwindet.

Rechte Seite: Taylor Swifts Auftritt beim Eröffnungsabend der »Eras-Tour«.

The Great War

{ **BONUSTRACK** } **(MIDNIGHTS 3AM EDITION)**

Erschienen am: 21. Oktober 2022
Songwriter: Aaron Dessner, Taylor Swift
Produzenten: Aaron Dessner, Taylor Swift

Mit einem elektronisch angehauchten Fundament und dem schnörkellosen Arrangement wirkt *The Great War* wie eine Sound-Erweiterung von »Evermore«. Der Text weist auch Parallelen zu *Happiness* auf, einem Song, in dem ein Erzähler in einem Wutanfall einen Partner des Verrats beschuldigt und fast eine Trennung verursacht. Um diese kritische Zeit zu beschreiben, nimmt der Refrain von *The Great War* zunächst Bezug auf den Text des 1968 erschienenen Klassikers *Crimson and Clover* von Tommy James and the Shondells. Im gesamten Song wird ein Geflecht aus Metaphern verwendet, die die Beziehungs-Turbulenzen mit einer Schlacht vergleichen. Am dramatischsten ist die Bridge: Der Partner, dem schlechtes Benehmen vorgeworfen wird, wird mit einem in die Enge getriebenen Soldaten verglichen, der sich der Gefangennahme gegenübersieht – bis die Erzählerin die Ehrlichkeit in seiner Seele sieht und beschließt, die Truppen (im übertragenen Sinne) wegzuschicken. Nun klingt der Song langsam aus. Das Paar plant einen Garten der Erinnerung als Zeichen dafür, dass sie nie wieder in diesen Konflikt zurückkehren werden. Es ist unklar, ob das bedeutet, dass die Beziehung vorbei ist, oder ob beide einfach keine Lust mehr auf Streit haben. Immerhin wird im Refrain erwähnt, dass das Paar auch während des Streits Händchen gehalten hat.

Paris

{ BONUSTRACK } (MIDNIGHTS 3AM EDITION)

Erschienen am: 21. Oktober 2022
Songwriter: Jack Antonoff, Taylor Swift
Produzenten: Jack Antonoff, Taylor Swift

Der Synthie-Pop-Song *Paris* mit seinen Beats handelt davon, schmutzige Gerüchte zu ignorieren (die Schwester eines ehemaligen Freundes hat mit einem Ex-Lover von einer Z-Promi herumgeknutscht, die einen schrecklichen Modegeschmack hat!) und die Liebe geheim zu halten, weil es so besser ist. Das Ziel ist der Schutz der Beziehung und die Möglichkeit, den Stress der Außenwelt fernzuhalten. Obwohl das Paar in Wirklichkeit zu Hause ist, billigen Wein trinkt und so tut, als wäre es Champagner, läuft es in Gedanken durch Paris, die kosmopolitische Stadt, in der alles möglich ist.

High Infidelity

{ BONUSTRACK } (MIDNIGHTS 3AM EDITION)

Erschienen am: 21. Oktober 2022
Songwriter: Aaron Dessner, Taylor Swift
Produzenten: Aaron Dessner, Taylor Swift

Dies ist keine Anspielung auf den Titel einer LP von REO Speedwagon aus dem Jahr 1980, sondern ein Elektro-Pop-Song aus der Perspektive einer Person, die mit einer verheirateten Person eine Affäre hat (wie das Bild des messerartigen weißen Lattenzauns vermuten lässt). Sie rechtfertigt sich mit einem Mangel an Liebe. *High Infidelity* fällt auch durch einen Bezug auf den 29. April auf. Diese Zeile ist zu einem beliebten Rätsel unter Swifties geworden, die über ihre Bedeutung Nachforschungen anstellen.

Glitch

{ BONUSTRACK } (MIDNIGHTS 3AM EDITION)

Erschienen am: 21. Oktober 2022
Songwriter: Jack Antonoff, Sam Dew, Mark Anthony Spears, Taylor Swift
Produzenten: Jack Antonoff, Sounwave, Taylor Swift

Der an Radiohead erinnernde Song *Glitch* stammt aus derselben Studiosession wie *Lavender Haze*, was erklären könnte, warum beide Tracks eine verwirrende, süchtig machende Produktion und temperamentvolle Beats aufweisen. Der Text von *Glitch* passt genau zu dieser desorientierten Stimmung. Der im Titel genannte »Glitch« (oder Fehler) bezieht sich auf eine Protagonistin, die dachte, sie würde mit jemandem befreundet bleiben oder eine lockere Beziehung haben – stattdessen gerät sie jedoch versehentlich in eine feste, gesunde Beziehung, was in den meisten Fällen nicht der Normalzustand ist.

Would've, Could've, Should've

{ **BONUSTRACK** } **(MIDNIGHTS 3AM EDITION)**

Erschienen am: 21. Oktober 2022
Songwriter: Aaron Dessner, Taylor Swift
Produzenten: Aaron Dessner, Taylor Swift

Der ohne Refrain auskommende Song *Would've, Could've, Should've* wird sofort zum Lieblingssong der Fans. Er lässt Taylor Swift auf eine Beziehung zurückblicken, die einen bleibenden Eindruck hinterlassen hat. Wie bei *All too Well*, einem weiteren Song, stehen auch hier Strophen im Vordergrund, die von unerträglich beunruhigenden Details handeln. Dementsprechend zieht *Would've, Could've, Should've* seine Kraft aus stürmischen E-Gitarren, kraftvollen Drums und einer intensiven Dynamik. Wie in *False God* auf »Lover« benutzt Taylor auch hier religiöse Bilder als Metaphern für ihre Erfahrungen. Zum Beispiel deutet sie an, dass sie unschuldig geblieben wäre (stattdessen auf den Knien gebetet hätte), wenn sie sich nie mit dieser Person eingelassen hätte (und mit dem Teufel getanzt hätte). Sie sagt, ihr Schmerz sei der Himmel für sie gewesen, beobachtet aber, dass sie seitdem Angst vor Geistern habe oder Angst, ihre Fehler zu wiederholen. In der Bridge drückt sie ihr Bedauern über all das aus, was sie verloren hat. Sie kann nicht abschließen und ihre jugendliche Unbekümmertheit nicht wiedererlangen (ein Grab, das sich nicht schließt, Buntglasfenster, die offen stehen). Um zu zeigen, wie wichtig *Would've, Could've, Should've* für Taylor ist, begleitet Dessner sie im Mai 2023 bei der Live-Premiere des Songs auf der Bühne in Nashville und spielt während eines verregneten Überraschungssets eine zusätzliche Akustikgitarre.

Unten: Taylor Swift kommt 2022 für die Veranstaltung »In Conversation with … Taylor Swift« (Im Gespräch mit Taylor Swift), ein 50-minütiges Interview mit anschließender Vorführung des Kurzfilms *All too Well: The Short Film*, zum *Toronto International Film Festival*.

Dear Reader

{ **BONUSTRACK** } (MIDNIGHTS 3AM EDITION)

Erschienen am: 21. Oktober 2022
Songwriter: Jack Antonoff, Taylor Swift
Produzenten: Jack Antonoff, Taylor Swift

Der vom Trip-Hop beeinflusste Song *Dear Reader* hat eine Mitternachts-Atmosphäre, als sei er ein Nachwort zu »Reputation«. Die Äußerungen der Erzählerin des Songs sind oft zynisch und stammen aus der Perspektive einer Person in einer düsteren Gemütsverfassung. (Nicht umsonst warnt der Refrain ausdrücklich davor, auf jemanden zu hören, der eine schwere Zeit durchmacht.) Zu den vorgeschlagenen Maßnahmen gehören die Flucht aus der aktuellen Situation – der Ort ist unwichtig, man nehme einfach eine Landkarte und gehe los – das Auslöschen von Beweisen für die Vergangenheit, das Bewahren von Geheimnissen und eine Freundschaft mit dem Teufel. Die Bridge gibt der Dunkelheit der unbeständigen Erzählerin einen Hintergrund: Sie ist verzweifelt und einsam. Aber im Outro mahnt der Titel *Dear Reader*, dass man sich anderweitig um Ratschläge bemühen sollte und weist darauf hin, dass es nicht immer das Beste ist, Ratschlägen seiner Idole zu befolgen.

Carolina

{ **PROMOTIONAL SINGLE** }

Erschienen am: 24. Juni 2022 (Promo-Single) / 15. Juli 2022 (Soundtrack-Album)
Songwriter: Taylor Swift
Produzenten: Aaron Dessner, Taylor Swift
Alternative Version: Video-Edition

Swift ist begeistert von Delia Owens Bestseller *Der Gesang der Flusskrebse* aus dem Jahr 2018, einem spannenden Roman, der sich über mehrere Jahrzehnte erstreckt. Sie ergreift die Gelegenheit, für die 2022 von Reese Witherspoon produzierte Verfilmung »etwas Geheimnisvolles und Etherisches zu erschaffen, was zu dieser faszinierenden Geschichte passt«[26]. Das Ergebnis ist der eindringliche Appalachen-Folksong *Carolina*, den Taylor in den frühen Morgenstunden selbst schreibt und dann mit Aaron Dessner verfeinert. Taylor sagt: »[Wir] haben akribisch an einem Sound gearbeitet, der unserer Meinung nach authentisch zu dem Zeitpunkt passt, an dem diese Geschichte spielt.«[27] Der Text von *Carolina* zeichnet auch Konturen der Handlung des Romans nach. Er folgt der Geschichte der Außenseiterin Kya, die im Leben einen harten Schlag einstecken muss, sich aber trotzdem nicht unterkriegen lässt. Taylor schreibt: »[Es ist] die Gegenüberstellung ihrer Einsamkeit und ihrer Unabhängigkeit. Ihre Sehnsucht und ihre Stille. Ihre Neugier und ihre Angst, alles miteinander verstrickt. Ihr anhaltender Sanftmut … und der Verrat der Welt daran.«[28] *Carolina* wird für den Grammy in der Kategorie »Best Song Written for Visual Media« nominiert.

All of the Girls You Loved Before

{ *PROMOTIONAL SINGLE* }

Erschienen am: 17. März 2023
Songwriter: Louis Bell, Adam King Feeney, Taylor Swift
Produzenten: Louis Bell, Frank Dukes, Taylor Swift

Um den Beginn der »Eras-Tour« zu feiern, stöbert Taylor Swift in ihren Archiven und entdeckt vier bisher unveröffentlichte Songs: drei Titel aus der »Taylor's Version«-Reihe und einen Song aus der »Lover«-Ära mit dem Titel *All of the Girls You Loved Before*, der in den Wochen zuvor bereits inoffiziell in Umlauf gekommen ist. *All of the Girls You Loved Before* ist ein 1990er-Jahre-R-&-B-Song mit verzerrten Vocals und einem langsamen Jam-Groove. Er drückt Dankbarkeit dafür aus, dass erfolglose, inkompatible Beziehungen die Menschen zur wahren Liebe geleiten. Der Großteil des Texts dreht sich um eine namenlose Erzählerin, die ihren Partner daran erinnert, dass sich die einsamen Morgen und dummen Streitereien gelohnt haben, weil ihre Partnerschaft jetzt respektvoll und liebevoll ist. Taylor Swift zählt sich ebenfalls zu den Dankbaren: Sie erzählt von ihren eigenen schmerzhaften Momenten (wie dem Weinen im Badezimmer über einen Kerl, der es nicht wert war), weil diese ihre Einstellung geprägt haben und sie ihren Partner, der ein echtes Juwel ist, nun mehr zu schätzen weiß.

You're Losing Me

{ *FROM THE VAULT* } *(MIDNIGHTS LATE NIGHT EDITION)*

Erschienen am: 26. Mai 2023
Songwriter: Jack Antonoff, Taylor Swift
Produzenten: Jack Antonoff, Taylor Swift

Am 5. Dezember 2021 schreibt Taylor Swift den erschütternden Song *You're Losing Me (from the Vault)*, den sie zusammen mit Jack Antonoff aufnimmt.[29] In dem deprimierenden Song entscheidet die Erzählerin, ob sie eine langjährige Beziehung beenden soll, die auf der Kippe zu stehen scheint. Ihr Überdruss ist im Text spürbar, der auf mehrere Verletzungen hinweist: den Zusammenbruch der Kommunikation, den Mangel an Empathie und einfach die ständige Frustration, nach Meinungsverschiedenheiten immer wieder von vorn anfangen zu müssen. Geprägt ist *You're Losing Me (from the Vault)* von einem Rhythmus von 103 BPM, der dem gleichmäßigen Pochen eines Herzens ähnelt. Taylor Swift hat bereits früher ihren Herzschlag gesampelt (siehe auch *Wildest Dreams* auf »1989«). Hier ist dieser Sound jedoch eher eine Anspielung auf den Text, in dem es heißt, dass die Erzählerin ihr Herz nicht mehr für ihren Partner schlagen lassen kann. Die American Heart Association hat diesen Rhythmus bemerkt und in den sozialen Medien den hilfreichen Tipp gepostet: »Der Text mag herzzerreißend sein, aber der Beat könnte lebensrettend sein. *You're Losing Me (from the Vault)* hat das richtige Tempo für eine Herzdruckmassage ohne Beatmung.«[30]

Songs für andere und Coverversionen

Taylor Swift hat nicht nur eine Fülle großartiger Original-Songs für ihre Alben geschrieben, sondern im Lauf der Jahre auch viele andere Künstler mit Songs versorgt, die sie selbst geschrieben oder mitgeschrieben hat. Manchmal hat sie diesen Songs ihren eigenen Stempel aufgedrückt. Ihre Versionen von *Better Man* von Little Big Town und *Babe* von Sugarland sind auf »Red (Taylor's Version)« zu hören. Bei *Babe* hat sie auch als Gastsängerin mitgewirkt. Taylor Swift singt *Permanent Marker* live – und merkt an, dass der Song auf einem künftigen Album, nämlich »Fearless« von 2008, erscheinen wird.[31] Dies geschieht jedoch nie. Stattdessen singt die *The-Voice*-Teilnehmerin Mary Sarah im Jahr 2010 eine Version des Songs.

Manche Songs, die Swift mitgeschrieben hat, sind eher unbekannt, etwa Britni Hoovers nachdenklicher, vom Americana beeinflusster Song *This Is Really Happening* (2007) und Shea Fishers fröhlicher Song *Bein' with My Baby* (2009). Dann gibt es da noch Calvin Harris' gigantischen, von Rihanna gesungenen Elektro-Pop-Hit *This Is What You Came For* aus dem Jahr 2016, den Swift zusammen mit Harris (damals ihr Freund) unter dem Pseudonym Nils Sjöberg geschrieben hat.

Deutlicher wird Taylors Einfluss im Pop-Country-Song *Best Days of Your Life* aus dem Jahr 2008, den sie zusammen mit Kellie Pickler geschrieben hat. Sie ist auch im offiziellen Video zu sehen und singt im Background. 2022 singt sie in einem Remix von Ed Sheerans *The Joker and the Queen*. Nach der engen Zusammenarbeit mit Aaron Dessner von The National und Justin Vernon von Bon Iver bei den Alben »Folklore« und »Evermore« wirkt Taylor Swift auch an Big Red Machine mit, dem Nebenprojekt der beiden. Sie ist auf *Birch* zu hören, hat aber auch 2021 an *Renegade* mitgeschrieben und mitgesungen, einem Elektro-Indie-Song von Big Red Machine, den es auch in einer Pop-Version gibt. Taylor ist auch auf dem Album »First Two Pages of Frankenstein« von The National aus dem Jahr 2023 zu hören, wo sie im Song *The Alcott* mitsingt, den sie auch mitgeschrieben hat.

An anderen Stellen leistet Taylor Swift einen starken Beitrag zu Songs, die sie nicht selbst geschrieben hat. Zu Beginn ihrer Karriere unterstützt sie Jack Ingram bei *Hold On*, sie ist auf John Mayers Song *Half of My Heart* aus dem Jahr 2009 zu hören und singt eine wunderschöne Hookline in B.o.Bs Hit *Both of Us* aus dem Jahr 2012.[32] Das Duett *Big Star* mit Kenny Chesney aus dem Jahr 2015 erscheint auf seinem Album »Live in No Shoes Nation«, während Taylor 2013 an der Seite von Keith Urban in dem Song *Highway Don't Care* von Tim McGraw zu hören ist, der zahlreiche Auszeichnungen erhält und Platz 1 der *Billboard-US-Country-Airplay-Charts* erreicht. Außerdem hat sie an einem Remix des HAIM-Songs *Gasoline* aus dem Jahr 2020 mitgewirkt.

Im Lauf der Jahre hat Swift auch mehrere Cover-Versionen aufgenommen. Im Jahr 2008 arbeitet sie mit der britischen Rockband Def Leppard für ein *CMT Crossroads TV-Special* zusammen, in dem Swift und Def Leppard an den Songs der jeweils anderen arbeiten. Taylor erklärt: »Meine Mutter hörte Def Leppard, als sie mit mir schwanger war. Es ist mir quasi in die Wiege gelegt worden, dass ich Def Leppard liebe, also ist es wirklich cool, das mit ihnen zu machen.«[33]

Klassische Rockmusik ist jedoch bei Weitem nicht ihre einzige Leidenschaft. Swift hat Songs aus verschiedenen Genres gecovert. Um nur einige zu nennen: Hip-Hop (*Lose Yourself* von Eminem), Emo/Punk (*That's What You Get* von Paramore; *The Middle* von Jimmy Eat World), New Wave (*Bette Davis Eyes* von Kim Carnes), Pop (*Drops of Jupiter* von Train; *The Sweet Escape* von Gwen Stefani; *Apologize* von OneRepublic; *Umbrella* von Rihanna); R & B/Soul (*September* von Earth, Wind & Fire; *I Want You Back* von den Jackson 5); Soft Rock (*Can't Stop Loving You* von Phil Collins) und Americana (*Nashville* von David Mead). Bei der Benefizveranstaltung »Hope for Haiti Now« im Jahr 2010 singt sie *Breathless* von Better than Ezra. Im Film »Cats« von 2019 singt sie das Stück *Macavity*. Und bei den *CMT Awards* im Jahr 2009 arbeitet sie mit T-Pain an einer Parodie von *Love Story* mit dem Titel *Thug Story*, in der sie über das Backen von Keksen und das Stricken von Pullovern rappt und sich den unauslöschlichen Spitznamen T-Swizzle verdient.

Rechte Seite: Taylor (hier während des »Red«-Abschnitts der »Eras-Tour«) brilliert, ganz gleich, ob sie ihre eigenen Songs singt oder sich an Songs anderer Künstler wagt.

11

DIE TORTURED-POETS-DEPARTMENT-ÄRA

»Ich hatte noch nie ein Album, bei dem mir das Songwriting mehr geholfen hat als bei ›Tortured Poets‹«, sagt Swift während eines Konzerts der »Eras-Tour« im Februar 2024 in Melbourne, Australien. Sie stellt hier den Bonustrack *The Bolter* vor.[1] Ihre Aussage ist eine gewaltige Untertreibung. Das Doppelalbum thematisiert auch die doppelte Dosis Herzschmerz. Es geht um die Auflösung einer langjährigen Beziehung und das Ende einer explosiven, aber kurzlebigen Affäre. »The Tortured Poets Department« verkörpert Taylors oft zitierten Satz: »In der Liebe und in der Poesie ist alles erlaubt«. Mit ihren sorgfältig ausgearbeiteten Texten und ihrer meditativen Musik bricht Taylor Swift weltweit die Verkaufs- und Streaming-Rekorde, während sich die Fans in eine ganz neue Sammlung von Songs verlieben.

Fortnight (featuring Post Malone)

{ SINGLE }

Erschienen am: 19. April 2024
Songwriter: Jack Antonoff, Austin Post, Taylor Swift
Produzenten: Jack Antonoff, Taylor Swift
Alternative Version: BLOND:ISH Remix

Wie der Titel vermuten lässt, befasst sich »The Tortured Poets Department« mit den ganz großen Gefühlen. Taylor berichtet: »Es ist ein sehr fatalistisches Album, da es viele sehr dramatische Zeilen über Leben und Tod und [Zeilen wie] ›Ich liebe dich, das ruiniert mein Leben‹ enthält. Dies sind sehr überzogene, dramatische Aussagen. Aber das Album an sich ist halt so. [...] es geht um eine dramatische, künstlerische, tragische Art der Darstellung von Liebe und Verlust.«[2] Die Elektro-Pop-Single *Fortnight* zeige besonders »viele der gemeinsamen Themen« der Songs auf »The Tortured Poets Department«, fügt Taylor hinzu und fährt fort: »Dazu gehören Fatalismus, Sehnsucht, Schmerz, verlorene Träume.«[3]

Der Song *Fortnight* ist aus der Zusammenarbeit mit dem Rapper Post Malone entstanden und beschreibt eine flüchtige Affäre, die immer noch schmerzt, vor allem, weil die Hauptfigur nicht aufgehört hat, Gefühle für die andere Person zu hegen. Doch das Schicksal meint es auf ironische (und grausame) Weise gut mit den Beteiligten, denn sie wohnen nun in derselben Nachbarschaft, was zu peinlichen Begegnungen am Briefkasten oder zu steifem Smalltalk über das Wetter führt. Taylor Swift kontrastiert diese banalen Szenen geschickt mit Momenten der Dunkelheit. Die Protagonistin ist rasend eifersüchtig auf die Frau des anderen und würde diese am liebsten ermorden. Der Mann weiß nichts davon, er ist nur ein unschuldiger Zuschauer, und seine Frau gießt die Blumen. Die Protagonistin trinkt heimlich Alkohol, um mit der Situation zurechtzukommen. Passenderweise klingt Taylor Swifts Stimme sowohl aufbrausend als auch resigniert, während Post Malone ehrliche, butterweiche melodische Kontrapunkte setzt, die die Sehnsucht perfekt ausdrücken.

Taylor erklärt: »Ich habe mir immer vorgestellt, dass [*Fortnight*] in einer amerikanischen Stadt spielt, in der der amerikanische Traum, von dem man dachte, dass er [einem] widerfahren würde, nicht funktioniert. Du bist am Ende nicht mit der Person, die du liebst, zusammengekommen, und jetzt musst du damit jeden Tag leben. Du fragst dich, was gewesen wäre, wenn du ihn vielleicht noch einmal sehen könntest ... und das ist wirklich ein ziemlich tragisches Konzept.«[4]

Zum Musikvideo von *Fortnight* führt Taylor auch die Regie: »[Es ist] die perfekte visuelle Darstellung dieses Albums und der Geschichten, die ich darin erzähle. Ich wollte euch die Welten zeigen, die ich in meinem Kopf sehe und die mir als Kulisse für meine Musik gedient haben. So ziemlich alles ist eine Metapher oder hat einen Bezug zu Passagen auf dem Album.«[5] Im Video werden die Texte auf verschiedene Weise zum Leben erweckt. Im Clip tauchen auch Ethan Hawke und Josh Charles auf, zwei Stars des Films *Der Club der toten Dichter* aus dem Jahr 1989. »Die gequälten Dichter treffen auf ihre Kollegen am Ende des Flurs, die toten Dichter«[6], witzelt Taylor. Dies könnte als eine Anspielung auf den häufigen Schreibfehler »The Tortured Poets Society« verstanden werden. *Fortnight* wird zu einem Riesenhit und debütiert auf Platz 1 der *Billboard Hot 100* und der *Billboard Global 200*.

Links: Der Rapper Post Malone, der auf der Single *Fortnight* singt, tritt 2024 beim *Rolling Loud California Festival* auf.

Rechte Seite: Taylor trägt eine weiße Uniformjacke, um im Mai 2024 am dritten Abend der »Eras-Tour« in Paris *The Smallest Man Who Ever Lived* zu singen.

I love you its ruining my life
I love you its ruining my life
I love you its ruining my life

The Tortured Poets Department

{ ALBUMTRACK }

Erschienen am: 19. April 2024
Songwriter: Jack Antonoff, Taylor Swift
Produzenten: Jack Antonoff, Taylor Swift

Taylor Swift erklärt, dass *The Tortured Poets Department* »Ereignisse, Meinungen und Gefühle aus einem flüchtigen und fatalistischen Moment widerspiegelt – einem Moment, der gleichermaßen sensationell und traurig gewesen ist.«[7] Die Hintergründe werden in einem Nachwort offenbart, das dem Album beiliegt. Darin bezieht sich Taylor sowohl auf das Ende einer langjährigen Beziehung als auch auf eine Affäre, die böse endet. Obwohl Taylor Swift nicht gern über die Inspiration zu ihren Songs spricht, ist es in diesem Fall einfach, eine Verbindung zwischen diesem Nachwort und dem wirklichen Leben herzustellen. Die Beziehung zu dem Schauspieler Joe Alwyn ist gescheitert, und es folgt eine kurze Affäre mit Matty Healy, dem Leadsänger der Rockband The 1975. Dementsprechend beschreibt der titelgebende hymnenartige Sophisto-Pop-Song im Stil der späten 1980er-Jahre (mit schmachtenden Harmonien und blechernen Drums) eine intensive Beziehung zwischen zwei kreativen Menschen. Obwohl das Paar in vielerlei Hinsicht kompatibel ist, befürchtet die Erzählerin, dass die sprunghafte Art ihres Freunds die Beziehung zerstören könnte. Als wolle sie dem wilden Poeten eine Dosis Realität verabreichen, zerschlägt sie alle romantischen Fantasien und stellt fest, dass sie nicht Patti Smith und ihr mit einer Schreibmaschine bewaffneter Liebhaber nicht Dylan Thomas ist.

My Boy Only Breaks His Favorite Toys

{ ALBUMTRACK }

Erschienen am: 19. April 2024
Songwriter: Taylor Swift
Produzenten: Jack Antonoff, Taylor Swift
Alternative Version: Live from Paris

Es ist schmerzhaft, wenn der Mensch, den man liebt, einen schlecht behandelt, vor allem, wenn man die Beziehung noch nicht aufgeben möchte. So verwendet der kantige Synthie-Pop-Song *My Boy Only Breaks His Favorite Toys* Verleugnung als emotionalen Abwehrmechanismus. Taylor sagt: »[Das ist so,] damit man in einer Welt leben kann, in der es noch Hoffnung für eine toxische, zerbrochene Beziehung gibt.«[8] Leider sieht es nicht gut aus. Der Freund der Erzählerin hat Angst vor Bindungen und neigt zur Selbstsabotage. Taylor schreibt den Song »aus der Perspektive eines Kinderspielzeugs. Es ist das Lieblingsspielzeug, bis es kaputtgeht und sein Besitzer nicht mehr mit ihm spielen will«. Taylor lässt geschickt Anspielungen auf geschmolzene Armeepuppen und die Zerstörung von Sandburgen einfließen. Sie erklärt: »So ist es bei vielen von uns in Beziehungen, wo wir anfangs von jemandem sehr geschätzt und dann plötzlich fallengelassen werden oder in der Vorstellung des anderen an Wert verlieren, doch wir klammern uns immer noch an den Gedanken: ›Nein, nein, nein, du hättest die Person sehen sollen, als sie mich zum ersten Mal gesehen hat. Es wird schon wieder so werden wie früher. Er wird wieder so sein wie früher.‹«[9]

Down Bad

{ ALBUMTRACK }

Erschienen am: 19. April 2024
Songwriter: Jack Antonoff, Taylor Swift
Produzenten: Jack Antonoff, Taylor Swift
Alternative Version: Akustikversion

Down Bad ist gleichzeitig der Song des Albums, der am ehesten mit einem selbst in Verbindung gebracht werden kann, und der, der am weitesten davon entfernt ist. Der Refrain wird von einem subtilen Slow-Jam-Groove angetrieben. Er repräsentiert das klassische Selbstmitleid nach einer Trennung: Man heult sich im Fitnessstudio aus, verflucht den Ex und übertreibt dramatisch den eigenen Schmerz. Die Strophen bieten jedoch eine einzigartige Darstellung einer Beziehung, die in die Brüche gegangen ist. Taylor vergleicht eine inzwischen verflogene, stürmische Beziehung mit einer Entführung durch Außerirdische. Sie beschreibt es so: »Es ist, als würde man von einer Liebesbombe getroffen, die einen aus den Socken haut und einem den Kopf verdreht.«[10] Sie sagt: »[Die Erzählerin] wollte bei [den Aliens] bleiben, und als die sie in ihrer Heimatstadt absetzten, sagte sie: ›Wartet, nein. Wo wollt ihr hin? Ich mochte es dort. Es war verrückt, aber es war cool, kommt zurück!‹ Und die Protagonistin des Songs hat in dem Moment das Gefühl: ›Ich bin gerade in einer ganz anderen Galaxie und einem anderen Universum ausgesetzt worden, ich wusste nicht, dass das möglich ist. Wie kannst du mich einfach wieder dahin zurückbringen, wo ich vorher war?‹«[11]

So Long, London

{ ALBUMTRACK }

Erschienen am: 19. April 2024
Songwriter: Aaron Dessner, Taylor Swift
Produzenten: Aaron Dessner, Taylor Swift

So Long, London ist der fünfte Track auf »The Tortured Poets Department« und ein wehmütiger Abschied von einer langjährigen Beziehung, die ihren Lauf nimmt. Tatsächlich ist die Erzählerin des Songs es schließlich leid, die Last zu tragen, die Beziehung am Laufen halten zu müssen. Sie ist fest davon überzeugt, dass eine Trennung zum Selbstschutz notwendig ist. Dennoch löst diese schmerzliche Erkenntnis ein kompliziertes Durcheinander von Gefühlen aus. Sie ist erschöpft, weil sie so viel investiert hat und so wenig zurückbekommt, und wütend über die verschwendeten Jahre und die mangelnde Rücksichtnahme. Musikalisch gesehen verwendet *So Long, London* galoppierende, taufrische Elektro-Beats und eine gefühlvolle Gesangsdarbietung, die den Eindruck vermittelt, Taylor würde eine Trauerrede halten. Das Intro unterstreicht diese Stimmung: Es ähnelt einem Chor aus läutenden Kirchenglocken. Taylor trällert den Songtitel, als würde sie eine Hymne zusammen mit einem Engelschor singen. Der Song ist das traurige Gegenstück zu dem fröhlicheren, hoffnungsvollen *London Boy* auf »Lover«.

But Daddy I Love Him

{ ALBUMTRACK }

Erschienen am: 19. April 2024
Songwriter: Aaron Dessner, Taylor Swift
Produzenten: Jack Antonoff, Aaron Dessner, Taylor Swift
Alternative Version: Akustik-Version

Der bekennende Stil und die Tendenz zur Ich-Perspektive des Albums »The Tortured Poets Department« bedeuten nicht unbedingt, dass die Texte direkt aus Taylors Tagebüchern stammen oder wörtliche Beschreibungen dessen sind, was sie erlebt hat.

Das ist wichtig zu wissen, wenn man sich das cineastische, von Streichern geprägte Indie-Folk-Highlight *But Daddy I Love Him* ansieht. Die unkonventionelle Erzählerin rebelliert gegen ihre konservative Erziehung und macht sich über voreingenommene Snobs lustig. Sie weist jeden zurecht, der versucht, ihre Bedürfnisse zu kontrollieren. Es überrascht nicht, dass sie für ihre unorthodoxe Partnerwahl gemieden wird. Doch das ist ihr egal. Sie gibt sogar vor, schwanger zu sein, um eine Reaktion der missbilligenden Kritiker zu provozieren, und beschließt, mit ihrem Liebhaber davonzulaufen. Sie ist der Meinung, dass sie für ihre eigenen Entscheidungen verantwortlich sei, und sie duldet keine Wichtigtuer und besorgte Trolle in ihrem Leben.

Am Ende lassen die Erzählerin und ihr Geliebter den Trubel hinter sich und kehren nach Hause zurück, vollkommen überzeugt von ihrer Liebe und bereit für die Ehe, mit dem Segen ihrer Eltern. (Die Mütter der Stadt, die sich ihr Dasein schöntrinken, sind immer noch dagegen, aber das ist ihr Problem.) Wörtlich genommen könnte der Song als Zurechtweisung von Taylor an ihre Fans interpretiert werden, die sich zu sehr um ihr Privatleben und ihre Beziehungen sorgen. Eigentlich passt dieser zornige und vorwurfsvolle Tonfall gar nicht zu Taylor. Daher sollte man *But Daddy I Love Him* eher als einen fiktiven Song über eine unbezähmbare Romantikerin betrachten, die sich über alle Erwartungen, die an sie gestellt werden, hinwegsetzt.

Fresh Out the Slammer

{ ALBUMTRACK }

Erschienen am: 19. April 2024
Songwriter: Jack Antonoff, Taylor Swift
Produzenten: Jack Antonoff, Taylor Swift

Vor der Veröffentlichung des Albums entwickeln Fans die Theorie, dass das Album (und seine verschiedenen Versionen) die fünf Phasen der Trauer darstellen. Taylor greift diese Idee mit einer Reihe von Apple-Music-Playlists auf, die ihren Katalog in diese Phasen einteilen. Sie fügt *Fresh Out the Slammer* einer Playlist hinzu, »mit der wir endlich Akzeptanz finden und nach einem Verlust oder Herzschmerz wieder nach vorn schauen können«, und erklärt: »Diese Songs stehen dafür ein, dass man in seinem Leben Platz für mehr Gutes schafft, und sich dann auch dafür entscheidet. Denn wenn wir etwas verlieren, gewinnen wir oft auch etwas anderes hinzu.«[12] Treffend greift der Song die Vorstellung auf, dass eine schlechte Beziehung sich anfühlen kann wie ein Gefängnisaufenthalt. Er beschreibt eine Person, die nach dem Ende einer Beziehung sofort ihren Ex anruft. Musikalisch gesehen hat der Song die gleiche desolate Stimmung wie das Duell im Morgengrauen von *Cowboy like me* auf »Evermore«, mit staubigen, verzerrten Riffs und einem lässigen Tempo.

Oben: Taylor veröffentlicht mehrere Vinyl-Versionen von »The Tortured Poets Department«, jede mit einem Essay von Stevie Nicks und einem einzigartigen Bonussong.
Linke Seite: Taylor Swift erweckt die Raumschiff-Metapher von *Down Bad* während der Performance des Songs auf der »Eras-Tour« zum (außerirdischen) Leben.

Florida!!! (featuring Florence & The Machine)

{ ALBUMTRACK }

Erschienen am: 19. April 2024
Songwriter: Taylor Swift, Florence Welch
Produzenten: Jack Antonoff, Taylor Swift

Florence Welch hat den Song *Florida!!!* mitverfasst und steuert einen überzeugenden Gesang bei. Die Geschichte im Stil von *Thelma und Louise* besticht durch ihe Dramaturgie, ihre Hookline und einen Text, der davon handelt, den Konsequenzen der eigenen Handlungen zu entkommen – oder vor unangenehmen Umständen zu fliehen. Taylor erklärt: »Wenn man einen schweren Schicksalsschlag erleidet, denkt ein Teil von dir: ›Ich will einen neuen Namen, ich will ein neues Leben, ich will nicht, dass jemand weiß, was ich durchgemacht habe, oder mich überhaupt kennt.‹«[13] Inspiriert von der TV-Show *Dateline*, in der Kriminelle gezeigt werden, die einen sicheren Zufluchtsort suchen, fragt sich Taylor: »Wo würde man hingehen, um sich neu zu erfinden […]?«[14] Ihre Antwort lautet: Florida! Der Text greift die Mörderballade *No Body, No Crime* von »Evermore« auf und berichtet über den Wunsch, die Ex-Partner in einem Sumpf verschwinden zu lassen. Taylor stellt fest, dass Florida ein guter Ort ist, um betrügerische Ehemänner loszuwerden. *Florida!!!* greift auch den Ruf des Staates auf, seltsam zu sein. In den Liner Notes werden die sogenannten »Oddities« [Kuriositäten] Emily Jean Stone aka Emma Stone, Taylors langjähriger Freundin, zugeschrieben.

Guilty as Sin?

{ ALBUMTRACK }

Erschienen am: 19. April 2024
Songwriter: Jack Antonoff, Taylor Swift
Produzenten: Jack Antonoff, Taylor Swift
Alternative Version: Akustikversion

»The Tortured Poets Department« enthält mehr spezifische Bezüge zur Popkultur als andere Taylor-Swift-Alben, angeführt von den Verweisen im Titeltrack auf Patti Smith, Dylan Thomas, Charlie Puth und das Chelsea Hotel. Der verträumte, antikpoppige Song *Guilty as Sin?* hat noch ein weiteres Highlight zu bieten: Im Text wird auf die schottische Band The Blue Nile und ihren atmosphärischen Song *The Downtown Lights* aus dem Jahr 1989 Bezug genommen. (Scharfsichtige Swifties haben sofort erkannt, dass es sich um ein Osterei handelt, das mit Matty Healy in Verbindung steht, da er als Blue-Nile-Fan bekannt ist.[15]) Die Erzählerin fragt sich, ob es sich lohnt, ihre heißen Fantasien über eine frühere Liebe zu verfolgen, oder ob es besser ist, ihre Gefühle unter Verschluss zu halten. *Guilty as Sin?* hat die beste Bridge des Albums. In dieser werden religiöse Anspielungen (etwa Jesus, der den Stein vor seinem Grab wegrollt, nachdem er auferstanden ist) verwendet, um die emotionale Zwickmühle der Protagonistin zu veranschaulichen. Auch wenn die Erzählerin fromm und perfekt ist, wird sie dennoch an höheren Maßstäben gemessen und kritisiert – selbst wenn die Entscheidung für diese Liebe vielleicht das einzig Göttliche ist.

Who's Afraid of Little Old Me?

{ ALBUMTRACK }

Erschienen am: 19. April 2024
Songwriter: Taylor Swift
Produzenten: Jack Antonoff, Taylor Swift
Alternative Version: First Draft Phone Memo

Who's Afraid of Little Old Me? ist der finsterste Song des Albums. Er liefert eine Gothic-Atmosphäre, die an Tori Amos gemischt mit Depeche Mode erinnert. Taylor Swift schreibt den Song am Klavier, als sie »verbittert über all die Dinge ist, die wir als Gesellschaft und Kultur unseren Künstlern antun«. Sie fühlt sich genötigt, ehrlich über die negativen Auswirkungen zu sein. Sie fragt: »Was tun wir unseren Schriftstellern, Künstlern und Kreativen an? Wir schicken sie durch die Hölle. Wir schauen uns an, was sie erschaffen haben, und beurteilen es dann. Wir lieben es, Künstler leiden zu sehen.«[16] Offensichtlich belastet dies Taylor Swift sehr. Wenn sie den Songtitel singt, nutzt sie ihre hohe Stimmlage und vermittelt eine Mischung aus qualvoller Trauer und emotionalem Schmerz. Die hexenhafte Figur wird unschädlich gemacht, nachdem sie (fälschlicherweise) als berechnende, gemeine Person dargestellt worden ist. Sie erklärt: »Da ich seit meiner frühesten Jugend in der Öffentlichkeit stehe, hat das einen großen Einfluss auf meine Wahrnehmung der Welt und auf mein Selbstbild. Ich habe den Eindruck, dass alle Menschen auf der Welt ein Gefühl der Mitverantwortung haben. Sie fühlen sich nicht nur im Recht, sondern haben auch das Gefühl, eine Verantwortung zu haben, über dich zu urteilen, dich zu kritisieren und sich einmischen zu müssen. Das kann dich echt fertigmachen.«[17]

I Can Fix Him (No Really I Can)

{ ALBUMTRACK }

Erschienen am: 19. April 2024
Songwriter: Jack Antonoff, Taylor Swift
Produzenten: Jack Antonoff, Taylor Swift

Der schmachtende Americana-Song *I Can Fix Him (No Really I Can)* ist ein Sound-Highlight des Albums. Am besten hört man ihn sich mit sehr guten Kopfhörern an. Der Text ist eine Geschichte, die so alt ist wie die Zeit: Man geht eine Beziehung mit jemandem ein und denkt, man könne dessen Fehler ausbügeln oder diese Person ändern – und dann erlebt man ein böses Erwachen, wenn sich herausstellt, dass dies einfach nicht möglich ist. Die Erzählerin des Songs ist mit einem bösartigen Partner liiert, der so unhöflich und vulgär ist, dass sich sogar andere Leute wundern, warum sie zusammen sind. Sie ist jedoch fest entschlossen, die liebenswerte Seite dieses Bad Boys zum Vorschein zu bringen … bis zur letzten Zeile des Songs, in der die Erzählerin erkennt, dass sich der Partner nicht mehr ändern lässt. Passenderweise nimmt Taylor Swift *I Can Fix Him (No Really I Can)* in ihre Apple-Music-Playlist mit Songs auf, die davon handeln, »dass man sich so sehr in einer Sache verfängt, dass man die Warnzeichen einfach übersieht, was zu Verleugnung und vielleicht auch zu Selbsttäuschung führt.«[18]

loml

{ ALBUMTRACK }

Erschienen am: 19. April 2024
Songwriter: Aaron Dessner, Taylor Swift
Produzenten: Aaron Dessner, Taylor Swift
Alternative Version: Live from Paris

Umgangssprachlich steht das Akronym »loml« für »Love of My life« (Liebe meines Lebens). In der letzten Zeile des Songs ersetzt Taylor jedoch das Wort »Liebe« durch »Verlust« (loss). Das ist eine ausgesprochen clevere sprachliche Wendung, die die Kernbotschaft des Songs verkörpert: die Erkenntnis, dass man eine alte Flamme am besten gelöscht lässt. Zerbrechliche Piano-Klänge durchziehen den erschütternden Song. Er enthält gebrochene Versprechen (einschließlich Diskussionen über Heirat und Kinder) und Momente des Verrats. Als Anspielung auf die Erzählerin, die das Buch über diese unglückliche Beziehung endgültig schließt, hat Taylor Swift *loml* in ihre Apple-Music-Playlist mit deprimierenden Songs aufgenommen, die sie zusammengestellt hat, um ihren Schmerz zu verarbeiten. Sie meint: »Obwohl diese Dinge wirklich, wirklich schwer zu verarbeiten sind, habe ich oft das Gefühl, dass ich durch das Hören oder Schreiben von Songs, die sich mit solch einem intensiven Verlust und der Hoffnungslosigkeit befassen, dieses Gefühl bald darauf überwinden kann.«[19]

I Can Do It with a Broken Heart

{ *ALBUMTRACK* }

Erschienen am: 19. April 2024
Songwriter: Jack Antonoff, Taylor Swift
Produzenten: Jack Antonoff, Taylor Swift

»The Tortured Poets Department« glänzt dadurch, dass Taylor Swift sich voll und ganz auf Kontraste einlässt. Nehmen wir zum Beispiel den bei den Fans sehr beliebten Song *I Can Do It with a Broken Heart*. Musikalisch gesehen ist es ein unerbittlich optimistischer 1980er-Jahre-New-Wave-Kracher mit pulsierenden, in Neonlicht getauchten Impulsen und eindringlichen Beats. Thematisch fällt *I Can Do It with a Broken Heart* jedoch in die Kategorie eines traurigen Club-Jams mit einem Text darüber, dass man nach einer Trennung nicht zusammenbrechen darf, weil man in der Öffentlichkeit steht. Die Erzählerin überspielt ihre Depressionen, indem sie ein fröhliches Gesicht aufsetzt, den Kummer und das chaotische Privatleben ignoriert, und vorgibt, produktiv zu bleiben, obwohl sie nicht aufhören kann zu weinen. Geschickt gibt im Hintergrund jemand den Takt an, wie ihn Künstler bei Live-Auftritten über In-Ear-Mikrofone hören. Das unterstreicht, dass Taylor sich selbst antreibt, damit die Show weitergehen kann. Als der Song endet, klingt sie, als wäre sie den Tränen nahe. Sie ruft, dass sie sich elend fühlt. Damit hebt sie den Druck hervor, mit dem sie den Schmerz verbergen will.

Unten: Matty Healy von The 1975, auf den sich Taylor in verschiedenen Songs des Albums bezieht, tritt 2023 auf dem *Lollapalooza* auf.

The Smallest Man Who Ever Lived

{ ALBUMTRACK }

Erschienen am: 19. April 2024
Songwriter: Aaron Dessner, Taylor Swift
Produzenten: Aaron Dessner, Taylor Swift

Erwartungsgemäß beschließt Taylor Swift, *The Smallest Man Who Ever Lived* – einen wütenden Song über schlechte Behandlung und das anschließende Ghosting ohne Erklärung für diese feige Handlung – in die bei Apple Music erstellte Playlist aufzunehmen, die sich mit Wut befasst. Sie sagt: »Im Lauf der Jahre habe ich gelernt, dass sich Wut auf viele verschiedene Arten manifestieren kann, aber die gesündeste Art, wie sie sich in meinem Leben zeigt, ist, wenn ich einen Song darüber schreiben kann. Oft hilft mir das, darüber hinwegzukommen.«[20] Der Song beginnt leise, mit einem tiefen, resignierten Seufzer von Taylor Swift. Sie singt dann zu einem zerbrechlichen Klavier und einer subtilen elektronischen Produktion. Gegen Ende von *The Smallest Man Who Ever Lived* kocht Taylors Frust jedoch über. Sie doppelt die Gesangsstimme mit einem hohen und einem tiefen Part und erzeugt so eine Stimmung, die sowohl wütend als auch verzweifelt klingt. Sie singt mit stählerner Überzeugung zu einer Musik aus ansteigenden, hämmernden Klavierakkorden und stürmischen Orchesterklängen.

The Alchemy

{ ALBUMTRACK }

Erschienen am: 19. April 2024
Songwriter: Jack Antonoff, Taylor Swift
Produzenten: Jack Antonoff, Taylor Swift
Alternative Version: The Alchemy X Treacherous Mashup (Live from Paris)

Taylor Swift verweist häufig in ihren Texten auf das Thema Sport – zum Beispiel auf den schützenden Football-Helm in *Stay Stay Stay*, auf die selbstbewusste Cheerleader-Kapitänin in *You Belong with Me* und auf die mitreißenden Spiele in … *Ready for It?* Mit *The Alchemy*, dem ersten großen romantischen Song auf »The Tortured Poets Department«, übertrifft sie sich jedoch selbst. Der Elektro-Pop-Song handelt von den aufregenden Anfängen einer Beziehung, wenn zwei Menschen feststellen, dass zwischen ihnen die Chemie stimmt, und sie sich Hals über Kopf ineinander verlieben. Um dieses Phänomen zu beschreiben, webt Swift geschickt mehrere Anspielungen auf Wettkampfsport in die Texte von *The Alchemy* ein. Es gibt das Bild von schlechten Ex-Freunden (Spielern), die metaphorisch aus dem Team geschmissen werden (oder zumindest aus der Startaufstellung entfernt werden), und eine Anspielung auf einen Touchdown. Und dann gibt es noch die Bridge, die die freudige, biergetränkte Szene beschreibt, in der ein Team eine Meisterschaft gewinnt. Der Sieger ist der Außenseiter. Er geht nach dem Sieg direkt zu seiner Geliebten und umarmt eine metaphorische Trophäe. Anfang 2024, nachdem sein Team den Super Bowl gewonnen hat, erleben wir eine Variation der letztgenannten Szene zwischen Taylor Swift und ihrem Freund Travis Kelce – aber *The Alchemy* ist sicherlich für jeden, der sich am Anfang einer aufregenden neuen Beziehung befindet, sehr gut nachvollziehbar.

Clara Bow

ALBUMTRACK

Erschienen am: 19. April 2024
Songwriter: Aaron Dessner, Taylor Swift
Produzenten: Aaron Dessner, Taylor Swift

Der von Streichern geprägte Song *Clara Bow* ist nach einer unbeugsamen Schauspielerin der 1920er-Jahre benannt, die sich den Erwartungen der Gesellschaft nicht beugen wollte, aber trotzdem ein Star wird, zunächst in Stumm- und später in Tonfilmen. Thematisch ist der Song eng mit zwei anderen Songs aus der »Red«-Ära verbunden, und zwar mit dem mahnenden Song *The Lucky One* und mit *Nothing New (Taylor's Version)*, einer Zusammenarbeit mit Phoebe Bridgers. Der Text von *Clara Bow* beschreibt ein ehrgeiziges, aufstrebendes Starlet, das davon träumt, seine Kleinstadt zu verlassen und entdeckt zu werden. Die junge Frau wird mit der Stevie Nicks aus dem Jahr 1975 verglichen.

Taylor Swift entscheidet sich ganz bewusst für Nicks und Bow. Sie erklärt: »Ich habe mir Frauen ausgesucht, die in der Vergangenheit großartige Dinge vollbracht haben und die mit ihrer Größe Vorbilder gewesen sind. Clara Bow war das erste ›It-Girl‹. Stevie Nicks ist eine Legende und ein unglaubliches Vorbild für jeden, der Songs schreiben und Musik machen will.«[21] Der Song warnt den jungen Künstler jedoch davor, dass Ruhm auch seine Schattenseiten hat. Er warnt vor den Folgen der Vergötterung und der Erwartung, dass man einem unerreichbar hohen Schönheitsideal entspräche. Der Song endet mit einer überraschenden Wendung. In der betreffenden Strophe wird das Starlet mit Taylor Swift verglichen.

Es wird angedeutet, dass selbst die größten Stars irgendwann durch eine jüngere, hübschere Version, die etwas Neues zu bieten hat, ersetzt werden können. Taylor berichtet: »Ich hatte die Idee, dass es um ein Gespräch zwischen der jungen Frau, die auf dem Stuhl vor dem Schreibtisch sitzt, und dem einflussreichen Mann – oder der einflussreichen Frau – geht, der/die hinter dem Schreibtisch sitzt und sagt: ›Oh, du erinnerst mich so sehr an eine Frau, die vor dir da war – aber keine Sorge, du bist besser. Wir machen aus dir die aktuelle Version von ihr.‹«[22]

Es ist nicht abwegig anzunehmen, dass *Clara Bow* auf Taylors eigenen Erfahrungen in der Musikindustrie basiert. Sie erinnert sich: »Ich habe oft bei Plattenfirmen gesessen und versucht einen Plattenvertrag zu bekommen, als ich noch ein kleines Kind war. Und sie haben immer gesagt: ›Weißt du, du erinnerst uns an …‹ und dann nannten sie irgendeine Künstlerin, über die sie dann etwas Schlechtes sagten, wie: ›Aber du bist so viel besser als sie …‹ aus diesem oder jenem Grund. Und wir bringen Frauen bei, sich selbst auf diese Weise zu sehen, also als den Ersatz für diese eine Frau, die vor dir etwas Großartiges gemacht hat.«[23]

Bows Familie ist von Taylors Song begeistert. Die Urenkelin Nicole Sisneros gesteht: »Ich habe eine Gänsehaut bekommen, als ich den Song gehört habe. Ich denke, er zieht auf poetische Weise Parallelen zwischen Clara und Taylor. Beide sind ungeschliffene und erstaunlich talentierte Künstlerinnen. Meine Familie und ich, wir lieben den Song und wir sind dankbar, dass Taylor durch ihr Songwriting eine Verbindung zu Claras Vermächtnis hergestellt hat.«[24]

Links: Die Schauspielerin Clara Bow, um die sich eins der Highlights auf »The Tortured Poets Department« dreht.

Linke Seite: Taylor Swift singt 2024 ihre Single *Fortnight* während der Europa-Etappe der »Eras-Tour«.

The Black Dog

{ ***BONUSTRACK/THE TORTURED POETS DEPARTMENT: THE ANTHOLOGY*** }

Erschienen am: 19. April 2024
Songwriter: Taylor Swift
Produzenten: Jack Antonoff, Taylor Swift
Alternative Version: First Draft Phone Memo

Am 19. April 2024 um Punkt 2 Uhr morgens verkündet Taylor Swift in den sozialen Medien, dass »The Tortured Poets Department« ein »geheimes Doppelalbum«[25] sei. Gleichzeitig veröffentlicht sie »The Tortured Poets Department: The Anthology« mit weiteren 15 Songs: vier bereits angekündigten Bonustracks und elf zusätzlichen Songs. Sie schreibt: »Ich habe so viele Tortured-Poetry-Songs geschrieben in den letzten zwei Jahren, dass ich diese mit Euch teilen wollte.«[26] Die Veröffentlichung beginnt mit dem Song *The Black Dog*, den Swift allein geschrieben hat. Er ist nach einem Pub in Süd-London benannt, eine Powerballade mit dezentem Klavier und einer gelegentlich röhrenden E-Gitarre. Der Text handelt davon, dass der Ex-Partner mit jemand anderem das Leben lebt, das man gemeinsam hätte leben wollen. Hier heißt es auch, dass man die Band The Starting Line gehört habe, ein Hinweis darauf, worum es in dem Song geht. Die Fans erinnern sich daran, dass Matty Healy im Mai 2023 den bemerkenswerten Hit *The Best of Me* von der Emo-Punk-Band The Starting Line während eines Konzerts seiner Band The 1975 covert.

Unten: Begeisterte Swifties besuchen die Konzerte der »Eras-Tour« in Paris, bei denen Taylor Swift ihr Set von »The Tortured Poets Department« zum ersten Mal vorstellt.

imgonnagetyouback

{ ***THE TORTURED POETS DEPARTMENT: THE ANTHOLOGY*** }

Erschienen am: 19. April 2024
Songwriter: Jack Antonoff, Taylor Swift
Produzenten: Jack Antonoff, Taylor Swift

Aaron Dessner ist für den Großteil des Songwritings und der Produktion von »The Anthology« verantwortlich. Allerdings hat Taylors langjähriger Partner Jack Antonoff einige ausgewählte Titel für die Veröffentlichung produziert, darunter die zurückhaltende Pop-/R-&-B-Meditation *imgonnagetyouback*. Mit seinem Keyboard-Sound und den entspannten Trap-Beats fühlt sich der Song wie eine Erweiterung des düsteren Elektro-Pops von »Midnights« an. Thematisch bezieht sich *imgonnagetyouback* auch auf nächtliche Grübeleien über die Vergangenheit. Die Texte behandeln eine mögliche Versöhnung, die gesund sein kann oder auch nicht. Tatsächlich kann der Titel des Songs auf zweierlei Weise interpretiert werden. Jemand entscheidet sich, wieder mit einer alten Flamme zusammenzukommen – oder jemand freut sich auf die süße Rache an einem Ex.

The Albatross

{ *BONUSTRACK / THE TORTURED POETS DEPARTMENT: THE ANTHOLOGY* }

Erschienen am: 19. April 2024
Songwriter: Aaron Dessner, Taylor Swift
Produzenten: Aaron Dessner, Taylor Swift

Man kann durchaus Parallelen zwischen den Alben »The Tortured Poets Department« und »Reputation« aus dem Jahr 2017 sehen. Als Beispiel dient die anmutige Orchesternummer *The Albatross*, die eine Idee aufweist, die sehr an »Reputation« angelehnt ist: Man selbst ist die Belastung in einer Beziehung, weil die Öffentlichkeit einen so wahrnimmt. Diesmal ist es jedoch nicht Taylor, die diese befremdliche Erfahrung macht: *The Albatross* handelt davon, jemand anderem dabei zuzusehen, wie er dasselbe Schicksal erleidet.

Chloe or Sam or Sophia or Marcus

{ *THE TORTURED POETS DEPARTMENT: THE ANTHOLOGY* }

Erschienen am: 19. April 2024
Songwriter: Aaron Dessner, Taylor Swift
Produzenten: Aaron Dessner, Taylor Swift

Wenn man mit ansehen muss, wie der Ex mit jemand anderem zusammenzieht, kann das sehr schmerzhaft sein, besonders wenn man das Gefühl hat, dass man noch eine Rechnung offen hat. Das ist der entscheidende Punkt in *Chloe or Sam or Sophia or Marcus*, in dem die Erzählerin versteht, warum die Trennung stattgefunden hat, sich aber fragt, was passiert wäre, wenn die Dinge anders gelaufen wären. Glenn Kotche von der Band Wilco steuert Schlagzeug und Percussion zu dem folkigen Kammer-Pop-Song bei und verleiht dem Stück, das auch von Mandoline, Posaune und Streichern geprägt ist, eine subtile Textur.

How Did It End?

{ *THE TORTURED POETS DEPARTMENT: THE ANTHOLOGY* }

Erschienen am: 19. April 2024
Songwriter: Aaron Dessner, Taylor Swift
Produzenten: Aaron Dessner, Taylor Swift

Das melancholische Highlight *How Did It End?* ist sowohl eine pointierte Kritik an neugierigen Menschen, die sich tratschend in die Details privater Beziehungen einmischen – insbesondere, nachdem diese Beziehungen gescheitert sind. Der Song klagt ebenfalls über eine Romanze, die zu früh endet. Das Klavier dreht Pirouetten und wird dank des Arrangements von Aaron Dessners Bruder (und Bandkollegen bei The National), Bryce Dessner, eins mit den wogenden Streichern.

So High School

Erschienen am: 19. April 2024
Songwriter: Aaron Dessner, Taylor Swift
Produzenten: Aaron Dessner, Taylor Swift

Auch gequälte Dichter nehmen sich manchmal eine Auszeit und schreiben eine Geschichte mit einem Happy End. Auf »The Anthologie« übernimmt *So High School* diese Rolle. Der Indie-Rock-Song fühlt sich an wie eine Mischung aus Stücken moderner Künstler (Snail Mail, Soccer Mommy) und einer romantischen Komödie aus den späten 1990er-Jahren. Taylor beschreibt eine Liebesgeschichte, bei der sich die Erzählerin jung fühlt, als sei sie wieder in der Highschool und würde in den ersten Wirren einer Teenager-Schwärmerei stecken. *So High School* trifft genau die charmante Unbeholfenheit dieser Zeit und berichtet über die Initiationsriten der Jugend: den schockierenden Comedy-Film *American Pie* ansehen, herumschmusen, während die Freunde »Grand Theft Auto« spielen, »Wahrheit oder Pflicht« und »Flaschendrehen«. Wenn man sich einige der Anspielungen ansieht, kann man davon ausgehen, dass der Song von Taylors Beziehung zu Travis Kelce handelt. Die Erzählerin weiß über Aristoteles Bescheid, und ihr Partner spielt ein Ballspiel! Außerdem gibt es eine Anspielung auf das Spiel »Kiss, Marry, Kill« (küsse, heirate, töte), bei dem jeder Teilnehmer drei anderen Personen jeweils eine dieser Handlungen zuordnen muss. 2016 spielt Kelce dieses Spiel und muss die Rollen zwischen Ariana Grande, Katy Perry und Taylor Swift verteilen. Er wählt Taylor für den Kuss!

Unten: Travis Kelce feiert mit Taylor Swift auf dem Spielfeld seinen Sieg beim 58. Super Bowl.

I Hate It Here

{ THE TORTURED POETS DEPARTMENT: THE ANTHOLOGY }

Erschienen am: 19. April 2024
Songwriter: Aaron Dessner, Taylor Swift
Produzenten: Aaron Dessner, Taylor Swift

Es wäre falsch zu sagen, dass »The Tortured Poets Department« nur Songs über Liebe und Beziehungen enthält. Ein Beispiel: *I Hate It Here*, eine verschnörkelte Folk-Pop-Nummer, die sich direkt auf dem Album »Folklore« einreihen könnte. Der Song erzählt von einer rastlosen Seele, die sich nach einem Ort sehnt, an den sie gehört. Meistens ist die Hauptfigur mit dem Trost zufrieden, den ihr ihre eigene Welt bietet, wenn sie sich in Gedanken in die grüne Einsamkeit aus Frances Hodgson Burnetts Kinderbuch *Der geheime Garten* oder in die verschiedenen Ecken und Winkel des Monds zurückzieht. Aber eine der meistzitierten Zeilen des Albums bezieht sich auf die Erzählerin, die mit Freunden ein Spiel spielt und gesteht, dass sie in den 1830er-Jahren leben könnte, wenn es damals nicht diesen extremen Rassismus und die fehlenden ehelichen Rechte für Frauen gegeben hätte. Im Song spricht die Erzählerin diesen Gedanken laut aus, der so wichtig ist, dass er jede andere Unterhaltung zum Erliegen bringt. Die Gefahren, die eine Romantisierung der Vergangenheit mit sich bringt, werden anschaulich dargestellt.

thanK you aIMee

{ THE TORTURED POETS DEPARTMENT: THE ANTHOLOGY }

Erschienen am: 19. April 2024
Songwriter: Aaron Dessner, Taylor Swift
Produzenten: Jack Antonoff, Aaron Dessner, Taylor Swift

thanK you aIMee ist eine akustische Folk-Pop-Nummer, die wie eine reifere Version von Taylors früherem musikalischen Ansatz klingt. Der Text des Songs ist jedoch viel düsterer und konzentriert sich auf die rachsüchtigen Handlungen eines schrecklichen Mädchens namens Aimee, das durch eine Bronzestatue mit Selbstbräuner dargestellt wird. Die Protagonistin von *thanK you aIMee* hat es sicherlich nicht leicht – es wird der Mythos von Sisyphus erwähnt –, aber sie ist kein Opfer. Im Gegensatz dazu unterstreicht der Song, dass diese Schwierigkeiten und Traumata die Erzählerin zu einer stärkeren, widerstandsfähigeren Person gemacht haben. Zwar erwähnt Taylor Swift nicht, was sie zu dem Song inspiriert hat, doch die bewusste Großschreibung bestimmter Buchstaben lässt vermuten, dass der Song sich gegen ihre langjährige Feindin Kim Kardashian wendet, die den offensichtlichen Bezug sicherlich bemerkt hat. Eine Quelle beschreibt die Reaktion des Reality-Stars auf den Song mit den Worten, »sie habe es überwunden und finde, Taylor sollte darüber hinwegkommen«. Weiter wird angemerkt, dass Kim Kardashian »nicht verstehe, warum [Swift] immer wieder darauf herumreite. Es sei doch nun viele Jahre her.«[27]

I Look in People's Windows

{ *THE TORTURED POETS DEPARTMENT: THE ANTHOLOGY* }

Erschienen am: 19. April 2024
Songwriter: Jack Antonoff, Patrik Berger, Taylor Swift
Produzenten: Jack Antonoff, Patrik Berger, Taylor Swift

In Swiftie-Kreisen gibt es den Ausdruck »Taylurking«, der sich auf die Zeiten bezieht, in denen Taylor Swift heimlich in den sozialen Medien aktiv ist, um Fan-Posts zu liken oder zu kommentieren. Die Akustik-Folk-Nummer *I Look In People's Windows* stellt eine traurigere Version dieses »Taylurking« dar, in der eine Außenseiterin nach einer Trennung zurückbleibt. Die Erzählerin sehnt sich nach Anschluss und hofft auf eine zweite Chance mit ihrem Ex, da sie sich unweigerlich fragt, was hätte sein können.

Die Kollaboration mit Patrik Berger, der auch den Vault-Track *Slut!* auf »1989 (Taylor's Version)« mitgeschrieben hat, erscheint in der Apple-Music-Playlist von Songs, »die depressive Gefühle erforschen, die sich oft durch meine Songs ziehen«, wie Taylor sagt. Sie erklärt: »In Zeiten wie diesen schreibe ich einen Song, weil ich mich einsam oder hoffnungslos fühle – und das Schreiben eines Songs ist für mich der einzige Weg, die Intensität dieser Gefühle zu verarbeiten.«[28]

The Prophecy

{ *THE TORTURED POETS DEPARTMENT: THE ANTHOLOGY* }

Erschienen am: 19. April 2024
Songwriter: Aaron Dessner, Taylor Swift
Produzenten: Aaron Dessner, Taylor Swift

The Prophecy ist ein sehnsüchtiger Song über jemanden, der in Liebessachen durch die Mangel gedreht worden ist und sich nach dem Tag sehnt, an dem eine Beziehung endlich funktioniert. Tatsächlich ist die Erzählerin nicht mehr froh über ihr Single-Dasein. Sie ist ein verzweifeltes emotionales Wrack, und es ist ihr egal, wenn das jeder weiß. Musikalisch wird *The Prophecy* von lebhaften Gitarrenklängen und subtilen, anmutigen Orchesterakzenten dominiert. *The Prophecy* ist auf der Apple-Music-Playlist zusammen mit Songs, die Taylor geschrieben hat, »als sie sich in der Phase des ›Feilschens‹ befunden hat.« Sie erklärt: »Das waren die Zeiten, als man versucht hat, mit sich selbst oder mit jemandem, der einem wichtig ist, zu verhandeln.«[29] Die Erzählerin würde all ihren Reichtum gegen Gesellschaft eintauschen. Taylor erklärt: »Man versucht, es besser zu machen, und fühlt sich oft wirklich verzweifelt. Denn oft sagt uns unser Bauchgefühl, dass die Dinge nicht so laufen werden, wie wir es uns erhoffen. Das macht uns dann noch verzweifelter, und wir versuchen noch mehr [um ein besseres Ergebnis] zu verhandeln.«[30]

Rechte Seite: In den Tagen vor der Veröffentlichung von »The Tortured Poets Department« enthüllt ein Stand von Spotify in Los Angeles Hinweise, Anhaltspunkte und Easter Eggs zu den Texten und Themen des Albums.

Cassandra

{ THE TORTURED POETS DEPARTMENT: THE ANTHOLOGY }

Erschienen am: 19. April 2024
Songwriter: Aaron Dessner, Taylor Swift
Produzenten: Aaron Dessner, Taylor Swift
Alternative Version: First Draft Phone Memo

Dass *Cassandra* direkt auf *The Prophecy* folgt, ist wahrscheinlich kein Zufall. In der griechischen Mythologie ist Kassandra die Tochter des Königspaars von Troja (Priamos und Hekuba). Sie ist mit der Gabe gesegnet, Prophezeiungen machen zu können. Leider ist sie dazu verdammt, dass die Menschen nicht an die Echtheit ihrer Vorahnungen glauben. Swift konzentriert sich in den Texten des sanften, mit Klavier und Streichern durchsetzten Songs auf die Umsetzungen dieses Gedankens. Der Refrain besagt, dass Kassandra ermordet worden ist, nachdem die Menschen ihre Warnungen nicht beherzigt haben. Taylor verbindet diesen Teil der Legende mit dem der modernen Erzählerin, der ebenfalls nicht geglaubt wird. Letztendlich stellt sich heraus, dass ihre Einschätzung richtig ist, aber ihr persönlicher Preis ist hoch: Die Erzählerin wird für ihre offene Meinung angegriffen, erhält aber keine Vergebung, als sich herausstellt, dass sie recht hatte. Über seinen tiefgründigen Text ist der Song *Cassandra* wie mit einem unsichtbaren Faden mit dem Album »Reputation« verbunden. Es gibt auch einen Bezug zum Thema Schlangen und zu jemandem, der Wut und Groll in sich aufnimmt und daraus seine gesamte Persönlichkeit entwickelt. Einige interpretieren den Song jedoch auch als eine Anspielung auf *thanK you aIMee*, die sich in der Bridge aufdrängt. Die typische Taylor-Swift-Kurzgeschichte kritisiert eine habgierige Familie, von der die Erzählerin immer wieder behauptet, sie sei schlecht.

Peter

{ THE TORTURED POETS DEPARTMENT: THE ANTHOLOGY }

Erschienen am: 19. April 2024
Songwriter: Taylor Swift
Produzenten: Aaron Dessner, Taylor Swift

Es ist schwer, einen Kindheitstraum aufzugeben, besonders, wenn dieser Traum die Hoffnung beinhaltet, dass man eines Tages wieder mit seiner ersten Liebe zusammenkommt. In dieser Ballade will die Erzählerin nicht mehr warten, nachdem ein vor langer Zeit gemachtes Versprechen gebrochen worden ist. Es könnte sich bei besagtem Peter um Peter Pan handeln, der niemals erwachsen werden will. Die Enttäuschung ist spürbar, als sie schließlich davon ausgeht, dass er niemals zurückkommen wird.

The Bolter

{ BONUSTRACK / THE TORTURED POETS DEPARTMENT: THE ANTHOLOGY }

Erschienen am: 19. April 2024
Songwriter: Aaron Dessner, Taylor Swift
Produzenten: Aaron Dessner, Taylor Swift

Die Erzählerin der brillanten Folk-Nummer *The Bolter* ist als Kind so schwierig, dass nur ihr Vater sie liebt. Im Erwachsenenalter hat sie dann Schwierigkeiten, sich auf Beziehungen einzulassen, und gewöhnt sich an, beim ersten Anzeichen von Problemen zu fliehen. Daher ihr Spitzname »Bolter« (Ausreißer). Es stellt sich jedoch heraus, dass eine jugendliche Nahtoderfahrung – als Sechsjährige wäre sie beinahe in eiskaltem Wasser ertrunken – sie nicht nur widerstandsfähig gemacht hat, sondern sie auch davor bewahrt, in unhaltbaren Situationen unnötig viel Schmerz zu empfinden.

Robin

{ THE TORTURED POETS DEPARTMENT: THE ANTHOLOGY }

Erschienen am: 19. April 2024
Songwriter: Aaron Dessner, Taylor Swift
Produzenten: Aaron Dessner, Taylor Swift

»The Anthology« klingt mit der zarten Klavierballade *Robin* aus. Dieser Song ist aus der Perspektive eines Erwachsenen geschrieben, der die süße Unschuld eines Kinds bewundert (und beschützen möchte). Der ältere Mensch ist von der Verspieltheit des jungen Menschen begeistert – wenn dieser etwa fröhlich Dinosaurier aus Plastik anbrüllt und unbefangen im Schlamm spielt – und wünscht sich sehnlichst, dass dieses Staunen nie vergeht. Dezente Harfen- und Percussionklänge von Glenn Kotche, dem Schlagzeuger der Band Wilco, ergänzen die nachhallenden Rhythmen, die wie ein Herzschlag klingen.

The Manuscript

{ *BONUSTRACK/THE TORTURED POETS DEPARTMENT: THE ANTHOLOGY* }

Erschienen am: 19. April 2024
Songwriter: Taylor Swift
Produzenten: Aaron Dessner, Taylor Swift

Bezeichnenderweise enden sowohl eine erweiterte Version des Original-Studioalbums als auch »The Anthology« mit dem von Taylor Swift geschriebenen Bonustrack *The Manuscript*. Der Song wird von einem fragilen Klavier und Orchesterklängen (darunter filigrane Streicher und ein majestätisches Waldhorn) dominiert. Die Erzählerin erinnert sich an eine schmerzliche Trennung. In dem Versuch, sich von der Erfahrung zu distanzieren, beschreibt sie die Beziehung und ihre Folgen, als sei es ein Manuskript, das sie gerade liest. Der Text ist voller aussagekräftiger Details. Zum Beispiel kann die Erzählerin nach der Trennung nur noch Frühstücksflocken essen und nur noch schlafen, wenn sie die Geborgenheit im Bett ihrer Mutter spüren kann.

Die Stimmung der Bridge ist deutlich heiterer, mit engelsgleichen Oh-Rufen und optimistischeren Streichern, während die Erzählerin über den Lauf der Zeit nachsinnt, die ihr die wahre Liebe bringen wird. Ein einzelner Klavierakkord verklingt, während Taylor wie am Ende ihrer Social-Media-Ankündigung von »The Anthology« verspricht: »Und jetzt ist die Geschichte nicht mehr meine … sie gehört ganz euch.«[31] »The Tortured Poets Department« ist also kein Versuch, auf bereits bekanntem Terrain immer weiterzumachen. Taylor sagt: »Ich bin als Autorin [dieser Geschichten] fest davon überzeugt, dass unsere Tränen in Form von Tinte auf einem Blatt Papier heilig werden. Sobald wir unsere traurigsten Geschichten ausgesprochen haben, sind wir von ihnen befreit.«[32]

Unten: Swift singt das dramatische und hervorragende Stück *Who's Afraid of Little Old Me?* in ihrem Set auf der »Eras-Tour«.

Quellen

EINLEITUNG

1 Post auf Taylor Swift Tumblr, 30. Juni 2019

KAPITEL 1: DAS DEBÜT

1 »Taylor Swift Explains How Her Songwriting Has Grown«, *MTV News*, 27. Mai 2011
2 »When She Thinks *Tim McGraw*, Taylor Swift Savors Payoff«, *CMT*, 1. Dezember 2006
3 »Tim McGraw«, Geschichte auf TaylorSwift.com (Archiv)
4 »20 Questions with Taylor Swift«, *CMT News*, 12. November 2007
5 »Tim McGraw says he knew Taylor Swift was unstoppable«, *CNN*, 17. August 2023
6 *Tim McGraw* live, Zugang über YouTube
7 »Picture to Burn«, Geschichte auf TaylorSwift.com (Archiv)
8 »Taylor Swift Fans the Flames on *Picture to Burn*«, *CMT News*, März 18, 2008
9 »Taylor Swift Fans the Flames on *Picture to Burn*«, *CMT News*, März 18, 2008
10 »EXCLUSIVE: The high school boyfriend who left Taylor Swift for her close friend … and inspired one of the star's most bitter songs«, *Daily Mail*, 23. Dezember 2014
11 »Taylor Swift Explains How Her Songwriting Has Grown«, *MTV News*, 27. Mai 2011
12 »Her Song: Talking Taylor Swift«, *Washington Post*, 8. Februar 2008
13 »A Place in this World«, Geschichte auf TaylorSwift.com (Archiv)
14 »A Place in this World«, Geschichte auf TaylorSwift.com (Archiv)
15 »2008's Country Lolita: Taylor Swift«, *Rolling Stone*, 1. Mai 2008
16 »Cold as You«, Geschichte auf TaylorSwift.com (Archiv)
17 »The Outside«, Geschichte auf TaylorSwift.com (Archiv)
18 »The Outside«, Geschichte auf TaylorSwift.com (Archiv)
19 »Getting to know Taylor Swift«, *Entertainment Weekly*, 25. Juli 2007
20 »Stay Beautiful«, Geschichte auf TaylorSwift.com (Archiv)
21 »Stay Beautiful«, Geschichte auf TaylorSwift.com (Archiv)
22 »Taylor's Time: Catching Up with Taylor Swift«, *Rolling Stone*, 25. Januar 2010
23 »Taylor Swift Says Yes to No« *Great American Country*, 19. Mai 2008
24 »Mary's Song (Oh My My My)«, Geschichte auf TaylorSwift.com (Archiv)
25 »Mary's Song (Oh My My My)«, Geschichte auf TaylorSwift.com (Archiv)
26 »Her Song: Talking Taylor Swift«, *Washington Post*, 8. Februar 2008
27 »Our Song«, Geschichte auf TaylorSwift.com (Archiv)
28 »Taylor Swift, *Our Song* – Story Behind the Song«, *The Boot*, 30. Januar 2015
29 »Wal-Mart ›Eyes‹ New Taylor Swift Project«, *Great American Country*, 15. Juli 2008
30 Podcast *Swift Legacy*, »Robert Ellis Orrall«, 27. August 2021
31 Podcast *Swift Legacy*, »Robert Ellis Orrall«, 27. August 2021
32 Podcast *Swift Legacy*, »Robert Ellis Orrall«, 27. August 2021
33 Robert Ellis Orrall, Post auf Instagram, 15. Januar 2020
34 »Taylor Swift's Stone Harbor«, *The Philadelphia Inquirer*, 15. Mai 2009
35 *The Philadelphia Inquirer*, 14. Mai 2009
36 »Invisible« (Kommentar) – Taylor Swift (Big Machine Radio Release Special), 2006
37 »A Perfectly Good Heart« (Kommentar) – Taylor Swift (Big Machine Radio Release Special), 2006
38 »A Perfectly Good Heart« (Kommentar) – Taylor Swift (Big Machine Radio Release Special), 2006
39 »Taylor Swift Loves the Feeling of Christmas«, Big Machine Label Group, wöchentlicher Audiobeitrag, 8. Dezember 2013
40 »Taylor Swift – Paper Napkin Interview«, *Southern Living*, Dezember 2014
41 *TODAY*, Interview in der Show, 25. Dezember 2007
42 *TODAY*, Interview in der Show, 25. Dezember 2007

KAPITEL 2: DIE FEARLESS-ÄRA

1 »Taylor Swift Is Even More ›Fearless‹ One Day Early«, *MTV News*, 26. Oktober 2009
2 »Fearless«, Geschichte auf TaylorSwift.com (Archiv)
3 »Fearless«, Geschichte auf TaylorSwift.com (Archiv)
4 *TSA (Teen Service Announcement)* Interview über *Fifteen*, Aktion »Best Buy's @15« [Shopping-Ratschlag für 15-Jährige]
5 »Fifteen«, Geschichte auf TaylorSwift.com (Archiv)
6 »Taylor Swift's Fascination with Fairy Tales Comes through on New Album«, *CMT News*, 10. November 2008
7 »Fearless«, Geschichte auf TaylorSwift.com (Archiv)
8 »My Cat Snores«, Blogeintrag auf MySpace, 17. September 2008
9 »Love Story«, Geschichte auf TaylorSwift.com (Archiv)
10 »Love Story«, Geschichte auf TaylorSwift.com (Archiv)
11 »Taylor Swift Compares ›Lover‹ to ›Reputation‹«. Interview mit Gespräch über die #MeToo-Bewegung mit Zane Lowe für die Sendung *Beats 1*, *Billboard*, 30. Oktober 2019
12 »Little Miss Sunshine«, *New York Times*, 23. Oktober 2009
13 *New York Times*, 23. Oktober 2009
14 »White Horse«, Geschichte auf TaylorSwift.com (Archiv)
15 »White Horse«, Geschichte auf TaylorSwift.com (Archiv)
16 »Taylor Swift talks about new single *You Belong with Me*«, Interview auf YouTube, 4. November 2008
17 Interview auf YouTube, 4. November 2008
18 »You Belong with Me«, Geschichte auf TaylorSwift.com (Archiv)
19 »Liz Rose Panel Interview – Working with Taylor Swift on *You Belong with Me*«, Interview auf YouTube, 8. Februar 2016
20 »You Belong with Me«, *The New Yorker*, 3. Oktober 2011
21 Liz Rose Interview auf YouTube, 18. Februar 2016
22 »Fearless (Taylor's Version)«, Kommentar von Alexa, Amazon Music, 2021
23 »Colbie Caillat says working with Taylor Swift was a ›fascinating‹ experience: ›She makes you feel like she's known you forever‹«, *Business Insider*, 28. April 2020
24 »Tell Me Why«, Geschichte auf TaylorSwift.com (Archiv)
25 »Tell Me Why«, Geschichte auf TaylorSwift.com (Archiv)
26 »You're Not Sorry«, Geschichte auf TaylorSwift.com (Archiv)
27 https://www.mtv.com/news/qwiovx/taylor-swift-gets-her-csi-cameo-but-does-she-die
28 »The Way I Loved You«, Geschichte auf TaylorSwift.com (Archiv)
29 »The Way I Loved You«, Geschichte auf TaylorSwift.com (Archiv)
30 »Joe Jonas & Taylor Swift: A Post-Breakup Timeline«, Billboard, 8. April 2021
31 »She's writing her future«, *The Los Angeles Times*, 26. Oktober 2008
32 *Taylor Swift NOW, Chapter 3: That One Time I Was Nostalgic*, Interview auf YouTube
33 »Taylor Swift Recalls that Her ›Best Days‹ were Spent with Her Mom«, *Taste of Country*, 8. Mai 2011
34 *CMT News*, 10. November 2008
35 »Change«, Geschichte auf TaylorSwift.com (Archiv)
36 »Taylor Swift Talks ›Fearless‹ Re-Release, New Songs«. *MTV News*, 4. November 2009
37 »Nathan Barlowe of Luna Halo talks about Taylor Swift and *Untouchable*«, *The Tennessean*, 24. November 2009
38 »Come in with the Rain«, Artikel auf taylorswiftswitzerland.ch
39 Interview für iTunes, zitiert auf der Liedtextseite von Genius zu *The Other Side of the Door*
40 »Taylor Swift earns swift success with *Today Was a Fairytale*«, *The Tennessean*, 21. Januar 2010
41 »Fearless (Taylor's Version)«, Kommentar von Alexa, Amazon Music, 2021
42 Interview für *Audacy*, 16. April 2021
43 Taylor Swift auf Twitter, 3. April 2021
44 »Keith Urban says he was Christmas shopping when Taylor Swift enlisted him for ›Fearless (Taylor's Version)‹«, *NME*, 15. April 2021
45 »Fearless (Taylor's Version)«, Kommentar von Alexa, Amazon Music, 2021
46 »Taylor Swift Named Songwriter-Artist of the Decade by NSAI: Read Her Speech«, *Pitchfork*, 20. September 2022
47 »Fearless (Taylor's Version)«, Kommentar von Alexa, Amazon Music, 2021
48 »Boys Like Girls Interview: Love Drunk and in High Spirits«, *MTV News*, 25. August 2009
49 »Seth Meyers Praises Taylor Swift for Writing Her Own ›Perfect SNL Monologue‹«, *The Hollywood Reporter*, 1. November 2003

KAPITEL 3: DIE SPEAK-NOW-ÄRA

1 »Taylor Swift Talks about Her Album ›Speak Now‹, Her Hits *Mine* and *Speak Now*, and Writing Her Songs«, *SongwriterUniverse*, 11. Oktober 2010
2 *SongwriterUniverse*, 11. Oktober 2010
3 »Taylor Swift Confronts Mayer, Laments Lautner in New Album«, Artikel auf *Yahoo*, 18. Oktober 2010
4 »Sparks Fly«, Geschichte auf TaylorSwift.com (Archiv)
5 »YouTube Presents Taylor Swift«, 1. September 2011
6 »Back to December«, Geschichte auf TaylorSwift.com (Archiv)
7 »People Are Still Asking Taylor Lautner about Dating Taylor Swift«, Artikel auf elle.com, 9. August 2016
8 »Taylor Swift«: *I Can See You* Weltpremiere, 07.07.2023 GEHA Stadion, Beitrag auf YouTube
9 *Yahoo*, 18. Oktober 2010
10 »Speak Now«, Geschichte auf TaylorSwift.com (Archiv)
11 »Dear John«, Geschichte auf TaylorSwift.com (Archiv)
12 »Taylor Swift Tells Glamour the Stuff She Usually Only Tells Her Girlfriends in Her November 2012 Interview«, *Glamour*, 30. September 2012
13 »John Mayer: Taylor Swift's Dear John Song Humiliated Me«, *Rolling Stone*, 6. Juni 2012
14 *Glamour*, 30. September 2012
15 »Taylor Swift Asks Fans Not to Cyberbully as She Unearths *Dear John* for First Time in 11 Years«, *Rolling Stone*, 25. Juni 2023
16 »Taylor Swift learns to *Speak Now*, reveal her maturity«, *USA Today*, 23. Oktober 2010
17 »Mean«, Geschichte auf TaylorSwift.com (Archiv)
18 »Grammys«, *The Lefsetz Letter*, 1. Februar 2010
19 »That Taylor Swift Song …«, *The Lefsetz Letter*, 19. Oktober 2010
20 »Nothing Lasts« *The Lefsetz Letter*, 1. August 2023
21 *USA Today*, 23. Oktober 2010
22 *Yahoo*, 18. Oktober 2010
23 *USA Today*, 23. Oktober 2010
24 »Never Grow Up«, Geschichte auf TaylorSwift.com (Archiv)
25 »Never Grow Up«, Geschichte auf TaylorSwift.com (Archiv)
26 »Adam Young: What Really Happened with Taylor Swift«, *US Weekly*, 15. Juni 2011
27 »Enchanted«, Geschichte auf TaylorSwift.com (Archiv)
28 *US Weekly*, 15. Juni 2011
29 »Taylor Swift: Sexy? Not on my radar«, *The Guardian*, 23. August 2014
30 *Yahoo*, 18. Oktober 2010
31 »Haunted«, Geschichte auf TaylorSwift.com (Archiv)
32 »Haunted«, Geschichte auf TaylorSwift.com (Archiv)
33 »Last Kiss«, Geschichte auf TaylorSwift.com (Archiv)
34 »Long Live«, Geschichte auf TaylorSwift.com (Archiv)
35 »Long Live«, Geschichte auf TaylorSwift.com (Archiv)
36 »Ours«, kommentierte Liedtexte auf dem Instagram-Account *People Country*, April 2012
37 *People Country*, April 2012
38 »Taylor Swift performs rare ›Speak Now‹ track *Superman* in concert«, Artikel auf der Webseite *Taste of Country*, 25. September 2011
39 »Boys Like Girls Interview: Love Drunk and In High Spirits«, *MTV News*, 25. August 2009
40 *MTV News*, 25. August 2009
41 Twitter-Post von Taylor Swift, 8. Juli 2023
42 Post auf Instagram, 5. Juni 2023
43 »Interview: Paramore's Hayley Williams on returning to New Zealand and Australia with their ›This Is Why‹ Album Tour« *Coup de Main Magazine*, 5. Juli 2023
44 *Coup de Main Magazine*, 5. Juli 2023

KAPITEL 4: DIE RED-ÄRA

1 »500 Greatest Albums: Taylor Swift Looks Back on Her Only True Breakup Album ›Red‹«, *Rolling Stone*, 18. November 2020
2 Interview für *Good Morning America*, 15. Oktober 2012
3 »State of Grace«, Kommentar auf YouTube, 12. Dezember 2018
4 »Red« live im Harvey Mudd College am 15. Oktober 2012, später ausgestrahlt in der Sendung *VH1 Storytellers*
5 »Red« live im Harvey Mudd College am 15. Oktober 2012, später ausgestrahlt in der Sendung *VH1 Storytellers*
6 Tagebucheinträge von Taylor Swift, veröffentlicht in der »Lover Deluxe Edition, Version 1«
7 Tagebucheinträge von Taylor Swift, veröffentlicht in der »Lover Deluxe Edition, Version 1«
8 »Dan Wilson on Semisonic, Adele, and the sincerity of Taylor Swift«, *The A. V. Club*, 18. April 2014
9 »Taylor Swift Opens Up About Bleeding Red, Living under a Magnifying Glass + Still Growing Up One Year at a Time«, *Taste of Country*, 22. Oktober 2012
10 *Taste of Country*, 22. Oktober 2012
11 *Rolling Stone*, 18. November 2020
12 »Taylor Swift Q&A: The Risks of ›Red‹ and The Joys of Being 22«, *Billboard*, 19. Oktober 2012
13 »Taylor Swift on Going Pop, Ignoring the Gossip and the Best (Worst) Nickname She's Ever Had«, *Time*, 19. Oktober 2012
14 *Time*, 19. Oktober 2012
15 »Red (Taylor's Version)« Kommentar auf Alexa, Amazon Music, 2021
16 *The Tonight Show Starring Jimmy Fallon*, Interview, 12. November 2021
17 *The Tonight Show Starring Jimmy Fallon*, Interview, 12. November 2021
18 *The Tonight Show Starring Jimmy Fallon*, Interview, 12. November 2021
19 »Songwriter Spotlight: Liz Rose«, *Rolling Stone*, 24. Oktober 2014
20 *Billboard*, 19. Oktober 2012
21 Taylor Swift Red Track-by-Track, Video auf YouTube, 2012
22 Red Track-by-Track Video
23 Red Track-by-Track Video
24 »Taylor Swift sees ›Red‹ all over«, *USA Today*, 17. Oktober 2012
25 *USA Today*, 17. Oktober 2012
26 Red Track-by-Track Video
27 Red Track-by-Track Video
28 Red Track-by-Track Video
29 *Billboard*, 19. Oktober 2012
30 *Billboard*, 19. Oktober 2012
31 Taylor Swift Red Tack-by-Track, Video auf YouTube, 2012
32 Taylor Swift Red Tack-by-Track, Video auf YouTube, 2012
33 Taylor Swift Red Tack-by-Track, Video auf YouTube, 2012
34 »Primary Colors«, *Billboard*, 27. Oktober 2012
35 »Taylor Swift Channels the Kennedys for Her New Album ›Red‹«, *Wall Street Journal*, 18. Oktober 2012
36 Taylor Swift Red Tack-by-Track, Video auf YouTube, 2012
37 »Taylor Swift Wants to *Begin Again* on New Single: Listen«, *Billboard*, 25. September 2012
38 »Taylor Swift Wears a ›Cute Tiara‹ at Family-Filled Birthday Party«, *People*, 14. Dezember 2010
39 »Exclusive! Taylor Swift Sheds Light on ›Red‹ Bonus Tracks … and ›The Worst Experience Ever‹«, *Our Country*, 24. Oktober 2012
40 »Taylor Swift Wears a ›Cute Tiara‹ at Family-Filled Birthday Party«, *People*, 14. Dezember 2010
41 »Red« Album-Release-Party, zitiert bei dem Song *Come Back … Be Here* auf der Webseite *Genius*
42 *Our Country*, 24. Oktober 2012
43 »Exclusive! Taylor Swift Sheds Light on ›Red‹ Bonus Tracks … and ›The Worst Experience Ever‹«, *Our Country*, 24. Oktober 2012
44 »Red (Taylor's Version)« Kommentar auf Alexa, Amazon Music, 2021
45 »Why didn't Taylor Swift keep *Better Man* for herself? Little Big Town says, ›We didn't ask‹«, *SiriusXM*, 15. November 2016
46 Swift Tagebücher, veröffentlicht in der »Lover Deluxe Edition, Version 2«
47 »Taylor Swift Recruits Phoebe Bridgers for New Song ›Nothing New (Taylor's Version)‹«, *Genius*, 12. November 2021
48 »Sugarland Reveal How a Taylor Swift Song Landed on Their Upcoming ›Bigger‹ Album«, PopCulture.com, 16. April 2018
49 Aufnahme von einem Interview, geteilt auf *Twitter* von WKLB (102.5 FM)
50 »Red (Taylor's Version)« Kommentar auf Alexa, Amazon Music, 2021
51 »Red (Taylor's Version)« Kommentar auf Alexa, Amazon Music, 2021
52 »Red (Taylor's Version)« Kommentar auf Alexa, Amazon Music, 2021
53 Interview mit Ed Sheeran, *Capital FM*, 10. September 2021
54 »Red (Taylor's Version)« Kommentar auf Alexa, Amazon Music, 2021
55 Interview für *Good Morning America*, 22. Oktober 2012
56 »Jake Gyllenhaal Reconsiders«, *Esquire*, 17. Februar 2022
57 »›Ronan‹ Finds a Home on Taylor Swift's Re-Recorded ›Red‹ Album«, *Billboard*, 30. Juli 2021
58 »Taylor Swift Talks about Her Hunger to Contribute to ›The Hunger Games‹ – Exclusive!«, RAM Country on *Yahoo Music*, 12. März 2012
59 »Taylor Swift, Arcade Fire Talk ›Hunger Games‹«, *Rolling Stone*, 29. März 2012
60 RAM Country on *Yahoo Music*, 12. März 2012

KAPITEL 5: DIE 1989-ÄRA

1 »Taylor Swift Dismisses the Haters, Dances with Fans for New Song *Shake it Off*«, *Rolling Stone*, 18. August 2014
2 »Taylor Swift: Reacts to being named the voice of her generation«, *Global News*, 29. Dezember 2014
3 »Taylor Swift talks about *Welcome to New York*«, YouTube-Video, Oktober 2014
4 YouTube-Video, Oktober 2014
5 *Blank Space* (Kommentar) – »1989 (Big Machine Radio Release Special)«, 2014
6 *Blank Space* (Kommentar) – »1989 (Big Machine Radio Release Special)«, 2014
7 »Taylor Swift Breaks Down *Style* | On Air with Ryan Seacrest«, YouTube-Video, 31. Oktober 2014
8 »On Air with Ryan Seacrest«, YouTube-Video, 31. Oktober 2014
9 »The Oral History of Taylor Swift's *1989*«, The Recording Academy auf Cuepoint, 12. Februar 2016
10 The Recording Academy auf Cuepoint, 12. Februar 2016
11 »On Air with Ryan Seacrest«, YouTube-Video, 31. Oktober 2014
12 »Taylor Swift: Reacts to being named the voice of her generation«, *Global News*, 29. Dezember 2014
13 *Global News*, 29. Dezember 2014
14 »On Air with Ryan Seacrest«, YouTube-Video, 31. Oktober 2014
15 *USA Today*, 14. Oktober 2014
16 Taylor Swift, »NOW Listening Session with Taylor – Part 3«, Grammy Museum, YouTube-Video, 12. Oktober 2014
17 »The Reinvention of Taylor Swift«, *Rolling Stone*, 8. September 2014
18 »*Out of the Woods* Exclusive: Taylor Swift Says New Song Is About ›Fragility‹ of Relationships«, *ABC News*, 13. Oktober 2014
19 »Anything that Connects: A Conversation with Taylor Swift«, *NPR's All Things Considered*, 31. Oktober 2014
20 »Harry Styles' New Direction«, *Rolling Stone*, 18. April 2017
21 *All You Had to Do Was Stay* (Kommentar) – »1989 (Big Machine Radio Release Special)«, 2014
22 *All You Had to Do Was Stay* (Kommentar) – »1989 (Big Machine Radio Release Special)«, 2014
23 *Rolling Stone*, 18. August 2014
24 *NPR's All Things Considered*, 31. Oktober 2014
25 Taylor Swift, »NOW Listening Session with Taylor – Part 3«, Grammy Museum, YouTube-Video, 12. Oktober 2014
26 Grammy Museum, YouTube-Video, 12. Oktober 2014
27 *I Wish You Would (Voice-Memo)*, »1989 (Deluxe Edition)«
28 *I Wish You Would (Voice-Memo)*, »1989 (Deluxe Edition)«
29 I Wish You Would (Kommentar) – »1989 (Big Machine Radio Release Special)«, 2014
30 *I Wish You Would (Voice-Memo)*, »1989 (Deluxe Edition)«
31 *Rolling Stone*, 8. September 2014
32 *Rolling Stone*, 8. September 2014
33 *Rolling Stone*, 8. September 2014
34 »Katy Perry confirms Taylor Swift beef: ›She started it‹«, NME, 23. Mai 2017
35 *NPR's All Things Considered*, 31. Oktober 2014
36 *NPR's All Things Considered*, 31. Oktober 2014
37 *Wildest Dreams* (Kommentar) – »1989 (Big Machine Radio Release Special)«, 2014
38 *Wildest Dreams* (Kommentar) – »1989 (Big Machine Radio Release Special)«, 2014
39 »Taylor Swift on *How You Get the Girl*«, radio.com, 29. Oktober 2014
40 radio.com, October 29, 2014
41 *This Love* (Kommentar) – »1989 (Big Machine Radio Release Special)«, 2014
42 *This Love* (Kommentar) – »1989 (Big Machine Radio Release Special)«, 2014
43 *I Know Places* (Voice-Memo), »1989 (Deluxe Edition)«
44 Taylor Swift, »NOW Listening Session with Taylor – Part 3«, Grammy Museum, YouTube-Video, 12. Oktober 2014
45 »Taylor Swift Has No Regrets«, *Elle*, 7. Mai 2015
46 *Elle*, 7. Mai 2015
47 »Taylor Swift Dishes on Inspiration for *Sweeter Than Fiction* at *One Chance* Premiere«, *Taste of Country*, 10. September 2013
48 *Slut!* (Voice-Memo) auf Tumblr
49 *Slut!* (Voice-Memo) auf Tumblr
50 »Taylor Swift and Diane Warren Wrote *Say Don't Go* 9 Years Ago. She Still Thinks It's a ›F-cking Hit‹«, *Rolling Stone*, 27. Oktober 2023
51 *Rolling Stone*, 27. Oktober 2023
52 »Diane Warren on Working with Taylor Swift«, *E! News*, 8. Dezember 2023
53 *Now That We Don't Talk* (Voice-Memo) auf *Tumblr*
54 *Now That We Don't Talk* (Voice-Memo) auf *Tumblr*
55 *Is It Over Now?* (Voice-Memo) auf *Tumblr*
56 »Taylor Swift Revealed the Really Cool Reason She Had All Those Special Guests on Her ›1989‹-Tour«, *Seventeen*, 15. Dezember 2015 (Zitat eines Interviews für *Beats 1*)
57 *Seventeen*, 15. Dezember 2015 (Zitat eines Interviews für *Beats 1*)

KAPITEL 6: DIE REPUTATION-ÄRA

1 »2023 Person of the Year: Taylor Swift«, *Time*, 6. Dezember 2023
2 »9 Taylor Swift Moments That Didn't Fit in Our Cover Story«, *Rolling Stone*, 30. September 2019

3 »Taylor Swift Previews New Song *Ready for It*: Listen«, Pitchfork, 2. September 2017
4 iHeartRadio »Reputation« Album-Release-Party mit Taylor Swift präsentiert von AT&T, 10. November 2017, YouTube-Video
5 iHeartRadio »Reputation« Album-Release-Party
6 »*End Game* – Behind the Scenes«, YouTube-Video, 9. Februar 2018
7 iHeartRadio »Reputation« Album-Release-Party
8 iHeartRadio »Reputation« Album-Release-Party
9 *Rolling Stone*, 18. September 2019
10 »Taylor Swift NOW: The Making of a Song (*Don't Blame Me*)«, YouTube-Video
11 *Rolling Stone*, 18. September 2019
12 iHeartRadio »Reputation« Album-Release-Party
13 iHeartRadio »Reputation« Album-Release-Party
14 iHeartRadio »Reputation« Album-Release-Party
15 »Five Years Ago She Screamed ›1, 2, 3, Let's Go, Bitch‹ During Taylor Swift's Performance of *Delicate*. Millions of Fans Are Now Shouting It During the Eras Tour«, *Buzzfeed*, 30. März 2023.
16 »People Are Spamming Taylor Swift's Instagram with the Snake Emoji«, *Buzzfeed*, 14. Juli 2016
17 »The Full Taylor Swift – Kanye Phone Call Leaked, and Everyone Owes Taylor Swift an Apology«, *Buzzfeed*, 21. März 2020
18 »Taylor Swift fans are hissing at Kim Kardashian with snake emojis. Here's why«, *The Los Angeles Times*, 8. Dezember 2023
19 »Taylor Swift Finally Addressed the Whole Snake Thing at a Concert«, *Time*, 9. Mai 2018
20 »Right Said Fred Are ›Very Pleased‹ with Taylor Swift's Interpolation of *I'm Too Sexy*«, *The Fader*, 25. August 2017
21 iHeartRadio »Reputation« Album-Release-Party
22 »Taylor Swift reveals how *Game of Thrones* (and Arya's kill list) inspired ›Reputation‹«, *Entertainment Weekly*, 9. Mai 2019
23 »Calvin Harris Regrets Going Off on Taylor Swift after Their Breakup: ›I Snapped‹«, *Popsugar*, 30. Juni 2017
24 »The Full Taylor Swift – Kanye Phone Call Leaked, and Everyone Owes Taylor Swift an Apology«, *Buzzfeed*, 21. März 2020
25 »What Do Britney Spears, Katy Perry, Troye Sivan & Taylor Swift All Have in Common? Oscar Görres«, Grammys.com, 29. August 2020
27 *Billboard*
28 https://twitter.com/SwiftNYC/ status/921229691507286017
29 »From Taylor Swift to Lorde, this Woman Is Sculpting the Sound of Pop«, *Forbes*, 17. Mai 2018
30 *Entertainment Weekly*, 9. Mai 2019
31 iHeartRadio »Reputation« Album-Release-Party
32 iHeartRadio »Reputation« Album-Release-Party
33 iHeartRadio »Reputation« Album-Release-Party
34 »Vogue Visited Taylor Swift's Muse, Loie Fuller, at Home in 1913«, *Vogue*, 8. August 2019
35 iHeartRadio »Reputation« Album-Release-Party
36 iHeartRadio »Reputation« Album-Release-Party
37 »Jack Antonoff Shares Some Insight into the Making of Taylor Swift's *Call It What You Want*«, *Billboard*, 5. November 2017
38 *Billboard*, 5. November 2017
39 iHeartRadio »Reputation« Album-Release-Party
40 iHeartRadio »Reputation« Album-Release-Party
41 »Taylor Swift: The Rolling Stone Interview«, *Rolling Stone*, 18. September 2019
42 Elvis Duran und das *Morning-Show*-Interview, zitiert in dem Artikel »Zayn Explains How Taylor Swift Jumped on His ›Fifty Shades Darker‹ Song«, *MTV News*, 14. Dezember 2016

KAPITEL 7: DIE LOVER-ÄRA

1 »Taylor Swift on Sexism, Scrutiny, and Standing Up for Herself«, *Vogue*, 8. August 2019
2 »Taylor Swift: The Rolling Stone Interview«, *Rolling Stone*, 18. September 2019
3 iHeartRadio »Lover« Album-Release-Party und *Secret Session*, August 23, 2019
4 *Rolling Stone*, 18. September 2019
5 »Taylor Swift on *Cruel Summer* Becoming a Single Four Years after Its Release: ›No One Understands How This Is Happening‹«, *Billboard*, 17. Juni 2023
6 iHeartRadio »Lover« Album-Release-Party und *Secret Session*, August 23, 2019
7 iHeartRadio »Lover« Album-Release-Party und *Secret Session*, August 23, 2019
8 »Taylor Swift Tells Us How She Wrote *Lover* | Diary of a Song«, *New York Times*, YouTube, 24. Dezember 2019
9 *New York Times*, YouTube, 24. Dezember 2019
10 *New York Times*, YouTube, 24. Dezember 2019
11 iHeartRadio »Lover« Album-Release-Party und *Secret Session*, August 23, 2019
12 iHeartRadio »Lover« Album-Release-Party und *Secret Session*, August 23, 2019
13 *Vogue*, 8. August 2019
14 iHeartRadio »Lover« Album-Release-Party und *Secret Session*, August 23, 2019
15 iHeartRadio »Lover« Album-Release-Party und *Secret Session*, August 23, 2019
16 »2023 Person of the Year: Taylor Swift«, *Time*, 6. Dezember 2023
17 *Vogue*, 8. August 2019
18 »Taylor Swift Discusses *The Man* & *It's Nice to Have a Friend* In Cover Story Outtakes«, *Billboard*, 12. Dezember 2019
19 Instagram Live, *The Archer* Ankündigung, 23. Juli 2019
20 *BBC Radio 1 – Taylor Swift live*, BBC Radio 1, 29. August 2019
21 BBC Radio 1, 29. August 2019
22 iHeartRadio »Lover« Album-Release-Party und *Secret Session*, August 23, 2019
23 iHeartRadio »Lover« Album-Release-Party und *Secret Session*, August 23, 2019
24 »30 Things I Learned before Turning 30«, *Elle*, 6. März 2019
25 *Rolling Stone*, 18. September 2019
26 iHeartRadio »Lover« Album-Release-Party und *Secret Session*, August 23, 2019
27 iHeartRadio »Lover« Album-Release-Party und *Secret Session*, August 23, 2019
28 iHeartRadio »Lover« Album-Release-Party und *Secret Session*, August 23, 2019
29 »Taylor Swift's Former Cornelia Street Rental Lists for 18 Million«, *Architectural Digest*, 30. Mai 2023
30 »Taylor Swift Tells the Stories Behind *Lover* | *Elvis Duran Show*«, YouTube, 23. August 2019
31 »Taylor Swift: NPR Music Tiny Desk Concert«, YouTube, 28. Oktober 2019
32 NPR Music Tiny Desk Konzert
33 »Taylor Swift Calls Rom-Com Inspiration Behind *Lover* Song the ›Most Meta Thing That's Ever Happened to Me‹«, *Billboard*, 23. August 2019
34 Instagram-Post von Jennifer Kaytin Robinson, 23. August 2019
35 NPR Music Tiny Desk Konzert
36 iHeartRadio »Lover« Album-Release-Party und *Secret Session*, August 23, 2019
37 BBC Radio 1, 29. August 2019
38 *Elle*, 6. März 2019
39 »Taylor Swift: *No Longer Polite at All Costs*«, *Variety*, 21. Januar 2020
40 *Variety*, 21. Januar 2020
41 »Westboro Baptist Church to picket Taylor Swift concert for ›singing about fornication‹«, *The Line of Fit*, 30. Juni 2013
42 *Vogue*, 8. August 2019
43 *Vogue*, 8. August 2019
44 *Vogue*, 8. August 2019
45 »*ME!* Behind the Scenes: *The Story of Benjamin Button*«, YouTube, 30. April 2019
46 »Taylor Swift releases a new song *ME!*, with Brendon Urie«, *ABC News*, 26. April 2019
47 »Taylor Swift Teases More Clues About #TS7 Album, Dishes on Wango Tango | On Air with Ryan Seacrest«, YouTube, 30. August 2019
48 *Elvis Duran Show*, YouTube, 23. August 2019
49 »Toronto music school's new funding model finds swift support«, *Globe and Mail*, 27. August 2019
50 *Billboard*, 12. Dezember 2019
51 *Billboard*, 12. Dezember 2019
52 *Billboard*, 12. Dezember 2019
53 iHeartRadio »Lover« Album-Release-Party und *Secret Session*, August 23, 2019
54 iHeartRadio »Lover« Album-Release-Party und *Secret Session*, August 23, 2019
55 iHeartRadio »Lover« Album-Release-Party und *Secret Session*, August 23, 2019
56 *The ESQ&A: Taylor Swift, In between Eras* (veröffentlicht 2014), *Esquire*, November 2014
57 »Taylor Swift – The Making of *Christmas Tree Farm*«, YouTube, 23. Dezember 2019
58 »The Importance of ›Cats‹, in Taylor Swift's Own Words«, *Billboard*, 16. November 2019
59 »Andrew Lloyd Webber Says Writing a Song with Taylor Swift Was the Only Enjoyable Part of Cats Movie«, *Variety*, 21. Oktober 2021
60 *Variety*, 21. Oktober 2021
61 »How Midterm Elections Inspired Taylor Swift's New Song *Only the Young*«, *Variety*, 21. Januar 2020
62 *Variety*, 21. Januar 2020

KAPITEL 8: DIE FOLKLORE-ÄRA

1 »Taylor Swift Dropped a New Album at Midnight, and Everyone Is Losing It«, *Vogue*, 24. Juli 2020
2 »The National's Aaron Dessner Talks Taylor Swift's New Album ›Folklore‹«, *Pitchfork*, 24. Juli 2020
3 »Taylor Swift's Cowriter Aaron Dessner Recalls Her ›Cooking Everyone Breakfast and Dinner‹ at Her Home (Exclusive)«, *People*, 5. Dezember 2023
4 *Folklore: the long pond studio sessions*, Dokumentarfilm, Disney+, 25. November 2020
5 *Pitchfork*, 24. Juli 2020
6 »The Story behind Every Song on Taylor Swift's ›Folklore‹«, *Vulture*, 27. Juli 2020
7 BBC Radio 1 Interview, 24. Juli 2020
8 Taylor Swift spricht über die YouTube-Premiere des Musikvideos zu *Cardigan*, zitiert in dem Artikel »Taylor Swift's teenage love triangle songs on ›Folklore‹ explained«, *Entertainment Weekly*, 29. Juli 2020
9 Taylor Swift spricht über die YouTube-Premiere des Musikvideos zu Cardigan
10 *Folklore: the long pond studio sessions*, Dokumentarfilm
11 »The Outrageous Life of Rebekah Harkness, Taylor Swift's High-Society Muse«, *Vogue*, 29. Juli 2020
12 »Taylor Swift broke all her rules with ›Folklore‹ – and gave herself a much-needed escape«, *Entertainment Weekly*, 8. Dezember 2020
13 *Entertainment Weekly*, 8. Dezember 2020
14 *Vulture*, 27. Juli 2020
15 »›Is There a Chic Way to Go?‹«, *The New York Times*, 22. Mai 1988
16 »Taylor Swift Reveals the Empowering Story behind the ›Folklore‹ Lyric that Makes Her ›Really Proud‹«, *People*, 3. März 2021
17 »Former St. Louisan Becomes Composer«, *St. Louis Post-Dispatch*, 23. Mai 1955
18 *Exile* (Voice-Memo)
19 *Entertainment Weekly*, 8. Dezember 2020
20 *Folklore: the long pond studio sessions*, Dokumentarfilm
21 Taylor Swift spricht über die YouTube-Premiere des Musikvideos zu *Cardigan*
22 *Vulture*, 27. Juli 2020
23 *Folklore: the long pond studio sessions*, Dokumentarfilm
24 *Entertainment Weekly*, 8. Dezember 2020
25 *Folklore: the long pond studio sessions*, Dokumentarfilm
26 *Folklore: the long pond studio sessions*, Dokumentarfilm
27 *Folklore: the long pond studio sessions*, Dokumentarfilm
28 *Entertainment Weekly*, 8. Dezember 2020
29 *Entertainment Weekly*, 8. Dezember 2020
30 *Entertainment Weekly*, 8. Dezember 2020
31 *Folklore: the long pond studio sessions*, Dokumentarfilm
32 *Vulture*, 27. Juli 2020
33 *Vulture*, 27. Juli 2020
34 *Vulture*, 27. Juli 2020
35 *Folklore: the long pond studio sessions*, Dokumentarfilm
36 *Folklore: the long pond studio sessions*, Dokumentarfilm
37 *Entertainment Weekly*, 8. Dezember 2020
38 *Entertainment Weekly*, 8. Dezember 2020
39 *Entertainment Weekly*, 8. Dezember 2020
40 *Folklore: the long pond studio sessions*, Dokumentarfilm
41 *Folklore: the long pond studio sessions*, Dokumentarfilm
42 *Vulture*, 27. Juli 2020
43 *Pitchfork*, 24. Juli 2020
44 *Pitchfork*, 24. Juli 2020
45 »Musicians on Musicians: Taylor Swift & Paul McCartney«, *Rolling Stone*, 14. November 2020
46 *Entertainment Weekly*, 8. Dezember 2020
47 *Vulture*, 27. Juli 2020
48 *Folklore: the long pond studio sessions*, Dokumentarfilm
49 *Folklore: the long pond studio sessions*, Dokumentarfilm
50 *Vulture*, 27. Juli 2020
51 *Folklore: the long pond studio sessions*, Dokumentarfilm
52 *Folklore: the long pond studio sessions*, Dokumentarfilm
53 *Folklore: the long pond studio sessions*, Dokumentarfilm

KAPITEL 9: DIE EVERMORE-ÄRA

1 »Aaron Dessner on the ›Weird Avalanche‹ that Resulted in Taylor Swift's ›Evermore‹«, *Billboard*, 18. Dezember 2020
2 »Taylor Swift's Cowriter Aaron Dessner Recalls Her ›Cooking Everyone Breakfast and Dinner‹ at Her Home (Exclusive)«, *People*, 5. Dezember 2023
3 Taylor Swift kommentiert die Video-Premiere von *Willow*, 11. Dezember 2020
4 »Taylor Swift's Songwriting Process on ›Evermore‹«, Apple Music, 15. Dezember 2020
5 Apple Music, 15. Dezember 2020
6 Taylor Swift kommentiert die Video-Premiere von *Willow*, 11. Dezember 2020
7 Apple Music, 15. Dezember 2020
8 Apple Music, 15. Dezember 2020
9 Video-Premiere von *Willow*
10 Eine Notiz von Taylor Swift zur Veröffentlichung von »Evermore«, Twitter, 11. Dezember 2020
11 »Aaron Dessner on How His Collaborative Chemistry with Taylor Swift Led to ›Evermore‹«, *Rolling Stone*, 18. Dezember 2020
12 *Rolling Stone*, 18. Dezember 2020
13 *Rolling Stone*, 18. Dezember 2020
14 Apple Music, 15. Dezember 2020
15 Apple Music, 15. Dezember 2020
16 Video-Premiere von *Willow*
17 *Rolling Stone*, 18. Dezember 2020
18 Video-Premiere von *Willow*
19 *Rolling Stone*, 18. Dezember 2020
20 *Billboard*, 18. Dezember 2020
21 Video-Premiere von *Willow*
22 *Rolling Stone*, 18. Dezember 2020
23 *Rolling Stone*, 18. Dezember 2020
24 *Rolling Stone*, 18. Dezember 2020
25 Eine Notiz von Taylor Swift zur Veröffentlichung von »Evermore«, Twitter, 11. Dezember 2020
26 Apple Music, 15. Dezember 2020
27 Apple Music, 15. Dezember 2020
28 *Rolling Stone*, 18. Dezember 2020
29 *Rolling Stone*, 18. Dezember 2020
30 *Rolling Stone*, 18. Dezember 2020
31 *Rolling Stone*, 18. Dezember 2020
32 Apple Music, 15. Dezember 2020
33 Apple Music, 15. Dezember 2020
34 Apple Music, 15. Dezember 2020
35 *Rolling Stone*, 18. Dezember 2020
36 Tweet von Taylor Swift, 8. Januar 2021
37 Tweet von Taylor Swift, 8. Januar 2021
38 Tweet von Aaron Dessner, 8. Januar 2021
39 Auftritt in der *The Tonight Show Starring Jimmy Fallon*, zitiert in dem Artikel »›SNL‹ Writers Say Taylor Swift Was ›Immediately‹ on Board with ›Three Sad Virgins‹ Sketch«, *US Weekly*, 8. November 2023

KAPITEL 10: DIE MIDNIGHTS-ÄRA

1 Instagram-Post von Taylor Swift, 29. August 2022
2 Instagram-Post von Taylor Swift, 21. Oktober 2022
3 Instagram-Post von Taylor Swift, 6. Oktober 2022
4 Instagram-Post, 6. Oktober 2022
5 »›Midnights‹ Co-Producer Sounwave Says *Karma* Was a ›Last-Minute Hail Mary‹ He Sent Taylor Swift«, *Rolling Stone*, 26. Oktober 2022
6 »How Did a D.C. Jazz Musician End Up on Taylor Swift's New Album?«, *District Fray*, 31. Oktober 2022
7 *Rolling Stone*, 26. Oktober 2022
8 *Rolling Stone*, 26. Oktober 2022
9 Instagram-Post von Taylor Swift, 3. Oktober 2022
10 Instagram-Post von Taylor Swift, 3. Oktober 2022
11 Instagram-Post von Taylor Swift, 3. Oktober 2022
12 Instagram-Post von Taylor Swift, 11. Oktober 2022
13 Instagram-Post, 11. Oktober 2022
14 »Taylor Swift Spills on Record-Breaking ›Midnights‹ Album and Teases a Potential Tour«, *The Tonight Show Starring Jimmy Fallon*, 24. Oktober 2022
15 Interview mit dem Choreographen Mandy Moore, November 2023
16 »Midnights« iHeartRadio Album-Premiere, YouTube, 21. Oktober 2022
17 »Midnights« iHeartRadio Album-Premiere, YouTube, 21. Oktober 2022
18 »Midnights« iHeartRadio Album-Premiere, YouTube, 21. Oktober 2022
19 *Rolling Stone*, 26. Oktober 2022
20 *Rolling Stone*, 26. Oktober 2022
21 »Midnights« iHeartRadio Album-Premiere, YouTube, 21. Oktober 2022
22 »Taylor Swift and Joe Alwyn Break Up after Six Years of Dating (Exclusive)«, *Entertainment Tonight*, 8. April 2023
23 »Taylor Swift reveals how *Game of Thrones* (and Arya's kill list) inspired ›Reputation‹«, *Entertainment Weekly*, 9. Mai 2019
24 »2023 Person of the Year: Taylor Swift«, *Time*, 6. Dezember 2023
25 »Midnights« iHeartRadio Album-Premiere, YouTube, 21. Oktober 2022
26 Instagram-Post von Taylor Swift, 22. März 2022
27 Instagram-Post von Taylor Swift, 24. Juni 2022
28 Instagram-Post von Taylor Swift, 24. Juni 2022
29 Jack Antonoff Instagram-Story, 29. November 2023, veröffentlicht in dem Artikel »Why Swifties Think Taylor Swift and Ex Joe Alwyn's Relationship Issues Trace Back to 2021«, *E! Online*, 29. November 2023
30 The American Heart Association auf Instagram, 30. November 2023
31 Taylor Swift live auf dem *Jamboree in the Hills Country Festival*, 19. Juli 2007
32 Es ist nicht ganz klar, ob Taylor Swift diesen Song mitgeschrieben hat. Die Liner Notes des Albums weisen sie nicht aus, an anderer Stelle im Internet findet man diese Information.
33 »Our Interview with Taylor Swift«, *Channel Guide*, 2. November 2008

KAPITEL 11: DIE TORTURED-POETS-DEPARTMENT-ÄRA

1 »Taylor Swift announces ›TTPD (The Bolter edition)‹ at The Eras Tour – Melbourne N1«, YouTube.
2 iHeartRadio's Album-Premiere von »The Tortured Poets Department« mit Taylor Swift, 19. April 2024
3 iHeartRadio's Album-Premiere von »The Tortured Poets Department«
4 iHeartRadio's Album-Premiere von »The Tortured Poets Department«
5 Social Media
6 Taylor Swift: Post auf Twitter, 19. April 2024.
7 Taylor Swift: Post auf Twitter, 19. April 2024.
8 iHeartRadio's Album-Premiere von »The Tortured Poets Department«
9 iHeartRadio's Album-Premiere von »The Tortured Poets Department«
10 iHeartRadio's Album-Premiere von »The Tortured Poets Department«
11 iHeartRadio's Album-Premiere von »The Tortured Poets Department«
12 Voice-Memo mit der Vorstellung der Apple-Music-Playlist »I Can Do It with a Broken Heart«
13 iHeartRadio's Album-Premiere von »The Tortured Poets Department«
14 iHeartRadio's Album-Premiere von »The Tortured Poets Department«
15 Sam Sodomsky: »The 1975's Matty Healy Dissects Every Song on a Brief Inquiry into Online Relationships«, *Pitchfork*, 27. November 2018
16 Amazon Music, »Taylor Swift Track-by-Track«, 22. April 2024
17 Amazon Music, »Taylor Swift Track-by-Track«, 22. April 2024
18 Voice-Memo zur Einführung der Apple-Musik-Playlist »I Love You, It's Ruining My Life«
19 Voice-Memo zur Einführung der Apple-Musik-Playlist »Old Habits Die Screaming«
20 Voice-Memo zur Einführung der Apple-Musik-Playlist »You Don't Get to Tell Me About Sad«
21 Amazon Music, »Taylor Swift Track-by-Track«, 22. April 2024
22 Amazon Music, »Taylor Swift Track-by-Track«, 22. April 2024
23 Amazon Music, »Taylor Swift Track-by-Track«, 22. April 2024
24 Kelsie Gibson: »Clara Bow's Family Share Their Thoughts on Taylor Swift's Song Named for the Star: ›Hauntingly Beautiful‹ (Exclusive)«, *People*, 19. April 2024.
25 Taylor Swift: Post auf Twitter, 19. April 2024.
26 Taylor Swift: Post auf Twitter, 19. April 2024.
27 Julia Moore: »Kim Kardashian Is ›Over‹ Taylor Swift Feud and Wants Singer to ›Move on‹ after *thanK you aIMee* Release: Source«, *People*, 23. April 2024.
28 Voice-Memo zur Einführung der Apple-Musik-Playlist *Old Habits Die Screaming*
29 Voice-Memo zur Einführung der Apple-Musik-Playlist *Am I Allowed to Cry?*
30 Voice-Memo zur Einführung der Apple-Musik-Playlist *Am I Allowed to Cry?*
31 Taylor Swift: Post auf Twitter, 19. April 2024.
32 Taylor Swift: Post auf Twitter, 19. April 2024.

Danksagungen

In die Welt des Songwritings von Taylor Swift einzutauchen war ein absoluter Traum. Vielen Dank an Joe Cottington, Russell Knowles und alle anderen bei Welbeck für ihr Engagement und ihre Sorgfalt bei der Umsetzung dieses Buchs.

Bildnachweise

Die Herausgeber bedanken sich bei den Folgenden für die freundliche Genehmigung, die Bilder in diesem Buch verwenden zu dürfen.

ALAMY
Evan Agostini / Invision / Associated Press 72; James Arnold / PA Images 81; Alessandro Bosio 90; Cinematic 51; Doug DuKane / Associated Press 87; Everett Collection Inc. 171, 189; Mark Humphrey / Associated Press 6; Sam Kovak 106; Shanna Madison / Chicago Tribune / TNS 155; Frank Micelotta / Invision / Associated Press 56, 111; Chris Pizzello / Invision / Associated Press 167, 192; Jordan Strauss / Invision / Associated Press 197; TCD / Prod.DB 170; George Walker IV / Associated Press 154; WENN Rights Ltd. 88; Terry Wyatt / UPI 48

GETTY IMAGES
Don Arnold 82; Don Arnold / TAS 235; Bryan Bedder 47; Skip Bolen / WireImage 57; Frederick Breedon IV / WireImage 9, 74; Isaac Brekken 78, 125; Vince Bucci 35; Michael Buckner 21; Larry Busacca 26, 71, 120, 126; Gareth Cattermole / TAS 140, 142; Michael Caulfield / WireImage 60; Tom Cooper / TAS 211; Graham Denholm / TAS 236; Rick Diamond 42, 79; Rick Diamond / WireImage 28, 32, 36; Kevork Djansezian 65; Stephen Dunn 18; Scott Eisen / TAS 219; Marcelo Endelli / TAS 84; Steve Exum / TAS 117; C Flanigan / FilmMagic 95, 101; Rich Fury 150; Steve Granitz / WireImage 112, 131; Scott Gries 33; Raymond Hall / GC Images 147; Zhang Hengwei / China News Service / VCG 153; Taylor Hill 98; Dave J. Hogan 193; Dave Hogan / ABA 158, 168; Robert Kamau / GC Images 201; Dimitrios Kambouris 102, 152, 159, 176; Kevin Kane 76; Kevin Kane / WireImage 160; Jason Kempin 29; Jeff Kravitz / FilmMagic 40, 66, 116, 213, 214; Jeff Kravitz / TAS 129; Krissy Krummenacker / MediaNews Group / Reading Eagle 23; Fernando Leon / TAS 148, 194; Michael Loccisano / FilmMagic 43; Michael Loccisano / WireImage 80; Kevin Mazur 165, 179; Kevin Mazur / TAS 85, 145, 221; Kevin Mazur / WireImage 17, 31, 41, 62, 63, 69, 105, 115, 118, 122, 124, 130, 223; Jamie McCarthy 110, 151, 217; Emma McIntyre 134; Emma McIntyre / TAS 180; Patrick McMullan 30; Buda Mendes / TAS 5, 174, 175, 183, 187, 195, 199; Al Messerschmidt 11; Ethan Miller 20, 61, 64; Jack Mitchell 177; George Napolitano / FilmMagic 25; Cooper Neill 162; Christopher Polk 92, 97, 108, 109, 113, 135; Mark Ralston / AFP 119; Andreas Rentz 89; Rusty Russell 15; Jun Sato / TAS 144; John Shearer 121, 164, 208; John Shearer / TAS 58, 138, 146, 157; John Shearer / WireImage 10; Mindy Small / FilmMagic 46; Patrick Smith 220; Jason Squires / WireImage 22; Gus Stewart / Redferns 178; Amy Sussman 227; TAS 163, 186, 190, 196, 204, 215; Michael Tran / FilmMagic 83; Omar Vega / TAS 207; Rob Verhorst / Redferns 52; Hector Vivas / TAS 49, 231; Theo Wargo / WireImage 12, 37, 59; Anna Webber 93; Matt Winkelmeyer / TAS 132, 137, 139; Kevin Winter 8, 114, 232; Kevin Winter / TAS 55, 86, 123, 127, 172, 198, 205, 225; Terry Wyatt 212

SHUTTERSTOCK
Blitz Pictures 161; Caroline Brehman / EPA-EFE 206; Ray Garbo 34